Market Transition and Organizational Adaption

王修晓 著

市场改革与组织调适

单位研究视角下的国企改革

State-owned Enterprise Reform under Danwei Study Perspective

中国社会科学出版社

图书在版编目(CIP)数据

市场改革与组织调适:单位研究视角下的国企改革/王修晓著.—北京:中国社会科学出版社,2024.6
ISBN 978-7-5227-3576-4

Ⅰ.①市… Ⅱ.①王… Ⅲ.①国企改革—研究—中国 Ⅳ.①F279.241

中国国家版本馆 CIP 数据核字(2024)第 101536 号

出 版 人	赵剑英
责任编辑	王 衡
责任校对	王 森
责任印制	郝美娜

出　　版	中国社会科学出版社
社　　址	北京鼓楼西大街甲 158 号
邮　　编	100720
网　　址	http://www.csspw.cn
发 行 部	010-84083685
门 市 部	010-84029450
经　　销	新华书店及其他书店
印　　刷	北京明恒达印务有限公司
装　　订	廊坊市广阳区广增装订厂
版　　次	2024 年 6 月第 1 版
印　　次	2024 年 6 月第 1 次印刷
开　　本	650×960　1/16
印　　张	22.5
字　　数	263 千字
定　　价	98.00 元

凡购买中国社会科学出版社图书,如有质量问题请与本社营销中心联系调换
电话:010-84083683
版权所有　侵权必究

谨以此书献给：

我的父母，

他们一辈子生活在江南农村，不知"单位"为何物；

和

我的岳父母，

他们大半辈子工作在东北重工业城市的典型单位制。

序

作为极富中国特色的一种组织现象，单位组织和单位体制一度被认为是理解中国社会结构、认识中国正在发生的社会转型，以及解释人们大量社会行为特征的一个独特视角。对其"特点、运作逻辑及其转型过程的研究"，很有可能成为"当代社会学乃至整个社会科学发展的新的灵感来源和动力源泉"。① 有学者甚至认为，"单位"研究恐怕是最有可能催生出本土化社会理论的学术沃土之一。② 随着改革开放和市场化转型的深入推进，我国城镇地区的所有制结构发生了巨大变化，80%以上的劳动力已经不在国有单位就业，统一安排人们工作单位的就业制度业已消失，典型单位制和单位组织都发生了巨大变化。

是故，在《中国的单位组织：资源、权力与交换》③ 的再版序里，我们曾经反思和疑惑：作为一个研究对象，"单位体

---

① 孙立平：《实践社会学与市场转型过程分析》，《中国社会科学》2002年第5期。
② 李猛、周飞舟、李康：《单位：制度化组织的内部机制》，《中国社会科学季刊》（中国香港）1996年秋季卷。
③ 李路路、李汉林：《中国的单位组织：资源、权力与交换》（修订版），生活·读书·新知三联书店、生活书店出版有限公司2019年版。

制"和"单位组织"在今天的中国社会是否还存在？在当代中国社会的急剧变迁过程中，农村、城镇社区和政府行为等都得到较为充分且深入的刻画，相较之下，单位体制及其变迁却逐渐失去了学术界系统、持续的关注。"单位制"的研究，在21世纪初期经历一个小小的"复苏"之后，实际上就逐渐走向衰落，人们关注的重点更多是"单位制解体之后"。后续虽偶有零星研究成果问世，且强调"单位体制"仍在延续，但似乎已经很难吸引学界注意力的回归。

但是，在我们看来，① "单位研究"其实仍有不少学术潜力有待挖掘。首先，如果没有"单位组织"作为参照系，也许我们就无法深刻理解中国社会的组织和制度变迁的深层机制和意义。其次，从社会分层的组织视角出发，单位组织仍然是分析组织与分层关系的重要变量。如果说过去的"单位研究"还形成了一些较为系统的研究成果（如"新单位制""后单位制"），那么对于"单位组织"（或各种社会组织）内部权威结构的状况和变化的研究，近年来的确是乏善可陈。在这个意义上，王修晓的这本基于其博士学位论文的专著，部分弥补了这个缺憾。

对于切实理解"单位"与"单位体制"变迁，进而理解中国社会基层组织制度和社会秩序的变迁而言，需要我们深入中国城市社会的基层"单位"（组织），脚踏实地地做实证调查。② 在这个背景下，王修晓在考上我的博士研究生后，选择

---

① 李路路、苗大雷、王修晓：《市场转型与"单位"变迁 再论"单位"研究》，《社会》2009年第4期。
② 李路路、苗大雷、王修晓：《市场转型与"单位"变迁 再论"单位"研究》，《社会》2009年第4期。

进入"单位研究"这样一个当时已经相对"冷却"的研究领域,约在2008年起,以单位制的演变为视角,进入一家国有企业开始了田野调查。之后,他风雨无阻,每周到这个厂的新闻中心"上班"2—3天,一直持续到2010年年初,坚持了一年多时间。扎实的田野功夫,产出了丰富翔实但杂乱无章的资料。

每一个做过田野调查的研究者都知道,如何剪裁和利用这些田野素材,是几乎所有田野调查面临的挑战。为此,王修晓先后两次在"组织社会学实证研究工作坊"报告田野调查的初步发现。在吸收学界同仁建设性意见的基础上,围绕"单位体制"的两个基本特征——权威关系和资源交换,梳理出本书最初的写作框架。前者对应韦伯在支配社会学里所说的依仗行政科层命令的强制性权力,后者则是属于以利益分配为基础的交换性权力。中国的"单位组织"之所以特殊,是在于它集上述两种权力于一身,围绕利益交换和资源(再)分配,形成了一整套独特的权力和权威关系结构。通过对企业内部基本组织制度和关键资源分配过程的翔实民族志刻画,考察了该企业内部权威关系在改革开放三十余年里的变化,王修晓提出用"结构性差序格局"来概括当前单位内部的权威关系结构,并从组织与环境关系的角度给出了较为合理充分的解释,部分弥补了国内"单位组织"研究缺乏系统个案研究的遗憾,对于我们理解"单位体制"的历史演变、当下现状、转型过程和未来走向,具有重要的理论和实践意义。

过去三年,王修晓围绕新申请到的国家社科基金项目"单位体制的当代社会效应研究",规划了一系列新的研究题目,并且开始陆续产出阶段性研究成果。值此本书出版之际,

市场改革与组织调适：单位研究视角下的国企改革

我期望他能借助本书出版的推动，不但继续延续单位研究，而且能够在新的发展阶段和时代背景下不断扩展相关的研究，推动具有中国特色的组织研究的发展。

是为序。

李路路

中国人民大学社会学院教授

2024年6月1日

前　言

单位是中国特有的一种社会组织现象。在制度架构的宏观层面，"单位"是党和国家进行政治统合和社会控制的组织化手段；在日常生活的微观层次，对于单位成员而言，"单位"不仅是单纯的工作场所或稳定的收入来源，它还意味着一种特定的生活方式、社会保障、身份认同和情感归属。故"单位"被认为是透视中国城市基层社会组织制度和秩序结构的一个基本视角和独特窗口。韦伯把统治分为两种类型：以利益分配为基础的交换性权力；依仗科层行政命令的强制性权力。中国的"单位"之所以特殊，就在于它把上述两种权力，即行政性的命令权力和交换性的财产权力合二为一，并在此基础上，围绕利益交换和资源（再）分配，形成一种独特的权力和权威关系结构。对"单位体制"的深入理解，要同时考虑以上两方面特征。

"单位"研究的起点，一般被认为肇始于魏昂德的"新传统主义"模型。后续工作主要围绕以下四个议题展开："新传统主义"与历史是什么关系；"新传统主义"的适用范围究竟有多大；中国基层社会组织中的权力和权威关系到底是个什么样子；市场改革和"单位"内部权威关系的变化之间存在什么样的具体联系。本书对上述问题进行逐一讨论，并指出：问题的关键在于如何辩证地同时关注结构与文化、历史与现实之间的关系，真正深入到单位组织的变革现场，把握中国基层社会的基本秩序结构。

基于上述理论梳理，本书尝试结合深入翔实的田野个案，在经验实证层面回答下述议题：改革开放和市场转型之后，现在的城市社会基层秩序究竟是个什么状态；或者更具体来说，"单位"内部的权威关系结构发生了什么变化；我们应该如何去概括、理解和解释这种变化；要言之，"单位"还在起作用吗；如果是，在什么意义和层面。

笔者选择了一家央企下属热电厂——京华电厂，作为调查对象。国有企业是最为典型、最具"单位"色彩的一种单位组织类型。自20世纪70年代末建成以来，该厂已经有四十多年的历史。笔者以实习身份，在该厂进行了长达一年多的参与观察和田野调查，① 收集了大量的第一手资料。

体制改革前后，京华电厂经历了痛苦的转型过程，企业从只需机械接受上级指令、完成下达指标的基层单位，到不仅要搞好生产，而且要独立经营的现代企业，无论是外部环境，还是内部的组织结构和人际关系，都发生了剧烈的改变。在劳动纪律上，京华电厂经历了从过去以强烈身份认同为基础的参与式管理，到现在的以物质奖励和经济考核为基础的简单强制性控制。国家、市场和科层制三个共同作用，塑造了当前单位内部的权威关系模式。在住房分配上，京华电厂经历了从以往相

---

① 笔者2008年进入田野现场，2010年开始写作，书中"现在""当前""目前""今后"等表述均以2010年为标准。

对公平的一视同仁，到现在严重不平等的"先分类、后排序"。种种不平等的制度设计和结构安排，使得既有文献强调的通过"关系运作"来为自己谋求私利的努力空间极度被压缩。在各种制度的交叉切割下，"新传统主义"模型所描述的"庇护—依赖"关系和"有原则的特殊主义"在很大程度上已经失去原有的组织基础和生存土壤。

　　本书提出用"结构性差序格局"来概括和理解上述变化。这个概念强调有组织的"差异化秩序"，它的核心，是根据权力占有的多寡程度来进行资源分配的一种制度化机制。其与以往关于单位内部权威关系模式的分析模型的最大差别，在于它强调正式组织化制度设计带来的资源分配不均等。笔者认为，"结构性差序格局"可以较好概括京华电厂在市场转型背景下的内部权威关系结构。在市场转型的背景下，京华电厂始终同时存在着"单位"和"市场"两套话语体系和行动逻辑。调查发现，仪式性资源的分配更多的是遵循"单位"逻辑，而利益性资源的分配则主要按照"市场"机制来进行。此外，管理层更多倾向于借用"市场"逻辑来建构自己的管理权威，而职工则转向"单位"机制来寻求各种保护。

Preface

Danwei, a special societal-organizational phenomenon with distinctive Chinese characteristics, is of great importance to the world's largest population and second-largest economy, both at the macro and micro level. For the party-state, *danwei* is deliberately designed and utilized as an organizational vehicle for achieving political integration, ideological discipline and social control; while for members living within a specific *danwei*, it means not only a workplace or employer, but also a unique and taken-for-granted lifestyle. People depend on their *danwei* for almost everything, including but not limited to reliable income, comprehensive social securities and welfares, pension, housing, healthcare, education and training, entertainment, etc.. Thus, people work for it, live with it, identify with it, and finally a sense of belonging and emotional attachment are generated. For known and/or unknown reason, it has not been scrutinized since it emerged during the 1950s, and finally becomes an integral part of history of PRC. *Danwei* is considered, by the academia (both from abroad and domestic), and the general public, to be a basic perspective and a unique window to shed some light on the mystery of basic-level institutions and order structure of Chinese urban society. To Max Weber, there are two basic types of domination: distribution power derived from exchange of desired resources, and compulsory power relying on bureaucratic administrative coercion. Integrating these two kinds of power within one single organization, *danwei* distinguishes itself from any other counterparts across the globe, based on which, an unconventional power and authority relation is established out of the constant exchange and (re) distribution of resources.

The intellectual tradition of approaching organizations, institutions and order of basic-level society in urban China from a *danwei* study perspective, is widely recognized to be initiated by the seminal and thought-provoking Neo-traditionalism model, as developed by Andrew Walder in the mid-1980s. Subsequent efforts, debates and explorations focus, mostly if not entirely, on the following four interrelated subjects: Is Neo-traditionalism a structural product generated entirely by the communist organizations and institutions, and totally independent, as Walder so painfully proclaimed, of the past history, culture and traditions? To exactly what extent can the model be generalized? How can we depict and account for the basic-level order, or authority relations, in urban and/or rural China? How does market transition contribute, in a specific sense, to the transformation of authority structure inside *danwei*? This book tries to investigate comprehensively the above-mentioned topics, and argues that, instead of identifying precisely what is the real source of patron-client relationship and laboring how far can we go with the model, future scholarship should focus more on the dialectic rela-

Preface

tionship between structure and culture, and engage in some serious historical and field investigations. Only by doing so can we get a complete and unbiased understanding of the order structure of Chinese basic-level society.

Aftermore than thirty years' opening up and reform, China has gone through tremendous socioeconomic change, resulting in the preliminary establishment of market economy and rearrangement of basic social structures. Subsequently, organizations and institutions in basic level urban China, especially *danwei* and *danwei* institution, have also undergone profound transformation. Now the intellectual community is challenged with the following questions: where and how does *danwei* evolve? To what extent does it differ from its pre-reform predecessor? More specifically, does the authority structure within *danwei* change? How much has it been changed? How should we understand and interpret this transition? If it has not changed at all, then why it is so despite the drastic structural transformation in the wider society?

This is a substantially empirical study, and Peking Power Plant, a cogeneration plant, located in the outskirt of the Capital, is selected as the research object. As a state-owned enterprise, Peking Power Plant is a prototype of *danwei*, typical in every sense. Established at the end of 1970s, it now functions for more than three decades, and witnesses the whole process of opening-up and reform. On October 22nd., 2008, the author was admitted as an intern, assigned to position in a department called News Center. During more than a years' intership, my responsibility was to assist the other two regular employee to fulfill the daily duty of the department, namely interviewing different managers, technicians, workers, writing articles, and occasionally taking photos and shooting films when we have big events, like the Annual General Conference, the Workers' Representative Congress, or the reception of distinguished guests. I spent thirteen months doing my field research, first qualified myself as an insider, then started collecting firsthand data.

The institutional reform brings about a painful process of transition. Before the reform, with the domination of command economy, the Plant had no other responsibility but to follow the orders from its higher authorities. Nevertheless, afterdecades of institutional transformation, things are significantly changed. The enterprise has to attend to both production and operation, and more energy and resource are allocated to focusing on the outside market. The priority now is to make sure that all necessary resources are guaranteed, and the environment is safe and friend. Due to these variations, organizational structure and interpersonal relations are all changed fundamentally.

To exemplify the abovementioned changes, labor discipline and house distribution are selected, respectively, to illustrate the changes observed at institutional level and (re) distribution of resources. So far as labor discipline is concerned, the variation is obvious. Before reform, workers identified themselves zealously with the factory, and participated actively in the management of the whole organization. While after the reform, the governance of la-

Preface

bor is way much simplified. Managers resort to material and economic stimulus to control the workers. The authority structure is shaped by state, market and bureaucracy simultaneously.

As a vital resource and necessity for survival, house allocation is always a pivotal issue in the Plant. Before reform, house is allocated in a relatively fair way, and workers needed to pay nothing for such shelters. Now, everything is changed. Those in power get bigger and better house, while ordinary shop floor workers have to choose smaller and poor apartments. This is called *classify first, then sort by score*. Compared to the previous criteria, it is extremely unequal. And *guanxi* in Walder's sense no longer works as it did in the past, workers have to stay where they are, and can do almost nothing to change their disadvantaged position. So, patron-client relationship and principled particularism, as Walder emphasized so systematically, lose their organizational basis, and have vanished to a great extent.

To summarize these significant changes, the author constructs, based on the existingliteratures, especially the classic work by Hsiao-tung Fei, a new concept called *structural pattern of difference sequence*, to account for the current authority structure inside *danwei* system, which emphasizes the unequal resource allocation mechanism brought about by formal organizational institutional design. The essential idea is that resources are (re) distributed by the amount of power an individual possesses in the authority structure of *danwei* system, the more power one seizes, the more resources will be allocated to (s)he. Compared with existing model accounting for the authority structure inside *danwei* system, the idea of *structural pattern of difference sequence* focuses more on the formal institution and its consequences for the unequal mechanism of resource (re) distribution. Therefore, the basic conclusion of this essay is that: while the authority structure inside *danwei* before reform could be arguably reduced to Walder's neo-traditionalism model, it has now become the new *structural pattern of difference sequence*, under which instrumental-personal ties vanished partially because of the emphasis of market-oriented and performance-focused new organizational goal.

To help interpret these change and paradox emerged from field research, two mechanisms stand out as we dig deeper into the underground. The first logic is *danwei* tradition, while the second one is *market* discourse. These two mechanisms are shaped and shape, simultaneously, the behavior of both managers and rank-and-file workers. Specifically, we can distinguish two types of resources, which is under different logic. Formal and/or ritual resource is allocated by the logic of *danwei*, while substantial and/or privileged resource is distributed according to *market* criteria. Meanwhile, managers prefer to deploy regulations by *market* logic. By comparison, workers have to resort to the fragile protection of *danwei* tradition to defend their due interests and rights.

目　　录

第一章　单位还在起作用吗？ …………………………（1）
　　第一节　背景和缘起 ……………………………………（1）
　　第二节　"单位"研究的提出 …………………………（4）
　　第三节　"单位"：定义和特征 ………………………（8）
　　第四节　研究问题 ……………………………………（17）
　　第五节　研究意义：理论与现实 ……………………（21）
　　第六节　研究方法 ……………………………………（25）
　　第七节　创新与不足 …………………………………（40）
　　第八节　内容架构和章节安排 ………………………（45）

第二章　新传统主义及其后 ……………………………（47）
　　第一节　"单位"研究的起点 …………………………（47）
　　第二节　新传统主义：内容界定与概念辨析 ………（50）
　　第三节　新传统主义与历史：何为"传统"，
　　　　　　"新"在哪里？ ……………………………（55）
　　第四节　新传统主义的适用范围：个案特例，
　　　　　　还是普遍结论？ ……………………………（64）
　　第五节　中国基层社会的权威关系：新传统主义，
　　　　　　抑或其他？ ……………………………（72）

第六节　新传统主义及其后 …………………………（78）
第七节　市场转型与"单位"研究 …………………（79）
第八节　小结 ………………………………………（85）

第三章　京华电厂：一个"单位"的民族志 ……………（87）
第一节　基本情况 …………………………………（87）
第二节　1977—1999年：传统体制下的京华电厂 ……（90）
第三节　2000年以后：市场转型中的京华电厂 ……（106）
第四节　一个"单位人"的《脚印》 ………………（127）
第五节　一个典型的单位 …………………………（128）

第四章　组织与环境：京华电厂的"市场"转型 ……（130）
第一节　制度背景 …………………………………（130）
第二节　转型以后的"市场"关系 …………………（137）
第三节　京华电厂的"市场"关系 …………………（144）
第四节　小结 ………………………………………（148）

第五章　劳动纪律 ……………………………………（151）
第一节　工厂政体和劳动过程：一个工业社会学的
　　　　简要回顾 …………………………………（151）
第二节　技术变革与生产管理 ……………………（162）
第三节　京华电厂的劳动纪律和日常实践 ………（171）
第四节　从认同到强制 ……………………………（190）

第六章　住房分配 ……………………………………（196）
第一节　"最后的晚餐"？住房分配的系谱学 ……（198）

第二节 从福利分房到集资建房：京厂的分房
民族志 …………………………………………（216）
第三节 内强管理：分配规则的制定 ……………（234）
第四节 结构博弈：分房办法的制度实践 ………（263）
第五节 住房分配、制度切割与新传统主义 ……（273）

第七章 重返单位研究 ……………………………（276）
第一节 结构性差序格局：一个初步结论的
提出 ……………………………………………（277）
第二节 与已有模型和概念的比较 ………………（284）
第三节 一个结构，两种逻辑："单位" vs. 市场 ……（288）
第四节 一些附带的讨论 …………………………（293）
第五节 未来研究方向 ……………………………（296）

附 录 ………………………………………………（299）

参考文献 …………………………………………（301）

后 记 ………………………………………………（321）

补后记 ……………………………………………（329）

第一章 单位还在起作用吗？

第一节 背景和缘起

从某种意义上说，秩序（order）是社会学的经典母题和终极旨趣之一。从哲学本体论的层面来看，在一个"一切人反对一切人"的"自然状态"下，个体之间如何超越理性、自私的基因，实现合作，最终达成团结，是诸如霍布斯、洛克、孟德斯鸠和卢梭等早期社会理论家致力于解决的一个基本问题。这个时期的代表性学说就是社会契约论。随着工业革命的爆发和资本主义文明的萌芽，西欧从封建社会向工业社会转变，新兴的资产阶级以其冒险、征服的秉性特征摧毁了过去以皇权——贵族为基础的社会秩序结构。如何在旧制度被打破、新的规则尚未建立起来的"失范"状态下重构工业社会的秩序基础，为新社会找回一个坚实的凝聚核心，成了诸如涂尔干、韦伯、斯宾塞和齐美尔等古典社会学家给自己明确立下的学术责任。[①]

[①] 从这个意义上说，马克思是个例外，出于对资本主义文明剥削本质的深刻认识和彻底绝望，他认为人类幸福的出路在于发动暴力革命，推翻资产阶级的统治，建立无产阶级自己的社会主义/共产主义新秩序。当然，从根源上追究，他的学术旨趣，也围绕"秩序"这个核心概念展开。

市场改革与组织调适：单位研究视角下的国企改革

有学者①提出"新古典社会学"学说，认为古典社会学是在研究资本主义文明秩序基础的过程中建立起来的。那么作为与之相对应的共产主义文明，在向另一种制度转型②的过程中，应该也能"构成一个可以相对独立地进行知识积累的领域"。③ 基于这样的认识，学界（包括国外的研究者和国内一些学者）开始把社会主义从再分配向市场经济的过渡，尤其是中国的制度转型，看作一个"文明转折"的过程，提出"转型社会学"概念，具体关注共产主义这一独特文明的"日常生活实践"、"运作社会生活的方式"及其社会治理的具体"过程、机制、技术和逻辑"。④ 在这些学者看来，共产主义是另一种在人类历史上产生广泛影响的文明，它有着与西方资本主义非常不同的制度、价值体系和运作逻辑。在近些年的改革与转型浪潮中，这种文明的内部正在发生历史性的变迁。有感于此，有学者开始发问："这究竟是一种什么样的文明？它的独特之处在哪里？它又将向何处去？"⑤ 应该承认的是，对于这一独特的文明形式，我们不仅在宏观文明层次的反思尚少，

---

① ［美］吉尔·伊亚尔、伊万·塞勒尼、艾莉诺·汤斯利：《无须资本家打造资本主义——后共产主义中欧的阶级形成和精英斗争》，吕鹏、吕佳龄译，社会科学文献出版社 2008 年版。

② 至于究竟是向哪个方向转变，是后社会主义、后共产主义，还是资本主义——这虽然是一个重大的理论和现实命题，但显然已经超出本书的讨论范围，故暂不深究。

③ 郭于华：《转型社会学的新议程——孙立平"社会断裂三部曲"的社会学述评》，《社会学研究》2006 年第 6 期。

④ 孙立平：《迈向实践的社会学》，《江海学刊》2002 年第 3 期；孙立平：《实践社会学与市场转型过程分析》，《中国社会科学》2002 年第 5 期；沈原：《市场、阶级与社会：转型社会学的关键议题》，社会科学文献出版社 2007 年版。

⑤ 孙立平：《从工厂透视社会》，《中国书评》（中国香港）1995 年第 1 期；孙立平：《实践社会学与市场转型过程分析》，《中国社会科学》2002 年第 5 期。

第一章　单位还在起作用吗？

对其内部运作机制和逻辑的解析也极为鲜见。因此"有理由认为，共产主义文明及其转型，对社会学的发展来说，具有极为独特的意义；对这个文明的特点、运作逻辑及其转型过程的研究应当成为当代社会学乃至整个社会科学发展的新的灵感来源和动力源泉"。①

从另一个角度来看，"冷战"时期的西方国家，对于"铁幕"另一面的共产主义社会，一直抱有强烈的窥探欲望和了解兴趣。特别是，作为西方人眼中的"极权主义"（或者集权主义）国家，共产党统治下的社会主义国家或共产主义国家的基层社会究竟是如何组织和运转的；它与西方的所谓市场、民主社会相比，有哪些差异和/或共同之处……这些也是西方学者普遍关注的一些话题。具体到中国研究，部分出于历史和现实情况的考虑，② 部分受到以往研究工作的影响，③ 在注意力分配上，西方学界对于中国农村基层社会的研究，④ 尤其是详细深入的村落个案调查，远远多于对城市基层社会的关注。可能正是出于这样一个学术背景，魏昂德⑤关于中国城市基层工作场所

---

① 郭于华：《转型社会学的新议程——孙立平"社会断裂三部曲"的社会学述评》，《社会学研究》2006年第6期。
② 例如中国农业人口历来占据了全部人口的大多数。
③ 例如费孝通的《乡土中国》。
④ 具体到各个学科，情况大都如此。例如人类学的中国村落研究系列（可谓浩如烟海）、历史学对华北平原和华南农村的研究、社会学和政治学对基层村庄选举和民间法团的研究。考虑到文献众多，且超出本书的论述范围，这里不再赘述。
⑤ 魏昂德（Andrew G. Walder，又译华尔德、瓦尔德、沃尔德、沃达等），现为斯坦福大学社会学系教授。这里提到的是他基于其博士学位论文写成的《共产党社会的新传统主义——中国工业中的工作环境和权力结构》（*Communist Neo-traditionalism: Work and Authority in Chinese Industry*, University of California Press, 1986）一书，中译本由龚小夏翻译，中国香港牛津大学出版社1996年版。以下简称《新传统主义》。

权力关系结构的研究一经发表，就在西方学界引起广泛的关注。

反观国内，情况也出人意料地类似。学界对于农村研究的兴趣，似乎也远远大于对城市的关注，甚至在很多情况下，城市只是"乡土中国"研究一个不得已的延伸，如"农民工"问题。由此造成的一个情况是，回顾历史，在城市基层社会秩序这样一个话题上，我们可能会面临这样的尴尬：当大声呼吁要加快城市化进程，把更多的农民转化为城市人口，以实现社会主义现代化建设的同时，我们对于自己每天生活于其中的城市社会，却缺乏必要的深入了解和系统研究。如果说农村是"内卷化"的熟人网络在儒家伦理和"差序格局"的基础上建立起来的"乡土社会"，那么，由陌生人构成的城市社区是靠什么组织起来和进行运转的；或者我们的城市发展出了一种特殊的体制，把陌生人社区转换为类似于"乡土中国"的熟人社会，从而把一个个独立的个体，糅合成一个高度组织化的整体；如果这种猜想是正确的，那这又是怎样的一种体制；它是如何产生的，具体又是怎样运作的，背后蕴藏着哪些独特的逻辑和机制——对于这些疑问，我们还缺乏必要、足够的思考和分析。

第二节 "单位"研究的提出

现代社会，尤其是城市社区，是一个高度组织化的社会。组织化，在某种意义上，是现代化或工业化的代名词。无论是在西方还是在东方，组织都是现代社会的一个最基本的社会结构要素。[1]

---

[1] 李路路、李汉林：《中国的单位组织：资源、权力与交换》（修订版），生活·读书·新知三联书店、生活书店出版有限公司2019年版。

第一章 单位还在起作用吗？

但在组织化这一点上，中国的城市具有许多西方社会所不具备的特殊之处。除了在人际关系构成上区别于农村的熟人社会，与"马铃薯"似的、缺乏组织能力的小农相比，中国城市社会的一个重要特征，就是城市居民生活在一个高度组织化的体制里，在社会整合、资源调度和处理突发性事件时，具有农村社会难以想象和比拟的组织动员能力。放到纵向的历史大视野里考察，有学者也从组织能力的角度出发，认为近代中国日渐羸弱、国际地位江河日下的终极根源，就在于整个缺乏组织能力，如"一盘散沙"，皇权直接面对无组织的散乱小农，从而导致中国在国际竞争中逐渐落伍。而中国共产党的成功秘诀，就是以建立基层组织的方式，极大地提高了社会组织能力和国家的效率。①

中华人民共和国成立后，这种基层组织方式被以一种制度化的形式在城市社会加以应用和推广。随着社会主义公有制改造的开展和完成，一种"在结构上，政治组织与具体的专业组织合二为一；在行为取向上，专业取向与意识形态的行为取向融为一体"②的单位体制在中国城市出现了。经过几十年的发展和完善，单位已经成为城市居民日常生活必不可少的一个组成部分，几乎每一个人都离不开自己的单位：工作、生活，甚至包括生老病死的方方面面，都与各自的单位息息相关。③

---

① 韩毓海：《五百年来谁著史：1500年以来的中国与世界》，九州出版社 2009年版。

② 李汉林：《单位：中国社会的窗口》，《书摘》2004年第12期。

③ 谭深：《城市"单位保障"的形成及特点》，《社会学研究》1991年第5期；Bian Yanjie, *Work and Inequality in Urban China*, N.Y.：State University of New York Press, 1994；李汉林：《意识形态：人的社会化以及组织与制度变迁的过程———一种对文献的综述与思考》，《河南社会科学》2007年第3期；李汉林：《变迁中的中国单位制度 回顾中的思考》，《社会》2008年第3期；路风：《单位：一种特殊的社会组织形式》，《中国社会科学》1989年第1期；路风：《中国单位体制的起源和形成》，《中国社会科学季刊》（中国香港）1993年第5期；于显洋：《单位意识的社会学分析》，《社会学研究》1991年第5期。

— 5 —

市场改革与组织调适：单位研究视角下的国企改革

描述单位之重要性的一个典型事例，是当两个陌生人在城市相遇，互相问的第一个问题，往往是"你是哪个单位的"，而不是姓甚名谁。可见，"单位"一度是中国城市居民的第一社会属性。有些时候，单位身份甚至是比一个人的姓名、籍贯、家庭出身、职业和年龄等人口学基本特征更为重要的基本背景属性。

由此，有一些学者指出，作为一种特殊的社会组织形式，"单位是我国政治、经济和社会体制的基础"，从中可以看出中国社会结构的独特性，甚至"不理解单位的组织特性以及由此所决定的单位的行为倾向，就不能理解我国现行体制的特点及其运行机制"；① "'单位'因此成为人们研究、分析以至于理解中国社会、特别是中国社会结构的一个重要视角"。② 反之，如果"忽视这种社会存在，忽视研究和理解这种社会存在，我们就很难深刻地理解今天的中国社会及其发展，我们就很难理解今天中国社会成员的行为方式与特征，进而也就很难从根本上把握中国今天的社会"。③ 有学者甚至从城乡二元划分的角度出发，认为中国社会的基本单位分别是村落家族与城市单位，由此提出一个与"乡土中国"相对应的概念——"单位中国"④——来概括中国城市社会的基本特征。⑤

---

① 路风：《单位：一种特殊的社会组织形式》，《中国社会科学》1989年第1期。

② 李路路、李汉林：《中国的单位组织：资源、权力与交换》（修订版），生活·读书·新知三联书店、生活书店出版有限公司2019年版。

③ 李汉林：《变迁中的中国单位制度 回顾中的思考》，《社会》2008年第3期。

④ 刘建军：《单位中国——社会调控体系重构中的个人、组织与国家》，天津人民出版社2000年版。

⑤ 体现"单位"之于中国城市社会重要性的一个侧面，是这个概念的英文翻译：一开始，有人用"unit"、"workplace"或"work unit"等直译的英文单词来指代"单位"，后来觉得这些单词不足以表达"单位"在中国语境下的丰富含义，干脆直接用拼音"danwei"。与此类似的，还有"面子"（mianzi）、"关系"（guanxi）等具有浓厚中国特色的概念。

第一章 单位还在起作用吗?

因此，到现在为止，我们似乎可以做出这样的概括：单位可能是中国独有的一种社会现象；① 对于城市里的普通老百姓来说，单位不仅仅只是一个"工作场所"，它还意味着一种生活方式（life style）、社会保障（social security）、身份认同（identity）和情感归属（belonging）。"在实质上，单位反映出来的是一种制度，是一种统治和一种中国独有的社会结构。通过单位这样一个视角来观察中国社会，或许能够引起我们更进一步的思考，或许能够推动我们的组织与制度在更深层次上的创新与变迁。"②

正是在上述这个些意义上，"单位"以及作为一种制度现象的"单位制"，③ 才开始慢慢进入研究者的关注视野，成为近年来学术界一个颇具影响力的研究领域，并被国内外学者作为探究中国城市社会基层秩序的一个重要视角。④

---

① 路风：《单位：一种特殊的社会组织形式》，《中国社会科学》1989年第1期；李路路：《论"单位"研究》，《社会学研究》2002年第5期。

② 李汉林：《中国单位社会：议论、思考与研究》，世纪出版集团、上海人民出版社2004年版。

③ 在本书，当被作为一个研究对象时，我们将使用带引号的"单位"或"单位制"里指称中国这一特有的组织现象，以区别于我们日常生活中使用的一般意义上的单位。

④ Walder Andrew G., *Communist Neo-traditionalism: Work and Authority in Chinese Industry*, Berkeley CA: University of California Press, 1986; Lu Xiaobo and Perry Elizabeth J., *Danwei: The Changing Chinese Workplace in Historical and Comparative Perspective*, New York: Routledge, 1997；杨晓民、周翼虎：《中国单位制度》，中国经济出版社1999年版；李路路、苗大雷、王修晓：《市场转型与"单位"变迁——再论"单位"研究》，《社会》2009年第4期；李路路、王修晓、苗大雷：《"新传统主义"及其后——"单位制"的视角与分析》，《吉林大学社会科学学报》2009年第6期。

第三节 "单位":定义和特征

一 "单位"的定义

1. "单位"的类型

尽管"单位"研究已经积累了比较可观的文献,但是研究者对于"单位"这个概念本身的界定,却没有达成一致的共识,更多的是采取一种现象学"悬置"的策略,把定义问题暂时放在一边,而直接围绕"单位"现象各自选取特定的角度进行分析。最多,也就是列举"单位"的各种类型,告诉读者哪些属于"单位",哪些不是。一般来说,研究者通常把城市中居于再分配体制中心的行政单位(主要是政府机关)、事业单位和国有企业单位纳入"单位"的范围中,① 而农村的基层组织,比如实行家庭联产承包责任制之前的公社和合作社,则不属于"单位",顶多只是具备"单位"的若干特征。②

以上只是列举了"单位"的外延,可以帮助我们辨识哪些组织属于"单位"的范畴。但是,随着研究的深入和进展,人们逐渐认识到,基本概念的模糊,越来越成为这一研究领域继续向前推进的绊脚石。③ 于是,"究竟什么是'单位'?或者说,'单位'的基本特征是什么?它与其他社会组织存在哪些

---

① 路风:《单位:一种特殊的社会组织形式》,《中国社会科学》1989 年第 1 期;李路路:《论"单位"研究》,《社会学研究》2002 年第 5 期。
② 李猛、周飞舟、李康:《单位:制度化组织的内部机制》,《中国社会科学季刊》(中国香港)1996 年秋季卷。
③ 李路路:《"单位制"的变迁与研究》,《吉林大学社会科学学报》2013 年第 1 期。

本质性的区别"等与概念界定相关的问题开始引起学者的注意。可见，对"单位"下一个清晰的定义已经成为一个十分紧迫的任务。

2. 两个视角和关键概念

"单位"研究中经常出现几个相互关联但有各有区别的概念："单位""单位现象""单位意识""典型单位制"①"单位组织""单位体制/单位制度"。在我们看来，"单位"和"单位组织"更多的是指一种组织形式。社会学一般即从这个视角出发，来给"单位"下定义的："'单位'是一种再分配体制下的制度化组织。"② 根据这个定义，"单位"是一种注重仪式甚于效率、技术让位于制度的特殊组织，因此，与国有企业单位相比，事业单位和行政单位是更加典型的"单位"。

"单位体制"或者"单位制度"（可以统称为"单位制"）更多的是指以上述"单位"组织为基础的某种社会体制和政治结构。迄今为止，从这个视角来切入的主要是政治学对"单位"的研究。在"单位制"的框架下，研究者关注的重点，不再是作为一种组织的"单位"本身，而是从一种宏观制度结构的层面出发，来分析"单位"对于国家社会调控和资源分配的功能、价值和意义。从这一视角来定义"单位"的有如下两类观点。

（1）单位是中国各种社会组织所普遍采取的一种特殊的组织形式，是中国政治、经济和社会体制的基础。我们可以将

---

① 田毅鹏：《"单位研究"：既要回望，更要开新》，《北京日报》2015年11月2日第20版。

② 李猛、周飞舟、李康：《单位：制度化组织的内部机制》，《中国社会科学季刊》（中国香港）1996年秋季卷。

整个社会的运转不得不依靠单位组织形式的结构定义为"单位体制"。这个体制的基本内容是：一切微观社会组织都是单位，控制和调节整个社会运转的中枢系统由与党的组织系统密切结合的行政组织构成。①

（2）"单位"是中国城市社会中的一种特殊的组织形式和社会调控形式，即基本的社会调控单位和资源分配单位，是社会调控体系中以实现社会整合和扩充社会资源总量为目的的制度化组织形式，是国家与个人之间的联络点。②

综上所述，已有研究对"单位"的界定可以大致分为两个角度。一是侧重于从政治学的视角来考虑国家政治体制的特征与社会控制的需要，主要从中国社会主义基本政治制度出发，强调"单位"是社会主义政治体制的基本单元，承担着分配与调控整个社会的资源、对社会成员进行政治控制的基本功能。二是偏向于从社会学视角来分析社会运行与社会整合的组织机制，主要强调"单位"是社会主义再分配体制下的一种制度化组织，作为一种组织制度，承担着多元化的功能，包括社会控制、权力分配，资源和地位分配以及单位成员的合法性等。

3. 一个综合性定义

虽然在侧重点上有所不同，但上述两个角度实际上都是从"单位"所处的社会环境，即中国的社会主义基本政治制度和再分配体制来下定义的。基于以上认识，本书尝试给出一个

---

① 路风：《单位：一种特殊的社会组织形式》，《中国社会科学》1989年第1期。
② 王沪宁：《社会资源总量与社会调控：中国意义》，《复旦学报》（社会科学版）1990年第4期；刘建军：《单位中国——社会调控体系重构中的个人、组织与国家》，天津人民出版社2000年版。

第一章 单位还在起作用吗？

"单位"的综合性定义，即"单位"是基于中国特色社会主义政治制度和计划经济再分配体制所形成的一种特殊组织制度，是国家进行社会控制、资源分配和秩序整合的组织化形式，承担着包括政治控制、专业分工、社会保障等多种功能。其典型形态是城市社会中的党和政府机构（行政单位）、国有管理和服务机构（事业单位）和国有企业单位。①

上述定义把之前互相区分的"单位"和"单位制"等概念整合在一起，从而有助于概念的澄清和界定。除非做出特殊说明，本书将把"单位"和"单位制"视为同一个概念，根据具体语境的需要，交替使用。

二 "单位"的本质及其特征

中国城市社会的单位组织，就其本质来说，是一种统治的形式和工具。② 在某种意义上，这与上文李猛等学者对于"单位"组织仪式高于效率、技术让位于制度合法性的判断是一致的，③ 同时也符合政治学学者对于"单位"社会调控和资源分配职能的界定。④ 因此，要了解"单位"的本质，就必须对

---

① 李路路、苗大雷、王修晓：《市场转型与"单位"变迁——再论"单位"研究》，《社会》2009年第4期；苗大雷、王修晓：《项目制替代单位制了吗？——当代中国国家治理体制的比较研究》，《社会学评论》2021年第4期。

② 李路路、李汉林：《中国的单位组织：资源、权力与交换》（修订版），生活·读书·新知三联书店、生活书店出版有限公司2019年版。

③ 李猛、周飞舟、李康：《单位：制度化组织的内部机制》，《中国社会科学季刊》（中国香港）1996年秋季卷。

④ 路风：《单位：一种特殊的社会组织形式》，《中国社会科学》1989年第1期；王沪宁：《社会资源总量与社会调控：中国意义》，《复旦学报》（社会科学版）1990年第4期；刘建军：《单位中国——社会调控体系重构中的个人、组织与国家》，天津人民出版社2000年版。

"统治"以及"权力"和"权威"关系进行一番考察。

1. 几个关键概念

（1）权力与权威

"权力""权威"和"统治"是三个相互关联而又各有区别的概念。关于"权力"（power）这个概念，韦伯指出，"权力意味着在一种社会关系里哪怕是遇到反对也能贯彻自己意志的任何机会，不管这种机会是建立在什么基础之上"。① 这个定义具有以下几个特点。第一，不论行动者采取什么手段，只要他/她能排除可能的障碍，实现自己的意识，那么他/她就具有某种权力。第二，权力的范围是相当宽泛的，几乎无所不在。这有点类似于福柯所说的权力的微观物理学（the microphysics of power）或者生命权力（bio-power）。第三，权力关系是互相的，必须发生在两个或多个行动者之间。这与政治学家达尔的著名定义不谋而合，后者认为，"A 对 B 拥有权力，意味着 A 能够让 B 去做某事，而没有 A 的要求 B 是不会做此事的"。② 其中，具有合法性基础（legitimacy）的权力，就是权威（authority），如传统型权威、卡里斯玛型权威和法理型权威。

（2）统治与权力

在韦伯的学说里，"统治"和"权力"是两个相互关联的概念，其中，前者必须通过后者来加以定义。按照韦伯的定义，权力存在于日常生活的方方面面，几乎每一种社会关系里

---

① ［德］马克斯·韦伯著，约翰内斯·温克尔曼整理：《经济与社会》（上卷），林荣远译，商务印书馆1997年版。
② Dahl Robert, "The Concept of Power", *Behavioral Science*, 2（3），1957: 201 – 215.

都能发现权力的影子。在这些名目繁多的权力关系中，韦伯特别关注"命令—服从"关系，这就是我们这里讨论的"统治"。具体而言，"统治应该叫做在一个可能标明的人的群体里，让具体的（或者：一切的）命令得到服从的机会……任何一种真正的统治关系都包含着一种特定的最低限度的服从愿望，即从服从中获取（外在的和内在的）利益"。① 可见，"统治"是权力关系的一个子集，不是所有的权力结构都可以称为"统治"，基于暴力强迫的权力结构不属于韦伯意义上的统治，只有建立在（哪怕是最低限度的）服从基础上的，才符合韦伯的定义。弄清楚这一点很重要，因为韦伯关于统治类型的划分，就是建立在这个理解之上的。

在韦伯看来，所有的统治又可以分为两种最基本的类型：以利益为基础的统治和强制性的命令统治。前者可以用布劳的分析来加以理解：当 A 能够提供给 B 急需的某种资源或服务，而在无以交换的情况下，B 只能用"服从"来作为回报。这是获取权力的一种极为普遍的方式，其背后的逻辑，是资源的交换和分配。② 后者是一种狭义的"统治"概念，也是政治学研究通常使用的定义范围。强制命令性的统治可以完全脱离资源的（市场）交换而存在，它主要是通过某种制度的机构或者组织来实现：A 对于 B 的权力，是由各自所处的位置（position）规定的，如科层制管理体制。或者，在极端的情况下，这种统治的基础甚至可以建立在暴力强制的基础上，如国家的统治机器。

---

① ［德］马克斯·韦伯著，约翰内斯·温克尔曼整理：《经济与社会》（上卷），林荣远译，商务印书馆1997年版。
② ［美］彼得·M.布劳：《社会生活中的交换与权力》，李国武译，商务印书馆2012年版。

2. "单位"的本质特征

在我们看来，中国的"单位"之所以如此特殊，在于它把上述两种权力，即行政性的命令权力和交换性的财产权力糅合在一起，以此为基础，构建出一套独特的组织化工具。其核心，是围绕资源（再）分配形成的权力和权威关系。

在中国的单位，我们可以看到资源交换和强制性命令的完美组合。其他国家的社会组织或许也具有类似的特征，如劳资双方就是一种利益交换关系，组织的管理也采取了一种科层制的方式，但我们认为，无论是在彻底程度还是在覆盖范围上，中国的单位，都具备其他国家和地区所没有的一种独特特征。具体而言，中国的单位组织有以下两方面我们认为可以体现其本质的特征，分别对应上述两种统治基础。

（1）小福利国家：单位作为一种资源再分配的手段

如果说西方的组织在劳资关系上是一种基于劳动契约合同的有限责任关系，那么中国的单位，则承担着为成员提供各方面生活（或生存）资源和福利的"无限责任"。以企业为例，按照通常的观念，员工付出劳动，为企业创造利润，企业付给员工工资报酬，简单地理解，劳资关系就这么单纯。但是在中国，除了支付工资和奖金等薪酬，企业还承担着为职工提供住房、医疗、子女就学、养老、培训等几乎数不清的责任。与西方不同的是，国家把社会保障"外包"给了各个单位。此外，"资源获取空间"的唯一性和垄断性也加剧了职工对单位的交换性依赖，使得单位逐渐变成了一个个"小福利国家"。甚至在某种程度上，单位等同于社会，因为单位一直承担着"办社会"的责任和功能。如果说东欧和苏联等社会主义国家也存在"单位办社会"的情况，那么至少在程度和范围上，都没有中国彻底和普遍。① 西方国家就更不用说了。

（2）仪式政治：单位作为一种意识形态的控制工具

在中国，单位，不管是政府机关、事业单位还是生产企业，都不单纯是一个"技术性组织"，效率和利润不是单位追求的唯一目标，相比之下，适应制度环境和执行国家的行政命令，如果不说是更为重要的目标，至少也是同等重要的。事实上，在人事任免完全控制在上级主管部门的前提下，完成上级的指令，博取上级的首肯，在很多情况下恰恰是单位领导抓破头皮、日思夜想的中心任务。当然，上级的指令也可以是技术和效率导向的。② 但普遍的情况是，上级都是用"多重控制参数"来要求下级单位，"很少只根据其在生产中的效率表现，计划生育、环境污染、职工生活、思想状况，几乎都是一个单位是否'管理良好'的标准，其中许多'参数'都是'一票否决权'性质的关键参数"。③ 当然，随着环境的变化，控制参数的内容也会被做出调整，比如20世纪90年代中期，"减员增效"可能是头等大事；到21世纪初，这个任务又被"社会稳定""防止群体性事件"等指标所替代。同样，任何组织都会同时兼顾技术和仪式两方面的目标，但中国的单位组织，则更加侧重对制度环境的适应，效率则是一个级别相对较低的考虑，很多情况下还必须让位于各种"政治任务"。

此外，在组织结构的设计上，中国的单位采取了一种"党政合一"的制度，每个基层单元都设有党的组织，这保证

---

① 李猛、周飞舟、李康：《单位：制度化组织的内部机制》，《中国社会科学季刊》（中国香港）1996年秋季卷。
② 所谓的市场转型，体现的就是这种变化。
③ 李猛、周飞舟、李康：《单位：制度化组织的内部机制》，《中国社会科学季刊》（中国香港）1996年秋季卷，第145页。

了国家具有其他国家所不能比拟的绝对的动员能力。① 这种制度设计是如此的严密和有效，以致一些私营企业也出现了仿效单位体制，试图在基层设立党支部的尝试。②

于是，一个集命令权力和交换权力两种权力模式、技术性经济组织和仪式性行政组织两种组织类型于一身的独特社会组织就这么在中国城市出现了，并"在整个社会中形成了一种全面的、自下而上的依赖性向量和结构，即下级对上级的依赖，个人对单位的依赖"，③"国家将一切权力掌握在自己手中，同时就剥夺了其他任何权力，基本上完全取代了社会"。④

在我们看来，上述两个特点是相互关联、互为补充的，而且只有在这两点上，中国的单位才具有与世界上其他国家和地区的社会组织相区别的本质特征。⑤ 当然，单位还有很多与众不同之处，但在我们看来，与上述两个特点相比，其他特点都不构成本质性的区别。有学者强调"永久性就业"是单位的一个重要标志，更有学者甚至将此作为论证国有企业领导"权威不足"现象的一个主要依据，⑥ 或者以此为出发点来分

---

① ［美］华尔德：《共产党社会的新传统主义——中国工业中的工作环境和权力结构》，龚小夏译，中国香港牛津大学出版社1996年版。

② Francis Corinna-Barbara, "Reproduction of *Danwei* Institutional Features in the Context of China's Market Economy: The Case of Haidian District's High-Tech Sector", *China Quarterly*, 147, 1996: 839–859.

③ 李汉林：《中国单位社会：议论、思考与研究》，世纪出版集团、上海人民出版社2004年版。

④ ［美］布鲁斯：《社会主义的所有制与政治体制》，郑秉文、乔仁毅等译，华夏出版社1989年版。

⑤ 苗大雷、李路路、王修晓：《事业单位的制度运行与国家基层治理——基于M学院中层干部竞聘上岗实践的分析》，《社会学评论》2015年第3期；苗大雷、王修晓：《项目制替代单位制了吗？——当代中国国家治理体制的比较研究》，《社会学评论》2021年第4期。

⑥ 蔡禾：《国有企业职工的改革观念研究》，《开放时代》1996年第5期；蔡禾：《企业职工的权威意识及其对管理行为的影响——不同所有制之间的比较》，《中国社会科学》2001年第1期。

析单位内部的人际关系,① 但是,我们认为,即使这样,"永久性就业"也不构成单位的本质特征,因为日本的企业也存在"终身雇佣"的现象,"年功序列"就好比中国单位的"资历"和"资格",一样是需要长达十几年甚至几十年才能"熬"出来的。至于另有学者强调的功能多元化、全能性,或者受令性、资源不可流动性、平均主义和家长制,要么不构成与其他国家和地区的组织相区别的本质性特征,要么可以纳入上述两个特点,或者可以从上述两个特点衍生出来。综上所述,我们认为,再分配和仪式政治,是中国单位的两个本质性特征;根据这两个特征,我们就基本上能够分辨哪些组织是单位,哪些不是。

第四节 研究问题

令人不解的是,对于这样一个基础性的社会制度和组织体制,国内外学界均缺乏必要的关注和分析。尤其是国内学者,身在"单位"庐山,却不辨真相,以为自然(taken-for-granted),直到"西学东渐",才"猛回首"意识到,"单位,不仅是观察中国社会的一种视角,而且还是一个具有研究潜力的学科领域"。②

说"西学东渐",其实一点都不夸张。就"单位"研究而言,最早开始关注这一独特制度,并将其作为一个研究对象和探究中国社会深层体制结构来加以分析、研究的,是大洋彼岸

---

① 李汉林:《中国单位社会:议论、思考与研究》,世纪出版集团、上海人民出版社2004年版。

② 李汉林:《中国单位社会:议论、思考与研究》,世纪出版集团、上海人民出版社2004年版。

的一些学者。① 但是,学界一般都把"单位"研究的起点,认定为魏昂德《新传统主义》一书问世的 1986 年。② 在此之后,越来越多的学者开始加入这一领域的工作,一度掀起了一个不小的"单位"研究热潮。③ 同时,国内学者也开始有意识地

---

① Blecher Marc J. and White Gordon, *Micropolitics in Contemporary China*: *A Technical Unit during and after the Cultural Revolution*, New York: M. E. Sharpe, 1979; Cole R. E. and Walder A. G., "Structural Diffusion: The Politics of Participative Work Structures in China, Japan, Sweden and the United States", Center for Research on Social Organization, University of Michigan Ann Arbor, MI, 1981; Henderson Gail and Cohen Myron S., *The Chinese Hospital*: *A Socialist Work Unit*, New Haven: Yale University Press, 1984; Bjorklund E. M., "The DANWEI: Socio-spatial Characteristics of Work Units in China's Urban Society", *Economic Geography*, 62 (1), 1986: 19–29; Bian Yanjie, *Work and Inequality in Urban China*, N. Y.: State University of New York Press, 1994; Bian Yanjie, "Work-Unit Structure and Status Attainment: A Study of Work-Unit Status in Urban China", Dissertation, The State University of New York at Albany, 1990.

② 孙立平:《从工厂透视社会》,《中国书评》(中国香港)1995 年第 1 期;汪和建:《自我行动的逻辑:理解"新传统主义"与中国单位组织的真实的社会建构》,《社会》2006 年第 3 期;李路路:《论"单位"研究》,《社会学研究》2002 年第 5 期。

③ Francis Corinna-Barbara, "Reproduction of Danwei Institutional Features in the Context of China's Market Economy: The Case of Haidian District's High-Tech Sector", *China Quarterly*, 147, 1996: 839–859; Solinger Dorothy J., "The Chinese Work Unit and Transient Labor in the Transition from Socialism", *Modern China*, 21 (2), 1995: 155–183; Yeh Wen-Hsin, "Corporate Space, Communal Time: Everyday Life in Shanghai's Bank of China", *American Historical Review*, 100 (1), 1995: 97–122; Bian Yanjie, *Work and Inequality in Urban China*, N. Y.: State University of New York Press, 1994; Bian Yanjie, "Work-Unit Structure and Status Attainment: A Study of Work-Unit Status in Urban China", Dissertation, The State University of New York at Albany, 1990; Dittmer Lowell and Xiaobo Lu, "Personal Politics in the Chinese Danwei under Reform", *Asian Survey*, 36 (3), 1996: 246–267; Kennedy Scott, "The Stone Group: State Client or Market Pathbreaker?", *China Quarterly*, 152, 1997: 746–777; Lu Xiaobo and Perry Elizabeth J., *Danwei*: *The Changing Chinese Workplace in Historical and Comparative Perspective*, New York: Routledge, 1997; Davis Deborah and Lu Hanlong eds., *The Consumer Revolution in Urban China*, University of California Press, 2000; Wei-Arthus Huiying, "A Study of Authority and Relations in Chinese Governmental Agencies and Institutional Work Units: Neo-patrimonialism in Urban Work Units", *Chinese Studies*, Vol. 10, Lewiston, N. Y.: Edwin Mellen Press, 2000; Wu Xiaogang, "Work Units and Income Inequality: The Effect of Market Transition in Urban China", *Social Forces*, 80 (3), 2002: 1069–1099; Unger Jonathan and Chan Anita, "The Internal Politics of an Urban Chinese Work Community: A Case Study of Employee Influence on Decision-making at a State-owned Factory", *China Journal*, 52, 2004: 1–24.

"补课",并产生了一系列颇具影响力的研究成果。① 其中,最为系统全面且深入细致的工作恐怕要数李路路和李汉林在 2000 年前后发表的一系列成果。

遗憾的是,不知为何,2000 年之后,"单位"研究领域出现了短暂的沉寂。其中原因,部分可能是中国正处于剧烈的社会变迁和结构转型过程,尤其是进入 21 世纪之后,市场改革步伐进一步加快,社会结构的分化越发明显,社会(热点)问题②不断涌现,迫切要求社会学界及时给出分析和解释,分散了学者的研究精力。相比之下,"单位制"这样一种例行化(routinized)的常规性制度,在研究日程的优先排序上则不断被往后调整,不得不为"更为紧迫"的研究课题让位。

尽管如此,此期间还是发表了一些颇具影响力的研究成果。③ 需要指出的是,与魏昂德和国内之前系统的研究相比,这段时间的工作缺少深入的经验调查,凭"感觉"的主观判断多于脚踏实地的实证分析,有些研究甚至不是专门针对"单位"这一独特的组织现象进行的分析,而是"考察传统体

---

① 这里列举的,只是直接以"单位"研究为研究主题的部分文献,至于相关的研究,如劳动关系、国企改制、下岗职工、劳工社会学以及工业社会学的研究,则更是不胜枚举,这里就不一一穷举了。

② 例如社会不平等、收入分配、贫富分化、中产阶级、群体性事件、环境抗争、基层民主选举、农民工问题等。

③ 田毅鹏:《"典型单位制"对东北老工业基地社区发展的制约》,《吉林大学社会科学学报》2004 年第 4 期;田毅鹏:《"典型单位制"的起源和形成》,《吉林大学社会科学学报》2007 年第 4 期;田毅鹏:《单位制度变迁与集体认同的重构》,《江海学刊》2007 年第 1 期;田毅鹏、吕方:《单位社会的终结及其社会风险》,《吉林大学社会科学学报》2009 年第 6 期;田毅鹏、漆思:《"单位社会"的终结——东北老工业基地"典型单位制"背景下的社区建设》,社会科学文献出版社 2005 年版;刘平、王汉生、张笑会:《变动的单位制与体制内的分化——以限制介入性大型国有企业为例》,《社会学研究》2008 年第 3 期;余红、刘欣:《单位与代际地位流动:单位制在衰落吗?》,《社会学研究》2004 年第 6 期。

制内的分化机制"的副产品。①

　　这种研究系谱上的断档、课题本身的重要性，加上现在的中国距离魏昂德研究的计划经济时期，已经过去四十多年，其间举世瞩目的改革开放使中国社会的方方面面都发生了并接着在进行（ongoing）深刻的结构性变迁，这就自然而然地引出了本书的研究问题：如果改革开放前中国城市基层单位里的权威结构确实是魏昂德所说的"庇护—依附"（patoon – client）关系，那么，经过改革开放后的市场改革和制度转型，现在单位内部的权力和权威关系是个什么状况；是否还是"新传统主义"模型；如果不是，现在到底是一个什么模式；与过去相比，有没有变化；如果有，究竟发生了哪些变化；这种变化是怎么发生的，中间的演变过程和机制、逻辑是什么样的；我们应该如何去理解、概括和解释当前单位内部的权力与权威关系结构；反之，如果没有发生变化，那又是出于什么原因；为什么制度环境变了，组织内部的权威关系却能够维持原状。

　　无论是在学理脉络还是在实践层面上，这些都是亟待解答的问题。通过对一家国有企业的深入调查，本书试图（至少部分地）回答上述问题。前一小节已经指出，"单位"的本质是一种行政性的命令权力和交换性的财产权力合二为一的独特的组织化工具。其核心，是围绕资源（再）分配形成的权力和权威关系。所谓权力和权威关系，说白了，就是在资源分配和决策过程中"谁说了算"的问题。本书将紧紧围绕这条主

---

　　① 刘平、王汉生、张笑会：《变动的单位制与体制内的分化——以限制介入性大型国有企业为例》，《社会学研究》2008 年第 3 期。

线展开论述，通过制度和事件两个层面，来分析单位内部的权威结构。

第五节 研究意义：理论与现实

一 理论意义

在前文梳理研究缘起和研究问题时，我们就已经提到，单位可能是中国特有的一种组织现象，从而应该成为透视中国城市基层社会结构的一个重要视角。这是一种相当独特的制度设计，对其"特点、运作逻辑及其转型过程的研究"，很有可能成为"当代社会学乃至整个社会科学发展的新的灵感来源和动力源泉"。① 因此，有学者呼吁，应该把单位研究和更广泛的社会理论的发展联系起来。②

但是，令人不解的是，对于这样一个很有可能（如果不是说最有可能的话）催生出中国社会学真正意义的本土性理论的研究沃土，国内的研究者却缺乏相应的投入热情，或者还没有意识到这一千载难逢的学术机遇。令人尴尬的是，我们是在西方学者的善意提醒③和脚踏实地的推动下，才"跳出庐山"开始着手对单位体制开展系统的调查和研究。

作为"单位研究"公认的开创者，魏昂德在《新传统主

---

① 孙立平：《实践社会学与市场转型过程分析》，《中国社会科学》2002年第5期；郭于华：《转型社会学的新议程——孙立平"社会断裂三部曲"的社会学述评》，《社会学研究》2006年第6期。

② 李猛、周飞舟、李康：《单位：制度化组织的内部机制》，《中国社会科学季刊》（中国香港）1996年秋季卷。

③ 李汉林：《中国单位社会：议论、思考与研究》，世纪出版集团、上海人民出版社2004年版。

义》一书中提出了一个与以往社会主义研究的分析范式颇为不同的新视角——"新传统主义"模型。在这个意义上,他在很大程度上实现了中国研究的范式转移,即把分析的焦点从重要历史人物与历史事件过渡到实际社会的微观运行过程,从政党和意识形态过渡到有理性选择能力的个人。在此基础上,他认为单位是一个由高度制度化的"庇护—依附"关系组成的一个以"有原则的任人唯亲"(principled particularism)为标准的工具性互惠网络。[1]

魏昂德的判断是否能够概括中国单位体制内部的权威关系?显然,学界对于这个问题的回答是存疑的。但不管怎样,新传统主义为我们提供了一个研究的起点。有了这个起点,以往只能用"单位意识""单位人""单位心态"等模糊的口语化概念来描述的单位体制,现在变得可以言说(accountable)了,而且我们至少有了一个可以去分析"单位"内部权力关系的理论工具。但是,在组织研究领域,由于国内学界相互之间缺乏沟通,而且后来的研究者也往往缺乏把自己的工作建立在前人研究基础之上的理论自觉,导致"新传统主义"模式并没有在其后的有关文献中得到系统的实证检验。[2]

撇开学术研究的脉络和谱系不说,现在距离魏昂德的研究也已经过去四十多年,社会现实已经发生巨大的变化,要求学术研究也相应地做出必要的更新。所以,学界对重启"单位"

---

[1] Walder Andrew G., "Organized Dependency and Cultures of Authority in Chinese Industry", *Journal of Asian Studies*, 43 (1), 1983: 51-76.

[2] 周雪光:《西方社会学关于中国组织与制度变迁研究状况述评》,《社会学研究》1999年第4期。

研究的呼声越来越高。在《新传统主义》一书的中文版序言里，魏昂德就如此倡议：

> 今日的中国工厂和中国工人与一九七八年改革之前已经有了根本性的不同。但是，对于究竟差别何在，许多学者都有推论，但迄今为止还没有人就改革时代中国的工厂和工人的状况写出一本新的著作。许多出色的学者正在研究中国的农村改革，也写出了不少著作，然而还没有人去描写从八十到九十年代的中国城市工厂，尽管这样的一本著作早已应该出现。①

在我们看来，这样研究成果已经开始出现，只不过还不够多、不够系统。我们需要投入更多的时间和精力，来从事中国社会的"单位"研究和组织分析，以弥补之前出现的学术断档。基于上述认识，我们开始组织、筹划，计划在全国范围内开展一个较大规模的研究项目，以"单位"研究为切入点和参照系，对当今中国社会的组织制度和具体实践进行一个较为深入、详细的比较研究。本书只是这个大的研究计划的一个初步探索。

二 现实价值

有读者可能会问：经过这么长时间的市场改革，"单位"还存不存在；魏昂德研究的只是计划经济期间的单位，或者是

---

① ［美］华尔德：《共产党社会的新传统主义——中国工业中的工作环境和权力结构》，龚小夏译，中国香港牛津大学出版社1996年版。

市场改革与组织调适：单位研究视角下的国企改革

所谓的"典型单位制",① 现在的中国，还有那样大包大揽、一辈子就在一个地方的单位吗？我们认为，这个问题要分两方面来看。

首先，作为一个例行化的组织制度，在平时，它可能像一种潜藏的结构一样，是不显现出来的。做一个不恰当的比喻，类似的常规性制度，就像空气之于万物，或者水之于鱼一样，平时我们"相忘于江湖"，感觉不到它的存在。但是，一旦这种基础性的社会结构遭到外力的刺激或者破坏，它就会在瞬间迸发出惊人的能量。这个时候，你才会意识到，原来它始终不离不弃，左右着我们的生活。一个典型的事例是 2003 年的"非典"。之后的数次"举国事件"，如四川地震救灾和北京奥运会，都成为揭开"单位体制"神秘面纱的"有形之手"。另外，有部分学者的研究也支持今天的中国依然存在单位体制的判断。这些学者强调改革的渐进性特征和路径依赖机制，认为尽管历经众多改革，但单位制依然是中国城市社会的基层组织制度。例如，丘海雄认为，改革开放后国营企业内部仍然普遍存在互惠关系。② 又例如，李钰金以车间政治为研究问题，通过对东北两家国有工厂下岗名单确定过程的考察，也得出了"新传统主义"延续至今的结论。③

其次，即便单位体制确实已经衰退了，长期的行为积淀和

---

① 田毅鹏：《"典型单位制"对东北老工业基地社区发展的制约》，《吉林大学社会科学学报》2004 年第 4 期；田毅鹏：《"典型单位制"的起源和形成》，《吉林大学社会科学学报》2007 年第 4 期。

② 丘海雄：《改革开放后中国国营企业内部的互惠关系》，《中山大学学报论丛》1993 年第 Z1、Z2 期。

③ 李钰金：《车间政治与下岗名单的确定——以东北的两家国有工厂为例》，《社会学研究》2003 年第 6 期。

制度规范，总是会形成一种"路径依赖"或"文化堕距"的。一种基础性的制度，不可能在短时间内消失殆尽，更何况，还有相当一部分人仍身处"体制内"。此外，四十多年的改革开放，民营经济和外企得到了极大的发展。同时，掌握经济命脉的大型国企，在产权结构上，依旧是国家所有；行使权力和统治整个社会的，依然是国家的组织；一些最基本的生存性资源，如住房、医疗和养老，仍是市场途径无法满足的痼疾，人们更多的，还是寄希望于自己的单位来解决这些问题。还有，全国统筹的社会保障体制还需完善，单位仍是社会保障的主要提供者之一。

不过，话说回来，这么多年的体制改革，变化肯定是有的。至少，单位面对的外部环境发生了极大的改变。但问题是，究竟发生了哪些变化，对单位内部的权威关系又有何影响。这些是迫切需要我们做出回答的问题。再退一步，就算现在单位已经完全退出历史舞台了，那么它是怎么消失的；中间是个什么样的过程；我们应该从中得到什么启发……对于这样一个曾经或者依旧影响着几乎每一个中国人的组织制度，我们应该去做一些总结和反思。这可能就是本书的研究意义所在。这个课题很庞大，我们只是做一些抛砖引玉的尝试和探索。

第六节　研究方法

一　方法论之辨

基于以下几方面的考虑，我们选择了人类学的个案田野调查，或者说社会学里的常人方法学，来作为整个研究的方法论工具。

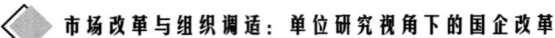

1. 对制度日常实践形态的关注

本章一开始就引述了一个概念：共产主义文明。这里，我们且不论这种提法是否具有学理和经验层面的合法性，单就作为一种独特的社会治理技术而言，"单位"确实已经浸透到中国城市普通居民的骨子里。我们不得不承认，在单位体制下，政治意识形态与日常的生活实践密不可分。与苏联和东欧的"休克疗法"不同的是，中国的市场转型是一种"政体连续性背景下的渐进式改革"。① 因此，不管你接受与否，这样一种独特的运作逻辑和精妙的治理技术已经渗透到社会转型过程的方方面面，成为当代中国的一个基本现实。这种"单位"逻辑不是宏大和抽象的意识形态符号，而是细致入微，蔓延和渗透在每个人的日常生活之中。在单位的日常运转过程中，我们可以观察到各种复杂微妙的关系模式，重重交叠、相互渗透，被人际结构和利益诉求等因素纵横切割，这不仅是一种组织结构层面的关系，更重要的，其是处于微观互动实践中的个体与个体之间的具体关系。

这种活生生的（living）或者被实践的（lived）制度结构，要求我们以一种更能触及实践状态本身的视角和进路，去加以近距离地感受、体会、总结和分析。因此，"如果说，西方社会学的众多重要发现，往往直接来自对理论逻辑本身的思考，是对理论逻辑中某些缺失的反思和补充的话（虽然其动力归根结底还是来自社会生活的实践），那么，立足于当代中国社会的转变来提出社会学的研究问题，则更多的是立足于我们正

---

① 孙立平：《总体性资本与转型期精英形成》，《浙江学刊》2002年第3期。

在经历的社会转型的实践,来自我们每日都在经历的日常社会生活本身",而这需要我们更多地用"具体翔实的'民族志'"方法来作为研究工具。①

2. 社会变革的剧烈性

尽管是在一种"权力维续"②的基础上展开大规模的体制改革,但是,较之于改革开放以前,中国社会在四十多年来所发生的变化,用"翻天覆地"甚至"瞬息万变"来形容,应该是没有多少人会反对的。从以往的"吞没一切",到先吐出市场,再逐渐释放社会,国家把原本包裹在"总体性体制"之下的各种空间,按照其各自本来的面目实现"自治"。③这个过程释放出了巨大的能量和张力,导致剧烈的社会结构变迁和体制转型。

面对如此丰富的社会场景和剧烈的制度转型,社会学研究"在理论和技术方面,本来应当发展出有能力把握剧烈社会变动的理论和方法,但却接受了最适合于测量稳定社会的理论模型和技术手段,并且逐步将之奉为主流而忽略了发展其他的方法。这就窒息了中国社会学的'想象力',造成了它的'错位'。面对社会转型带来的巨大想象空间,社会学很难提出振聋发聩的好问题;面对剧烈变动的社会现实,社会学也缺乏恰当的理论和技术手段加以研究和测量"。④

---

① 沈原:《"强干预"与"弱干预":社会学干预方法的两条途径》,《社会学研究》2006年第5期。
② 边燕杰、张文宏:《经济体制、社会网络与职业流动》,《中国社会科学》2001年第2期。
③ 沈原:《又一个三十年?转型社会学视野下的社会建设》,《社会》2008年第3期。
④ 沈原:《市场、阶级与社会——转型社会学的关键议题》,社会科学文献出版社2007年版。

因此，有学者指出，"在目前阶段，'个案研究'有着独特的优势。中国改革的进程导致了社会生活各个领域的重大变化。许多已有的概念已经与变化中的中国社会相去甚远……而目前的抽样调查常常是建立在这些已有概念的基础上的。这些已有概念的陈旧化使这一研究方法在目前阶段的有效性成为可以质疑的。而个案研究对于认识和理解社会群体的分化组合、制度设施间的相互作用、微妙和多元的演变过程、新制度形式的产生和运作都有着不可替代的优势"。①

3. 量化研究的局限

量化研究和质性方法各有长处和缺陷。相比之下，定量研究一般都是对大样本的某些少数特征进行计量和分析，因此很难获得较为深入和丰富的资料，对于设计变量之外的信息，如行动者深层次的动机和心理过程，则只能"无奈"忽略。此外，统计分析本身是很难确立两个变量之间的因果关系的，甚至连所谓的结构方程模型（LISREL）也同样力不从心。② 此外，过于"追求'简约'（parsimonious）的理论模型"则会导致"理论解释出现偏差"，而"这些理论解释基本上是事后的自圆其说"。③ 在我们看来，要想抓住事物之间的本质联系，只有通过对日常生活的直接观察，从具体事件和过程内部的特殊机制，来寻求可以提炼出因果逻辑的可能。"讽刺的是，当学者们竞相投入大量精力去学习理论范式和精密的统计技巧，

---

① 周雪光：《西方社会学关于中国组织与制度变迁研究状况述评》，《社会学研究》1999 年第 4 期。

② 彭玉生：《社会科学中的因果分析》，《社会学研究》2011 年第 3 期。

③ 周雪光、赵伟：《英文文献中的中国组织现象研究》，《社会学研究》2009 年第 6 期。

花费更多的时间收集问卷或其他可供定量分析的数据时，他们距离组织中的实际过程却越来越远。"①

黄宗智在讨论中国研究的范式危机时说，"如果研究只是局限于宏观或量的分析，很难免套用既有理论和信念。然而，微观层面的详细信息，尤其是从人类学方法研究得来的第一手资料和感性认识，使我们有可能得出不同于既有规范认识的想法，使我们有可能把平日的认识方法——从既有概念到实证颠倒过来，认识到悖论的事实"。②

4. 重返生活世界：社会学学生的人类学"成丁礼"

从本科进入社会学领域以来，十来年的社会学专业训练对研究方法个人"品位"的培养，使笔者对于日常微观实践的具体过程和逻辑充满好奇和想象；二十几年的书斋自闭，让笔者十分渴望深入到基层社会的生动场景中，去触摸、感受、体会甚至参与无时无刻正在进行的日常实践。歌德说过，"理论是灰色的，而生活之树常青"。没有生活世界的微观基础作为支撑，任何学术研究都是空中楼阁。尤其是对于一门以剖析社会运行机制为己任的学科来说，扎实、丰富的实践经验，是必不可少的研究基础。

都说博士研究生阶段的学习培养的一个主要目标之一，就是一个人独立开展研究的能力。作为实现这一目标的努力和尝试，笔者③选择了一家国有企业作为调查对象，希望通过一个较为完整的人类学田野周期，④来锻炼和培养自己独立开展田

---

① 周雪光、赵伟：《英文文献中的中国组织现象研究》，《社会学研究》2009 年第 6 期。

② 转引自周雪光、赵伟《英文文献中的中国组织现象研究》，《社会学研究》2009 年第 6 期。

③ 出于行文的流畅，以下用第一人称"我"来表述。

④ 按照人类学的（村落）研究惯例，一个完整的田野周期通常为 13 个月。

野调查的能力，包括入场、与具体调查对象的互动、资料收集、研究伦理的处理、整理和分析材料，以及结合既有研究文献，完成写作。就目前的情况来看，这个目标基本达成。

二 收集资料的具体方法

经过再三比较和反复权衡，我们选择了一家在京发电供热企业作为本书的调查对象。① 由于我的介绍人是该厂的一位张姓副总（第三把手），初期的沟通和接触都比较顺利——我以实习的身份，被安排到该厂的新闻中心，辅助该部门的3位工作人员，进行厂报和内网的新闻采编及相关日常工作。从2008年10月22日进入现场开始，一直到开始写作的2010年1月中旬，我在该厂"以实习之名，行调查之实"，差不多有一年左右的时间。粗略估算，以一顿午餐6块钱的标准，厂里给我的饭卡里分三次一共打了900元，② 也就是说，在这一年

---

① 2008年年初，在导师的帮助下，我开始联系田野调查点。最初选择了辽宁抚顺一家石化企业下属一个生产编织袋的集体企业。初步接触后加上路途遥远的考虑，发现并不适合作为研究的调查对象。之后我又联系了中石油下属的一家规划设计院。但是它不是一个生产性的单位，而且人员规模太小，不到200人，经再三权衡，再次放弃。由于首都职能规划和奥运会的影响，在京单位中，生产性的单位已经为数不多了。几经辗转，到了该年的秋季学期伊始，北京理工大学中小企业研究所的裴蓉老师，帮我联系到了这家在京热电联供企业，经考察和比较，觉得是一个比较理想的调查对象，于是开始进一步联系"入场"的问题。关于该厂的具体情况，详见本书第三章。

② 我的实习没有报酬，但厂里答应管一顿午饭。厂里有自己的食堂，不以营利为目的，厂领导的要求是"收支平衡"即可，所以，菜价比较便宜：6元的标准，能保证三个菜，一荤两素，比学校食堂还要便宜一些。到2009年11月底，我的餐卡就花完了，之后就没去人力资源部再要求加钱，吃饭的时候，就用办公室"同事"的卡。职工都有餐补，每个月200元，基本吃不完，有些职工的餐卡里，余额有好几千元，这些钱不能取现，但可以到老厂生活区的一个小超市里购买日用品，所以这也算是厂里的一个福利待遇。

多的时间里，我实际去厂里"上班"的天数，是五个月左右。这不包括工作日之外与厂里领导、职工私下里交往的情况。如果算上"非正式"的交往，这个时间要远远超过五个月。

长时间的蹲点和接触，帮助我打下了良好的田野基础。一开始设想的参与方式，基本上都得到了满足和实现。具体来说，我主要是通过以下几种方式来收集田野资料的。

1. 参与观察

这是获取资料的一个主要途径。在实习过程中，我跟着新闻中心的"同事"到厂里各个部门①去采访、拍照和摄像，回来整理录音、编辑相片、写稿子，多的时候，一天要写五六篇稿子，都挂到公司的内网上。每个月的第一个星期，还要出版一月一期的厂报。厂报的全称是《京华热电报》，② 4 开③正反两面，一共 4 版。"一报一网"加上对外还要往集团公司的杂志上投稿，是新闻中心的主要工作内容。在了解了我的目的和想法之后，张总觉得，新闻中心最合适，因为可以接触到全厂各个部门，便于我全面了解厂里的情况。

我刚去的时候，新闻中心是总经理工作部④下面的一个部门。2009 年 4 月，公司领导决定，把新闻中心调整到政治工作部，⑤ 与原来的宣传部门合并。这样，除了新闻中心，我还能接触到上述两个部门的日常工作。其中，总经部就相当于改制前的厂办（厂长办公室），属于总管家性质的部门。工作职

---

① 具体宣传哪个部门、哪个人，一般根据厂里的时事和发展形势来决定；有时候领导也会专门指示，说要报道哪个部门的谁谁谁。
② 以下简称《厂报》。
③ 对折之后，一个版面的大小是 32 开书本的四倍。
④ 以下简称"总经部"。
⑤ 以下简称"政工部"。

责涉及全厂范围的重大活动、大型会议、重要来访人员接待的筹备、组织，文书档案的收发、管理，公务车辆的调度、使用和管理，等等。内容十分繁杂。政工部也类似：党群、纪检、宣传、思想政治、团委、离退休人员、工会等，都归其负责。

  由此，我就自然而然地参与到这两个部门的日常工作中去。重要领导、兄弟单位的来访接待，上级部门的各种检查和调研（安全性评价检查、星级企业评比），每周一早上召开的早会，一年一度的工作总结会和职工代表大会，集团公司的视频会议（每个季度的经济分析会、年度总结大会、全集团范围的演讲比赛），管理支部的党员学习、评议会议，以及这两个部门自己召开的各种会议，只要我提出要求，一般都允许我旁听。

  此外，我还参加了公司组织的许多职工活动，如参加游泳、演讲、乒乓球比赛，去青年文化宫观看《金牌工人》《南京！南京！》《建国大业》，到国际展览馆参观国际电力设备展，到北京展览馆参观"辉煌六十年——中华人民共和国60周年成就展"，一年一度的新年团拜会，等等。

  这些参与观察，对于我获取第一手的直观材料，寻找单位的"感觉"，十分有帮助。有时候去上班，尤其是前期进入的一段时间，也没有带着什么特别明确的问题意识，就是为了寻找和体会这种"感觉"。现在看来，这种亲身体验以及第一手的经验，对于我从整体上把握调查报告写作的方向和基调，是不可或缺的。之所以花了这么长时间在田野调查上，就是为了获得这种"局内人"（insider）的资格和感受。

  最能说明我参与的程度之深和合格"局内人"资格的，

是 2009 年 1 月初，公司召开年度总结大会，总经部负责起草总经理的大会工作报告，由于主任自己文化程度较低，又是新官上任没多久，所以让我帮忙，参与这个报告的起草。先由几个人分块写，最后交到我这里，由我统一润色。写报告的过程中，我可以给任何一个部门的主管领导打电话，索取我们需要的数据和相关材料，各个部门的年度总结报告也因此集中到我的手里。按照前任主任的话来说："这里面可是有很多企业的机密啊，小伙子，够可以！"另外，到现在我还保留着新闻中心办公室的钥匙。到其他办公室"临时性"实习时，也能在很短的时间内拿到钥匙。这从另一个侧面说明我的田野调查是比较成功的。

2. 非正式访谈

一开始，我们把这个调查定位为一个探索性的研究，目的是给今后更大规模以及更为深入的研究计划做铺垫，我的心态是十分开放的，尽量排空一切先入之见，只带着一个十分模糊的问题（现在的单位，究竟是个什么样子）进去。所以，自始至终都没有形成固定的结构式访谈提纲。由于是参与式的调查，一有机会，我就找身边的"同事"聊天，就像平时闲聊一样，天南海北，东一榔头西一棒的，聊到哪里算哪里。只是到了后期，考虑到写作的需要，加上与一些职工的关系已经处得十分融洽，我的目的和想法也公开了，才开始有针对性地问一些问题。但即使是这样，我也没有采取很死板的结构式访谈的方式，而是提前告知[①]我想了解哪一方面的内容，然后围绕

[①] 比如通过 E-mail、电话、短信，或者面谈，尤其是约领导的时候，一般都会提前告知。

这个话题展开，深入访谈，有时候也会跳到其他话题上去。遇到这种情况，我大多不作打断，任其发挥，等访谈对象把他想到的话说的告一段落了，我才会试探性地引导他/她回到前面被跳过的话题。

访谈的环境也是多种多样的：有在办公室面对面坐着，很正式地访谈；也有吃完午饭，或者完成一个重要任务，在放松休息的情况下，随便瞎聊；有三五个人围在一起侃大山，也有一对一独处深谈好几个小时的情况；或者，挨领导批，心里不满，发点牢骚，引出某个话题；或者，工作时间，在食堂/办公室吃饭，边吃边聊；或者，下了班，找个周末，一起下馆子、吃火锅、喝点酒，借着性子说说平时不敢说的话；还有，我约他们来学校，在学校里找个安静的地方，坐下来一聊就是一下午；或者，我被邀请去他们家里，吃饭、聊天。还有很多情况，这里就不一一列举了。在征求对方同意的前提下，部分访谈有录音。

3. 查阅文件和档案材料

厂里的档案保管得十分完整，分为文书档案和科技档案，存放在两个房间，面积一共有将近60平方米。每个房间里都配备了十几个专用的档案文柜，上下五层，将近3米高。由于很多档案都有涉密内容，因此，我必须在文书主管的陪同和"监视"下，才能查阅。一般是这个程序：她的办公室里有详细的卷宗目录，我先看目录，想看那些文件，经她同意，有时候还得请示领导，然后她再去对面的档案室帮我取来相应的文件。在她的监督下，我才能小心翼翼地翻阅我想看的文件，如果想要做笔记，须征求她的同意，复印也是，但不允许拍照。

不过，尽管管理如此严格，我还是接触到了不少的档案材料，包括两份厂志、部分会议记录、一份大事记、各级部门下发的文件等。

相比之下，正在使用、流转中的文件的管理，则没那么严格。新闻中心还在总经部的时候，我经常帮总经部的主任复印材料，① 由此看到了很多文件的内容。有时候帮忙筹备各种会议，结束后，领导多把文件放在桌上，让收拾会场的人处理，我就会挑选一些自己认为有价值的，如各部门的年度总结，保留下来。此外，各个部门还有一些文件汇编之类的书籍，里面也有一些很有价值的内容，可以随时翻阅。

4. 一报一网一刊

分别指的是《厂报》、公司内网和集团公司主办的《京华电力》。前者一个月一期，2003年创办，至2010年3月，一共有60多期。公司内网是应企业办公自动化的需求于2006年建立的，现在已经成为公司内部信息全员共享的唯一平台。

至于集团公司的刊物，由于下属单位太多（上千个），每期版面又有限，所以，我调查的电厂发生的新闻，能够上集团公司刊物的，机会并不是很多。但是，从了解集团公司的动态，以及整个电力行业的发展趋势的角度而言，这本刊物还是很值得参考的。

三　资料的类型和内容

通过上述方法，我们收集到了十分丰富的资料，内容比较全面，种类也很丰富，具体如下。

---

① 全厂管理部门只有一台复印机，在总经部对面的后勤主管办公室里。

(1) 参与观察笔记：50多篇，计3万余字。

(2) 访谈录音：共1.6G，大部分为wav格式，一小部分为索尼录音笔的dvf格式。wav格式，一个20M大小的录音文件，时间约是90分钟，也就是4.5min/M，这样计算，1.6G的文件，时间约为123个小时（1.6×1024×4.5÷60）。[①]

(3) 厂志：两份，一份是1998年建厂十周年整理的，共142页；一份是2008年新厂完全搬迁之后整理的，335页，电子档。

(4)《厂报》：62期，其中2008—2009年为纸质版，其他的均为电子版。

(5) 照片：太多，没有统计，容量超过15个G。

(6) 日常管理文件：同上。

(7) 书籍：若干本，如《班组长安全管理难题问答》、《管理标准》、《社会保险制度汇编》、《劳动合同制文件汇编》以及厂里一名职工自费出版的《脚印》等。

(8) 公司内网资料：公司概况、组织结构、机组运行报表、经济考核通报、公司时事新闻、基层动态、合理化建议论坛等。

(9) 厂志档案：由于厂志不让复印，只有手抄笔记若干。

(10) 各类内部文档：如思想政治学习心得、征文比赛作品、处罚决定、职工工作日记等，数量未统计。

(11) 其他材料：如会议记录、部门年度总结等，若干。

上述材料的具体呈现，请参见下文。

---

① 未录音的访谈没有计算在内。

四 移民访谈、定量分析和个案研究：一个方法论的比较

迄今为止，在"单位"研究的系谱上，系统深入的作品并不多见，由此造成研究方法上也相对单调。迫于当时特殊的制度环境，魏昂德只能采取迂回战术，通过访谈中国香港来自内地的移民，来窥探中国城市基层工作场所中的权威关系。在若干年后发表的英文原著后面，魏昂德加了一个附录，讨论移民研究的可靠性和优劣。在我们看来，即使是在今天，移民访谈的优势也是不容忽视的。首先，访谈对象"跳出"了自己原先所在的工作单位，因此，只要双方信任关系建立起来，他们就可以不受任何羁绊，无话不谈。相反，身在"庐山"的人，则一方面可能"不识真相"，再一个方面还会产生各种顾忌，最终语焉不详，或者干脆回避敏感话题。另外，在样本的选择上，虽然确实会存在偏差的可能，但与本书的个案研究相比，魏昂德的访谈对象来自中国 17 个省份，其研究结论更易于推广到整个中国。当然，移民研究的局限也是显而易见的，最令人担心的是，他们大部分人是"异见分子"，本身对当时中国的很多政策就抱有各自的偏见，因此，所得的信息难免会因此而遭到某种程度的污染。

李路路和李汉林的研究采取的是大规模抽样调查的量化方法，共获得 3000 多个样本。这是迄今为止针对单位制度所做的最为系统、严谨的调查分析。正如前面指出的那样，这种大样本的调查适合于摸清单位内部各个关键变量的基本状况，在宏观上把握结构性的发展趋势，但是，组织内部实际运作过程，包括制度的形成、演变和实践的具体细节，却是问卷调查和统计分析所力有不逮的了。

市场改革与组织调适：单位研究视角下的国企改革

在这之后，具体到国有企业的研究，也有部分学者采用个案调查的方法，做了很多扎实的研究。① 但遗憾的是，这些研究大多缺乏学术积累的自觉性，② 没有在"单位"研究的框架下进行分析，只有少数研究，是从劳动过程变迁的角度，来分析国企内部劳资双方权威关系的演变。③

可见，在"单位"研究领域，人类学式的民族志个案研究尚很缺乏。在这个意义上，本书应该算是方法论的一个补充和丰富。

五 伦理问题

上文略有提及，在某种意义上，"单位"其实是把城市从陌生人社会转化为类似于乡村那种熟人社会的一个制度性工具。"铁饭碗""永久性就业"和外部"自由流动空间"的缺乏，都使得单位成为一个个由熟人之间黏稠的人际关系网络组成的类家族组织。对于这一点，厂里的一个职工有深刻的体会：

> 是吧？别人一看就知道你是新来的。你知道为什么吗？我告诉你，这电力行业很特殊，最早可以追溯到慈禧那时候。慈禧命好，赶上用电，洋鬼子送给她一个发电

---

① 杨晓民、周翼虎：《中国单位制度》，中国经济出版社1999年版；游正林：《内部分化与流动——一家国有企业的二十年》，社会科学文献出版社2000年版；刘求实：《中国单位体制下的党政关系》，《二十一世纪》2002年第2期；刘爱玉：《选择：国企变革与工人生存行动》，社会科学文献出版社2005年版。

② 周雪光、赵伟：《英文文献中的中国组织现象研究》，《社会学研究》2009年第6期。

③ 宓小雄：《构建新的认同：市场转型期国有企业的劳动控制》，社会科学文献出版社2007年版。

第一章 单位还在起作用吗？

机，于是就专门有一伙人来管这个发电。这伙人最早就住在石景山的一个村里，这往后，世世代代都从事发电这一行。所以，你别看走在路上都不说话，其实两家之间都有盘根错节的关系。你把这个人骂了，等于是把他有关的一个大家族都给骂了。你想，这以后你还有好果子吃吗？远的不说，就那个张德广①和杨立斌②，老爸一个是电网的，一个是总厂的。

（杨达，维护部职工，访谈编号：XX091017）

考虑到这层因素，在调查过程中，我一直很谨慎地处理各种人际关系，避免在跟人聊天时提到一件事的时候，说谁谁谁告诉的我这么个事。如果这么说，万一这两个人以前有过节，加上这件事本身又充满争议，那么就会惹出不必要的麻烦，"破坏"或者说是改变了原有的关系结构。

刚到厂里的时候，尽管张总嘱咐人资部的主任给我配一套工作服，我穿的一身灰白，到生产现场还戴上安全帽，但走在路上，别人还是一眼就能看出来，笑着问，新来的，或者，当面不问，在背后指指点点，小声议论。这给我第一个强烈的感觉，就是这厂里不到1000人，几乎全部互相认识，而且还不是一般路上见了面打个招呼的点头之交。后来，在一次闲聊中，有个进厂不到一年的大学生说自己刚来的时候也有这个感觉，"讲话都不敢大声，生怕不小心得罪了谁"。

而且，本书调查的这个热电厂本身就很特殊，是为首都重

---

① 就是安排我进厂实习的张姓副总，现为公司主管生产经营的副总经理。

② 公司现党委副书记，负责工会和职代会工作，曾长期担任生产副厂长一职。

要地区提供电力和热源的基础能源性生产单位，平时的安全保卫措施非常严格。我在厂里实习一年多了，和门卫师傅已经混得很熟了，但进出还得出示证件。介绍我进去调查的张总再三叮嘱，不要擅作主张，要时刻保持"政治敏锐性"，多请示。所有材料，只有经过允许，才能使用。

出于上述人际关系和保护研究对象的原因，在本书的写作过程中，我对所有可能泄露研究对象身份的信息，都做了匿名化处理。比如，上面引用了访谈对象的一段话，其中的姓名，职务都是虚构的，访谈编号的设计也是虚拟化的。此外，厂里的职工互相之间太过了解，可能会出现这样的情况：一看这个人说话的语气和内容，就能判断出他/她的真实身份。为了避免对号入座，同一个人说的话，可能会被按到不同的人头上。不同人说的话，也可能通过一个人的口里说出来。此外，我还去掉了大部分语气词和口头禅，在整理录音的时候，根据其大致的意思，重新组织语句。

第七节　创新与不足

一　创新之处

第一，如前文所述，在"单位"研究以及组织内部运作过程的研究方面，中国的研究工作曾经出现了一个不该有的断层。魏昂德的"新传统主义"模型自提出以来，鲜有研究对其进行系统的实证检验。[①] 中间过去了四十多年，我们也很少

---

① 周雪光、赵伟：《英文文献中的中国组织现象研究》，《社会学研究》2009年第6期。

见到针对"单位"的后续研究。但是，正如魏昂德本人所呼吁的那样，这样的研究"早已应该出现"。本书就是对这种呼吁的一个实际回应。在这个意义上，本书应该算是对以往学理脉络的一个继承。

第二，有学者指出，中国组织研究领域"研究工作的知识积累还远远不够"。① 在魏昂德之后，尽管也出现了若干明确以"单位"为对象的研究工作，但大多重起炉灶，少有把自己的研究建立在前人，包括魏昂德的研究基础之上的学术自觉。鉴于此，本书将以"新传统主义"模型为研究的起点，通过系统梳理"单位"研究的学术脉络，来接续这条曾经断裂的线索。在学术积累这个意义上，这应该也算是一个有益的工作。

第三，本书借鉴组织分析的视角（如新制度主义学派强调的组织与环境之间的关系），把"单位"作为一个特殊的组织制度来加以研究。组织研究本身已经积累了丰富的分析工具，运用这些理论模型来解释单位内部的组织过程，可以提升整个理论解释的力度和精度。

第四，如前文所述，本书在研究方法上采用了人类学民族志式的个案调查，这在"单位"研究的历史上是很少见的。然而，权威关系的日常性和隐蔽性，恰恰要求研究者能深入研究现场，去亲身参与、体验其中丰富鲜活的事件和经验，通过长时间的交往和互动，来感受对于一般行动者来说，权威结构的具体含义是什么，在此基础上，做出一种韦伯意义上的

---

① 周雪光、赵伟：《英文文献中的中国组织现象研究》，《社会学研究》2009 年第 6 期。

"解释性理解"。

第五，以往的"单位"研究，多凭经验感觉来做主观判断，缺少以扎实经验材料为基础的实证分析。而且，即使有深入的田野调查，往往也会陷入材料堆砌的泥潭，理论提炼的力度明显不够。这导致的一个后果是，尽管我们在经验研究上已有不少积累，但很少有人能给出一个具体的概念和说法。一谈到单位，大家还是不能给出一个明确的判断，或者干脆语焉不详、不知所云。所以，一谈单位，大家能说得上来，依然是魏昂德的"庇护制"。有鉴于此，本书有意识地在理论抽象和概括上做一些努力和尝试。我们试着提出"结构性差序格局"这样一个概念来概括当前单位内部的权威关系。当然，这只是一个初步的努力和尝试，是否合适，还要在今后的研究中进一步打磨、斟酌和推敲，同时，也有待更多的经验研究和实践的系统检验。

二 局限与不足

第一，从学术脉络上来看，学界对新传统主义是不是一个很好的起点——这个问题显然是保持开放的心态。我们在第二章文献综述时也会提到，对于魏昂德的分析和概括，国内学者包括海外的学术共同体，都有很多不同的意见，有些甚至是针锋相对的尖锐批评。但是，考虑到学术积累的原因，我们还是选择把"新传统主义"模型作为研究的起点，尽管我们同时也保持谨慎的态度，防止出现"只见树木、不见森林"的情况。

第二，从研究方法上来看，尽管以往的"单位"研究，尤其是针对单位内部权威关系的分析，很少有采取人类学个案调查的方法，本书做了这样一个尝试。但是，个案研究也有明显的局限，尤其是在结论的提升和推广时。魏昂德的样本至少在地域分布上，覆盖了中国的大部分省份；通过横向的国际比较，他甚至还把其他社会主义国家也纳入他的"新传统主义"模型里来。这是本书的个案研究所达不到的。因此，在作结论时，我们十分谨慎，而且也不寄希望于本书的研究能够代表整个中国的情况，尽管我们认为，我们的研究对象还是具有部分典型性和代表性的。我们的目的之一，是为今后的比较研究提供一个坐标和基点。

第三，接着上面的话题，从研究对象的选择上来看，本书调查的是一家有着近五十年历史的发电供热企业。从横向比较来看，电力企业属于高度垄断的行业，即使本书的调查对象是行业内部的一个典型代表，那么对于那些竞争性的非垄断行业，本书的结论和分析能否同样成立——这是一个有待今后的比较研究来佐证的问题。此外，由于服务对象和所处位置的特殊性，造成该厂特别强调意识形态和政治责任，同行业的其他单位是否也有同样的特征，其他行业呢——在没有做进一步的比较和求证之前——这也是一个开放的问题。再有，本书调查的是一家国有企业，其他类型的单位，如政府机关、事业单位、学校和医院等是个什么情况呢——这也是本书无法企及的。最后，该厂的历史恰好覆盖了改革开放到当下这段时间。因此，如果和魏昂德研究的计划经济期间作比较，似乎并不合适。最好是厂史能够更长一些，延伸到计划经济，甚至更早。这样，我们就不但能够了解到改革之后单位的变化，还能通过纵向的历史比较，来佐证魏昂德的分析模型是否符合历史事实。遗憾的是，前期的选择没有碰到这样一个理想的对象，只能退而求其次，找到现在这个完整跨越改革开放四十多年的单位。

第四，从历史比较的角度来看，本书的调查材料存在"厚今薄古"的不足。造成这个缺陷的原因，一方面是该厂对历史档案的管理比较严格，外人不能随便查阅；另一方面通过"口述史"的途径收集到的材料，往往比较零散，不成系统，有时候，一人一个故事，"集体记忆"已经随着时间的冲刷日渐模糊，我们只能根据多方交叉核实，东拼西凑，尽量还原一个完整的历史图像。

第五，按照最初的研究设计，我们希望从几个基本的组织制度入手，考察制度的实际变迁过程，最后，再辅之以若干"事件"来说明单位内部资源分配和组织决策过程中权威关系的变迁。但是，实际的田野产出达不到原先设计的研究目标。因此，本书重点分析了"劳动纪律"这样一个基础的组织制度，然后将"住房分配"作为资源分配的事件，来阐释该厂内部权威关系的变化。至于其他组织制度，如人事、薪酬、考评、体制（职代会、工会）等，则由于材料的缺乏和不够系统，只能做一些相对简单的介绍和分析。这是本书的一个较大缺憾。当然，在今后的研究中，我们会进一步跟进调查，充实上述材料，争取最大限度地弥补这个缺憾。

第六，在总结概括和理论提升上，限于自身能力的约束，笔者只给出一个初步概括，提出"结构性差序格局"这样一个概念，来总结当前单位内部的权威关系。另外，我们还结合既有文献，把这个新概念与已有分析模型做了初步的比较和讨论。

第八节　内容架构和章节安排

本书围绕常规化的组织制度和资源（再）分配这两个维度来组织全书的结构安排。本书的主体内容，即第五章"劳动纪律"和第六章"住房分配"，分别对应于上述两个方面。之前的几章分别用于梳理文献，介绍调查对象基本情况，为主体内容的展开做一个铺垫。最后一章是总结性的讨论。

具体来说，全书一共分为七章。第一章作为导论介绍了本书的研究缘起、研究的问题、研究方法和创新及不足。此外，我们还对本书涉及的几个关键性概念，如"单位""权威"等进行了界定和辨析。在此基础上，我们大致梳理了"单位"研究的历史脉络，从中引出本书探讨的问题：现在的"单位"内部权威关系究竟是个什么样子；我们应该如何去理解和解释这种关系结构。

第二章是文献综述。我们以魏昂德的"新传统主义"模型为基础，通过比较围绕该模型展开的一系列讨论，来梳理"单位"研究的学术系谱；同时结合市场转型来探讨"单位"在新的时代背景下发生的变化，进一步明确本书想要分析的问题和研究的意义。

第三章对本书的研究对象——京华电厂做了一个详细的介绍，从历史比较的角度来讨论该厂组织结构、薪酬分配、体制改革、社会保障、技术革新、仪式政治和生产经营等方面的内容。

第四章从组织和环境关系的视角，探讨了京华电厂体制改革的具体过程。第五章以劳动纪律这样一个基础管理制度为切入点，通过分析其历史沿革，来揭示京华电厂内部权力与权威关系结构的变迁。第六章试图通过对京华电厂历次福利分房和集资建房过程的民族志描述，来透视和分析该"单位"内部权力和权威关系的变迁。最终目的，是为本书的中心论题，即揭示"单位"内部权威关系结构与制度转型和市场改革之间的复杂关系服务。

在总结前文的基础上，第七章尝试性地提出了"结构性差序格局"这样一个概念，来概括当前单位内部的权威关系结构，并从"单位"和市场这两个逻辑来解释制度转型和单位内部权威关系结构变迁之间的内在关联。最后，我们反思了本书的局限，并指出未来研究的几个潜在方向。

第二章　新传统主义及其后*

如前所述，中国的"单位组织"和"单位体制"被认为是极富中国特色的组织与制度。尽管典型的"单位制"形成于改革开放之前，但至今仍然对中国城市社会的基层制度和社会秩序及其变迁具有重要的影响。① 如何认识和解释这一特殊的组织现象，成了研究者孜孜以求的一个问题，由此催生了一系列相互关联但又各有侧重的研究文献，学界一般称为"单位"研究。第一章已经梳理出了一个大致的脉络，本章将继续展开讨论，力图对"单位"研究的来龙去脉，有一个较为详尽的全景式呈现，并通过文献梳理，厘清本书所要探讨的具体问题。

第一节　"单位"研究的起点

一个非常有意思的现象是，国内学界一般都把"单位"

---

* 本章的部分内容曾公开发表过，参见李路路、苗大雷、王修晓《市场转型与"单位"变迁　再论"单位"研究》，《社会》2009年第4期；李路路、王修晓、苗大雷：《"新传统主义"及其后——"单位制"的视角与分析》，《吉林大学社会科学学报》2009年第6期。

① 苗大雷、王修晓：《项目制替代单位制了吗？——当代中国国家治理体制的比较研究》，《社会学评论》2021年第4期。

研究的研究起点认定为魏昂德《新传统主义》一书问世的1986年,尽管该书通篇很少提及"单位"这个概念,其初衷也不是为了把中国的工厂看作一种单位组织来加以研究,而是想要弄清楚"共产党社会的劳工关系",进而"探讨现代中国工业中的权力关系及其相对于其他国家的特殊性",以达到"帮助人们理解共产党国家政治结构的社会基础"这一目的。① 换句话说,他的研究旨趣在于从政治社会学的角度出发,揭示中国城市社会的基层秩序结构,回答"中国社会究竟是个什么样子,以何种方式来加以组织和管理"这样一些基本问题,与我们现在所说的"单位"研究并不完全一致。

此外,在该书出版之前,中国独特的单位现象就已经引起了国外学者的浓厚兴趣,他们深入中国基层单位的现场进行田野调查,收集第一手资料,形成了若干明确以"单位"(或单位现象)为分析对象的著作。② 甚至就连对中国工厂基层结构的研究,早于魏昂德之前的也大有人在。因此,不管从资料的可靠程度,③ 还是研究的起始时间上来说,"单位"研究的起

---

① [美]华尔德:《共产党社会的新传统主义——中国工业中的工作环境和权力结构》,龚小夏译,中国香港牛津大学出版社1996年版。

② 例如,Schurmann Franz, *Ideology and Organization in Communist China*, Berkley, UC: University of California Press, 1968; Harding Harry, *Organizing China: The Problem of Bureaucracy*, Stanford: Stanford University Press, 1981; Cole Robert E. and Walder Andrew G., "Structural Diffusion: The Politics of Participative Work Structures in China, Japan, Sweden and the United States", Center for Research on Social Organization, University of Michigan Ann Arbor, MI, 1981 等,尤其是 Blecher Marc J. and White Gordon, *Micropolitics in Contemporary China: A Technical Unit during and after the Cultural Revolution*, New York: M. E. Sharpe, 1979 和 Henderson Gail and Cohen Myron S., *The Chinese Hospital: A Socialist Work Unit*, New Haven: Yale University Press, 1984 等研究,都已经明确提到"单位"这个概念。

③ 魏昂德的资料主要来自在中国香港对来自内地的移民的访谈,前面提到的几个研究都是研究者亲自深入现场获得的第一手资料。

第二章 新传统主义及其后

源都要早于魏昂德的工作,那么,为什么学界如此重视魏昂德的《新传统主义》一书,认为它是"单位"研究的奠基之作呢?

之所以如此,原因可能就在于,魏昂德第一次系统地阐述了中国城市国有企业(在那时都属于"单位"的范畴)内部的权力结构和相应的制度安排,并且提出了一个颇具新意的概念——"新传统主义",使得"单位"从此可以被作为一种组织制度加以分析和言说。在此之前,人们只是模糊地对"单位"这一中国独特的政治和社会组织现象有一些零散的感性认识,没有从中概括、提炼出某种具有分析价值和比较意义的概念工具。相比较而言,之前的研究要么止步于描述性的民族志叙述,[1] 要么即使做出了相对深入的分析,但也没有给出一个像"新传统主义""有原则的任人唯亲"或"工具性庇护—依附关系"这样同时具有理论和现实穿透力的类型概念。

可能正是基于上述原因,《新传统主义》一经出版,就在西方的中国研究领域中引起了一场不小的轰动和讨论:肯定、赞扬的溢美之词不绝于耳,批判、抨击的贬损意见也纷至沓来,直接针对该书的书评,笔者读到的就不下十篇,至于它引发的后续研究,更是不胜枚举。本章的目的之一,就是对围绕"新传统主义"模式所展开的一系列讨论,从"单位"研究的视角进行一个系统的介绍和分析,以推动这一极富理论潜力的研究领域。

---

[1] Blecher Marc J. and White Gordon, *Micropolitics in Contemporary China: A Technical Unit during and after the Cultural Revolution*, New York: M. E. Sharpe, 1979; Henderson Gail and Cohen Myron S., *The Chinese Hospital: A Socialist Work Unit*, New Haven: Yale University Press, 1984.

需要指出的是，在受到广泛赞扬的同时，魏昂德的"新传统主义"模型也招致众多的批判和质疑。因此，一个很自然的问题是：对于"单位"研究而言，"新传统主义"是不是一个（很）好的研究起点。我们的回答是，尽管得出的结论尚待经验和理论上的进一步检验，但魏昂德的研究仍不失为一个合理的出发点。毕竟，除此之外，我们还找不到同样量级的研究成果。可以这么说，只有在《新传统主义》问世之后，我们才有了一个可以用来描述和分析"单位"的概念工具。只凭这一点，我们就基本可以给出一个肯定的回答。当然，同时我们也要时刻警惕，不要把它当作一个既成的事实，避免"先入之见"，保持开放的心态。因此，在介绍完围绕《新传统主义》一书展开的讨论之后，我们还将结合市场转型和制度变迁，来梳理国内学者在这个问题上的观点。

第二节　新传统主义：内容界定与概念辨析

一　新传统主义：一种范式转换

从理论逻辑的角度看，《新传统主义》一书之所以能够引起如此广泛的关注和重视，与西方学界的学术传统，或者说研究范式的转换密切相关。按照魏昂德自己的概括，之前对共产党社会的研究被两种分析范式所主导：极权主义理论（totalitarianism）和多元集团利益理论（group theory，又称"集团—多元主义理论"）。在这两种理论模式的主导下，以往的研究要么带有浓厚的意识形态色彩和观念偏见，把共产党社会描述成类监狱式的专制机器,① 要么采取多元主义的分析路径,认为一旦政治动员(革命)阶段结束,社会集团就会再次分化,多元竞争和利益博弈成为常态,集团政治步入科层制程序,共产党国家与西方社会日渐趋同;② 另外,也有学者走向另一个极端,对共产党社会充满了天真的想象。③ 现在看来,不管是极权主义的"恐怖"报道、多元主义的社会趋同论,还是浪漫主义的"乌托邦"想象,其对于共产党基层社会现实的描述,都差强人意,多少有失偏颇,有些甚至相去甚远。在这样一个学术背景下,《新传统主义》突破了以往研究的条条框框,通过具体翔实的访谈资料和系统深入的理论分析,第一次在西方读者面前呈现和描绘了一幅(相对)真实的图景,帮助西方学界(重新)找回了共产党社会的日常生活实践(bring the everyday realities back in)。④

换言之,如第一章已经提出的那样,魏昂德在该书中提出了一个与以往社会主义研究的分析范式颇为不同的新视角,即"新传统主义"模型。基于此,他在很大程度上实现了中国研究的某种范式转移,即把分析的焦点从重要历史人物与历史事件过渡到实际社会的微观运行过程,从政党和意识形态过渡到有理性选择能力的个人。⑤ 对于西方学界而言,这确实是一个

---

① Bjorklund E. M., "The DANWEI: Socio-spatial Characteristics of Work Units in China's Urban Society", *Economic Geography*, 62(1), 1986: 19–29.

② Hough Jerry F., *The Soviet Union and Social Science Theory*, Russian Research Center Studies, Cambridge: Harvard University Press, 1977.

③ Unger Jonathan, "Review of Communist Neo-traditionalism: Work and Authority in Chinese Industry", *Australian Journal of Chinese Affairs*, 17, 1987: 153–156.

④ 在这个意义上,《新传统主义》不仅是一种新分析范式的形成,还在研究思路和价值判断的选择上突破了既有文献的白套。

⑤ 黄宗智:《华北的小农经济与社会变迁》,广西师范大学出版社 2023 年版。

带有"革命性"意义的视角转换，给人一种耳目一新的感觉：之前，西方学者多从极权主义或多元集团利益的理论取向出发，用带有强烈意识形态色彩的语言，来讨论或批判社会主义社会的"理想状况"；魏昂德提供了一种新的分析视角，强调对社会主义政治经济制度的"实际"运作机制进行（相对）客观的描述和讨论。

二　新旧范式的比较

在《新传统主义》开篇"导论"里，魏昂德就明确地提出了自己的学术目标：用"新传统主义"来替代极权主义和多元集团利益理论。他认为自己的"新传统主义理论模式与上述两种理论模式有着根本性的区别"。① 具体而言，三者的差别如下。

第一，"新传统主义"与极权主义理论的区别有三。首先，极权主义强调政党权力的强制性和控制，而"新传统主义"更加关注共产党对于服从的正面鼓励。② 其次，"新传统主义"看到了被极权主义忽视了的一个意外后果：共产党非人格化的意识形态导致了领导与积极分子之间形成一种上下互惠的庇护主义关系。最后，"新传统主义"反对极权主义所谓"人际关系隔绝"的原子化假设，而是认为在共产党社会里存在一种实用主义的人际关系网络，概括地说，就是"有原则的特殊主义"（principled particularism）亚文化。

---

①　［美］华尔德：《共产党社会的新传统主义——中国工业中的工作环境和权力结构》，龚小夏译，中国香港牛津大学出版社1996年版。

②　即政治权力和经济奖赏相结合，用系统的利益刺激来达到管理社会、维持秩序的目的。

第二，"新传统主义"与集团—多元主义有两点相左的看法。首先，后者认为，"真正的"政治与社会力量是集团力量，这些集团力量通过正式的政治组织机构来表达自己的诉求，施加自己的影响。"新传统主义"则认为，这些正式政治组织机构是共产党（不是利益集团）为了现实的统治需求而设计的，不仅决定政治行为的方式，还创造出了一整套独特的政治忠诚与个人关系，甚至在这个过程中造就了社会结构本身。因此，政治行为和社会行动的基本单位不是"利益集团"，而是人与人之间的社会网络，如领导与积极分子的垂直庇护关系。其次，从某种意义上说，极权主义和集团—多元主义是一个连续统的两极，前者代表专制政权，后者象征西方民主社会。不过，二者背后都隐含着一个相同的基本假设，即简单的线性进化论和社会趋同论。魏昂德反对这种简单的趋同论，认为共产党社会确实在很多方面往现代化的方向迈进，但是，作为一种政治实体，它却越来越表现出一种不同于西方模式的独特性，用他的话来讲，这种独特性就是"新传统化"。

三 新传统主义的内涵

那么，魏昂德反复强调的所谓"新传统主义"究竟是什么呢？用他自己的话来说，这需要从共产党社会工厂的一些独特特征说起。

首先，在雇佣关系上，共产党社会的工厂不是资本主义意义上的经济企业，因而雇佣也不是一种市场关系；[①] 其次，除

[①] 区别在于，劳动力归国家所有，而非个体可以自由交换的资本。一个工厂配备多少人员、工资级别和就业条件，都是由上级机构决定的。就业本身转化为一种福利，社会福利的承担主体是工作单位。一经分配，终身雇用。这种独特的雇佣关系为工厂里特殊权力结构的产生提供了一种经济上的基础。

市场改革与组织调适：单位研究视角下的国企改革

了是一种经济组织，工作单位还承担一系列政治功能和社会功能。[1] 与其他类型社会中的企业相比，这两个基本特征导致中国工业企业呈现出两个明显的组织特征：组织化依附和由此导致的独特制度文化。[2] 前者是指单位的结构特征，后者是指与组织化依附的制度框架相适应的理性行动模式。在这里，"新传统主义"是一个理性行动模型，与文化情境无关，所以，这样的工厂是共产主义社会，而不是中国特有的一种社会结构。这些因素和特征导致工人全方位地依附于他们的工作单位，在经济和社会地位上依附于企业，在政治上依附于工厂的党政领导，在个人关系上依附于车间的直接领导。

正如我们已经指出的那样，"新传统主义"对于中国城市社会基层结构和组织制度的阐述，在相关研究领域中引起了巨大的反响，赞成者、批评者、继承者皆有之。在该书出版三十多年后的今天，我们所处的社会已经发生了巨大而深刻的变化。因而，现在重新审视围绕"新传统主义"展开的讨论，从"单位"研究的视角加以分析，对于我们加深对中国城市社会基层结构和组织制度的认识具有新的意义。下文将从三个相互关联的问题来展开更加具体详细的分析："新传统主义"与历史是什么关系；"新传统主义"的适用范围究竟有多大；中国基层社会的权力和权威关系到底是什么样子。[3]

---

[1] 包括发放各种公共福利，除了工作单位，工人无法从其他地方获得这些福利；政企合一，每个工厂都设有党组织，一切非官方的非正式政治组织都被禁止；工人的晋升、工资增涨、工资之外的福利待遇，都由厂领导决定。

[2] 具体地说，就是领导和工人（尤其是积极分子）之间存在一种上下互惠的实用主义关系纽带。换言之，领导在分配资源过程中采取有原则的特殊主义，偏袒自己喜欢的手下；作为回报，积极分子付出的，是对领导的个人效忠。

[3] 尽管存在挂一漏万的可能，但就我们阅读到的文献来看，这三个问题基本可以概括学界在该领域的兴趣。

第三节 新传统主义与历史：何为"传统"，"新"在哪里？

一 新旧之辨

"新传统主义"是魏昂德用来概括中国现代工业（工厂）权力结构模式的核心概念。但按照一般的理解，"新"和"传统"本身就是两个互相对立的范畴。那么，在中国现代工业的权力结构中，何为"传统"，"新"在哪里？魏昂德为什么要选择这样一个看似自相矛盾的概念？让我们先来看看魏昂德自己的说法。

其实，在决定采用这个概念的一开始，魏昂德[①]就意识到这个概念会引起诸多迷惑和质疑，[②] 因此，在开始界定其内涵之前，他首先澄清了这样一个观点："新传统主义"是一个分析性而非历史性的概念。[③] 例如，乍眼看去，当代中国和日本的工业权力结构或许都带有传统的味道，但事实上这些结构性特征在两国早期的工业组织里并没有先例。

那么，为什么要用"新传统"这个说法来命名一个与传统毫无关系的概念？魏昂德的回答是，答案必须在西方社会

---

① [美]华尔德：《共产党社会的新传统主义——中国工业中的工作环境和权力结构》，龚小夏译，中国香港牛津大学出版社1996年版。

② 例如，有学者说"新传统主义"这个概念言此及彼，让人无所适从（analytical red herring），所以具有误导性，就像一部无法聚焦的相机一样，让人容易产生误解，参见 White Gordon, "Review of Communist Neo-traditionalism: Work and Authority in Chinese Industry", *American Journal of Sociology*, 94（4），1989: 886 - 888。

③ 魏昂德指出，"新传统主义"并不否认"现代工业中的权力结构受到了革命前文化传统的影响"这样一个毫无争议的前提假设。但是，这种假设无法回答如下问题：为什么某些特定的制度和文化因素（如在手工业和早期工厂中的人身依附关系）会融入某些社会的现代制度里，而在另一些社会中却被扬弃了。

科学自身的传统中去寻找。在西方学术系谱里,"传统"这一概念总是与依附、顺从、特殊主义等现象相关联,而同"现代"这一概念相联系的,则是独立、契约、平等一类的观念。后者的典型模式是西方现代工业中的权力关系,但共产党社会与西方现代工业不同,所以,他采用了"新传统"这个概念来强调这种差别。与人们以往约定俗成的用法(把传统等同于历史)不同,这里的"传统"指的是与依附、顺从、特殊主义等现象相关联的制度文化。① 我们的理解是,如果把"新传统主义"简单地等同于"有原则的特殊主义",那么,"传统"就是特殊主义,而"新"是指非个人化的共产主义意识形态。② 这里,问题的关键在于"传统"的内涵:是历史,还是模式变量意义上的类型学范畴。毫无疑问,魏昂德选择了后者。③

这里我们看到了帕森斯一般行动理论的影子,这与美国早

---

① 换一种说法是,此传统非彼传统,前者是"普世"的,后者是情境嵌入的。

② 在魏昂德那里,具体是指一系列共产主义的政治标准,在过去,这一般指的是对党的忠诚。在当下社会,还可表现为绩效、技术、能力、学历等带有普遍主义特征的非意识形态原则。

③ 需要指出的是,魏昂德是从乔维特那里借用了这个概念(参见 Womack Brantly, "Review Essay: Transfigured Community: Neo-traditionalism and Work Unit Socialism in China", *China Quarterly*, 126, 199: 313 – 332; Bruce J. Dickson, "What Explains Chinese Political Behavior? The Debate over Structure and Culture", *Comparative Politics*, 25 (1), 1992: 103 – 118;他自己也承认了这一点,见中译本序言 xix,以及其第 31 页的注 6、注 8 和注 9),后者用"新传统主义"来分析苏联的政治腐败问题,认为一旦革命结束,进入后动员阶段之后,随着革命英雄主义的消failed,传统的行动模式就渗透进政党—国家体制里面,从内部瓦解共产党的政治体制。这里,"传统"明确指过去的行为模式和思维习惯,与魏昂德的用法完全不同。魏昂德否认"新传统主义"与过去的关联,也没有用这个概念来指称共产党社会的腐败现象,而是赋予这个概念以新的内涵。另外,在笔者公开发表的文章里,这个注释有误,特此更正。

第二章 新传统主义及其后

期社会学者的中国研究普遍都带有结构功能主义的倾向密不可分。① 例如，帕森斯曾经指出，人的行动受到三种"体系"，即文化、社会和性格的影响，而舒尔曼在《共产主义中国的意识形态与组织》一书中就几乎原封不动地搬用了这个分析框架。② 在魏昂德看来，近百年的革命彻底摧毁了传统中国社会行动的三个要素：文化（儒教）、社会（以士绅领导为基础的精英统治体制）和性格（父权家长制）。因此，他认为，传统的中国已经土崩瓦解了，现在的中国是由中国共产党重新组织起来的。正是在这个意义上，魏昂德才坚信，中国工业权力结构中存在着的带有"传统"色彩的特殊主义并不是历史延续下来的结果，而是一种和共产党的政治制度联系在一起的现代类型的工业权力结构。不难看出，魏昂德有关"传统"的辨析延续了上述学术传统。因此，"新传统主义"在本质上仍是一种结构论的解释视角。③ 大多数身处改革开放时期并开始研究"单位"的中国学者，关注的是社会转型过程中中国社会结构和组织制度的变迁，从而自觉不自觉地遵循同样的解释逻辑来分析中国的单位组织。回到本章一开始提到的问题，有了这个学术脉络和前后继承关系，我们也就更好理解，为什么国内一般把"单

---

① 关于背后的原因，赵文词在一篇综述里分析道：美国的早期中国研究学者大多陷于学习语言和寻找资料的具体工作中，既无暇也无力从事创建和宣扬能够影响主流社会学的理论，因此，他们通常采取拿来主义，直接"取自书架"。参见赵文词《五代美国社会学者对中国国家与社会关系的研究》，载涂肇庆、林益民主编《改革开放与中国社会》，中国香港牛津大学出版社1999年版。

② Schurmann Franz, *Ideology and Organization in Communist China*, Berkley, CA: University of California Press, 1968.

③ 这也是后来有学者指责"新传统主义"依旧是一个极权主义理论的原因。例如 Womack Brantly, "Review Essay: Transfigured Community: Neo-traditionalism and Work Unit Socialism in China", *China Quarterly*, 126, 1991: 313–332；李猛、周飞舟、李康《单位：制度化组织的内部机制》，《中国社会科学季刊》（中国香港）1996年秋季卷。

位"研究的肇始认定为"新传统主义"概念提出的1986年了。

二 支持者说

这一结构论的解释视角,吸引了一批为数不少的同好。例如,安戈就认为,东欧的共产党执政国家也有类似的特征,这证明了结构论视角的正确性。① 持类似观点的学者纷纷指出,应该从1949年后的"共产主义"(国家社会主义)工业组织结构本身,而不是"传统"文化或制度,来寻找庇护主义的基础。② 所以,尽管中国的社会结构很独特,但我们没有必要回到过去,从几千年的文化发展过程中去寻找这种独特性的起源。③ 共产主义革命创造了一种全新的政治体系和制度结构,所以要解释中华人民共和国成立后的政治行为,我们只能从中国的制度要素和组织变量中去寻找。④ "新传统主义"不仅与革命前中国的历史传统无关,⑤ 而且作为一种全新的社会关系

---

① 唯一的区别是,东欧劳动力短缺,工厂采取计件工资和直接物质激励的办法来提高工人的积极性,而中国劳动力富余,大家吃大锅饭,完成配额任务的责任落在集体,而不是个人身上。参见 Unger Jonathan, "Review of Communist Neo-traditionalism: Work and Authority in Chinese Industry", *Australian Journal of Chinese Affairs*, 17, 1987: 153–156。

② Blecher Marc, "Review of Communist Neo-traditionalism: Work and Authority in Chinese Industry", *Pacific Affairs*, 60 (4), 1988: 657–659.

③ Chirot Daniel, "Review of Communist Neo-traditionalism: Work and Authority in Chinese Industry", *Journal of Asian Studies*, 47 (1), 1988: 134–135.

④ Schurmann Franz, *Ideology and Organization in Communist China*, Berkley, CA: University of California Press, 1968; Harding Harry, *Organizing China: The Problem of Bureaucracy*, 1949–1976, Stanford: Stanford University Press, 1981; Lieberthal K. and Oksenberg M., *Policy Making in China: Leaders, Structures, and Processes*, Princeton: Princeton University Press, 1988.

⑤ 魏昂德还认为,革命前的工人—老板关系几乎完全是基于市场因素的。此外,"新传统主义"的对立面,是西方资本主义劳动关系中的非人格化,西方工会的力量和商品获取的便利使得家族制没有生存的土壤,只有在工业化早期,市场还不够发达,工会活动遭到镇压,才有家族式的"公司社区"。

第二章 新传统主义及其后

和政治经济权威模式，在马克思主义未来社会蓝图和现实的资本主义国家中也找不到。① 在很多学者看来，把"新传统主义"的起源归咎于共产主义的独特制度结构是该书最主要的理论创新之处，未来的研究应该致力于检验书中的假设。② 最为明确、坚定的追随者，莫过于该书的中文译者龚小夏，她在该书的译者前言里用了将近一半的篇幅来阐述这种区别，认为：

> 令人感兴趣的是，西方的中国研究主流与中国学术界五四以来的思想倾向有相当吻合的地方，亦即强调中国几千年的传统对当代社会具有决定性的影响。受这种倾向支配，历史与现实中现象上的相似经常被不假思索地相提并论，而且往往不经仔细论证便假定了它们彼此之间的前后继承关系。本书的观点正是对这类思维和研究方法的全面挑战。通过"新传统主义"这一理论概念，作者批评了纯粹用历史来解释现实——或者更明确地说，用历史来解释历史自身的延续——的方法，强调了现代中国社会中许多看上去是"传统"的现象和制度不过是某种独特的现代体制的产物。事实上，如果我们认真考察今日被普遍认为是体现了"儒家传统"——无论是从正面还是负面的意义上而言——的东亚各国的各种社会经济政治制度，往往会发现在它们"传统"的外壳下现代的内容占据了主要的成分。甚至有许多被说成是"传统"的事物实际上

---

① White Gordon, "Review of Communist Neo-traditionalism: Work and Authority in Chinese Industry", *American Journal of Sociology*, 94 (4), 1989: 886-888.

② Goldman Paul, "Review of Communist Neo-traditionalism: Work and Authority in Chinese Industry", *Social Forces*, 68 (2), 1989: 672-674.

全然是现代的发明。①

三 反对者论

这种结构论的解释视角也遭到了大量的批评,特别是来自文化论分析路径的非难。② 后者认为,中华人民共和国的成立并没有完全切断历史,不了解中国的历史和传统文化,就无法把握当下人们的政治行为逻辑。③

不同的批评者强调了不同的历史文化。例如,戴慧思强调一般的历史传统,在她看来,任何权威研究都必须考虑历史因素。④ 历史因素极大地刺激特殊主义、依附和服从,而不是客观、独立和公开冲突。中国历来都强调集体,而不是个人中心主义,鼓励对一个具体的人或群体而不是抽象的真理忠诚。就像工人和领导之间这种工具性的互惠网络关系,即使是现实存在,但是人际关系网络一开始是怎么形成的呢?这一问题依然要求我们考虑社会背景和文化取向。⑤ 在中国的历史传统中,

---

① [美]华尔德:《共产党社会的新传统主义——中国工业中的工作环境和权力结构》,龚小夏译,中国香港牛津大学出版社1996年版。

② Bruce J. Dickson, "What Explains Chinese Political Behavior? The Debate over Structure and Culture", *Comparative Politics*, 25 (1), 1992: 103 – 118.

③ Pye Lucian, *The Spirit of Chinese Politics*, Cambridge, Mass.: MIT Press, 1968; Soloman Richard H., *Mao's Revolution and the Chinese Political Culture*, Berkeley, CA: University of California Press, 1971; Nee Victor and Peck James, *China's Uninterrupted Revolution: From 1840 to the Present*, New York: Pantheon Books, 1975; Nathan Andrew J., *Chinese Democracy*, Berkley, CA: University of California Press, 1985; Nathan Andrew J. and Tsai Kellee S., "Factionalism: A New Institutionalist Restatement", *China Journal*, 34, 1995: 157 – 192.

④ Davis Deborah, "Patrons and Clients in Chinese Industry", *Modern China*, 14 (4), 1988: 487 – 497.

⑤ Perry Elizabeth J., "State and Society in Contemporary China", *World Politics: A Quarterly Journal of International Relations*, 41 (4), 1989: 579 – 591.

和谐重于冲突,忠诚高于反抗,依附是中国社会结构中众多因素的产物。并非所有结构都是革命后政治体制的产物,其中有很多在革命之前就已经存在了。① 共产党本身就是在这种历史文化传统中发展起来的。

裴宜理则从中国工业化史的角度提出了批评,认为魏昂德所说的依附与中华人民共和国成立前的劳工运动历史就有很大的关系,不仅相关,而且有直接的因果关系。② 她还引用查尔斯·梯利的话来支持自己的观点:只有"把历史和政治结合起来",我们才能构建出一个具有说服力的政治变迁理论。③

还有学者强调社会主义历史的影响,认为魏昂德和戴慕珍(Jean Oi)一样,夸大了"新传统主义"与历史的断裂。正如前面已经指出的那样,魏昂德对中国工厂制度的研究在很大程度上借鉴了乔维特的思想,但是,应该注意的是,把乔维特的"新传统主义"模型用于分析中国的情况需要注意两个问题。首先,斯大林模式的三个组成部分中,中国只借鉴了两个,即无产阶级专政和高度计划经济,第三个部分,用经济发展来推动文化变迁,遭到了中国的抵制。其次,中国的共产党制度绝不像魏昂德说的那样,是一种一般性的制度体系。中国的领导人向来对苏联模式持怀疑和保留态度,强调要结合中国的实际

---

① 例如,对人口流动的控制可以导致人们采取服从的态度,因为无法逃脱管理层的控制。所以,庇护—依附关系只是众多机制中的一种。

② 基于对上海罢工的研究,裴宜理认为,工人阶级参加了革命,革命成功以后成了统治阶级,当然强调广泛且牢固的福利待遇。参见 Perry Elizabeth J., "Shanghai's Strike Wave of 1957", *China Quarterly*, 137, 1994: 1 – 27。

③ 转引自 Perry Elizabeth J., "State and Society in Contemporary China", *World Politics: A Quarterly Journal of International Relations*, 41 (4), 1989: 579 – 591。

情况，来修改苏联模式。① 所以，中国传统文化的生存空间要比魏昂德所说的要大很多。②

四　国内学者的反应

与之相对照的是，国内学者对这个问题似乎不是很感兴趣，（很大部分）原因在于，国内学者几乎不会怀疑传统文化对当代思维方式和行为模式的影响，甚至是决定作用。③ 此外，国内（包括一些华裔）学者尤其重视中华人民共和国成立前的革命根据地建设经验，认为军事供给制和自给自足的大生产运动是中华人民共和国成立后单位"小而全""单位办社会""单位福利化"的主要原因。④ 更多的国内学者更喜欢用

---

① 例如，中国的领导人拒绝在工厂里采用"单一领导制"，而且还主动向原来的地方精英和传统制度让步，以争取更多的支持。

② Bruce J. Dickson, "What Explains Chinese Political Behavior? The Debate over Structure and Culture", *Comparative Politics*, 25（1），1992：103 – 118.

③ 路风：《单位：一种特殊的社会组织形式》，《中国社会科学》1989年第1期；路风：《中国单位体制的起源和形成》，《中国社会科学季刊》（中国香港）1993年第5期；李汉林：《中国单位社会：议论、思考与研究》，世纪出版集团、上海人民出版社2004年版；汪和建：《自我行动的逻辑：理解"新传统主义"与中国单位组织的真实的社会建构》，《社会》2006年第3期；李汉林：《变迁中的中国单位制度　回顾中的思考》，《社会》2008年第3期；李汉林：《转型社会中的整合与控制——关于中国单位制度变迁的思考》，《吉林大学社会科学学报》2007年第4期。

④ Yang Mayfair Mei-hui, "Between State and Society: The Construction of Corporateness in a Chinese Socialist Factory", *Australian Journal of Chinese Affairs*, 22, 1989: 31 – 60; Yang Mayfair Mei-Hui, "The Gift Economy and State Power in China", *Comparative Studies in Society and History*, 31（1），1989：25 – 54; Yang Mayfair Mei-hui, "The Modernity of Power in the Chinese Socialist Order", *Cultural Anthropology*, 3（4），1988：408 – 427; Dittmer Lowell and Xiaobo Lu, "Personal Politics in the Chinese Danwei under Reform", *Asian Survey*, 36（3），1996：246 – 267; Lu Xiaobo and Perry Elizabeth J., *Danwei: The Changing Chinese Workplace in Historical and Comparative Perspective*, New York: Routledge, 1997.

当代的环境来解释单位制度的形成，如严重的短缺经济、人口压力和意识形态形成的刚性就业体制和历史上参与性动员与政治运动周期;① 社会资源总量不足和社会调控之间的矛盾;② 苏联的斯达波诺夫运动模式和东北的地方性因素;③ 等等。这与魏昂德的思路似乎存在某种一致的地方，即从中华人民共和国成立后的制度结构来寻找解释变量。但国内学界更为关心的是"单位"的制度特征、现状和变化。④

如今回过头来看当年的争论，我们可以清楚地看到，问题其实不在于每一种因素本身，分歧的焦点实际上在于如何辩证地同时把握结构与文化、历史与现实之间的关系。⑤ 魏昂德面临的困境在于，既然是在帕森斯模式变量（普遍主义 vs. 特殊主义）的意义上说"传统"，那么这个传统就应该涵盖历史上的中国，怎么又推出"新传统主义与1949年前的中国没有关系"这个结论呢？此外，经验事实也告诉我们，中华人民共和国成立后政治经济体制经历了如此大的变革，可人们的行为

---

① 李猛、周飞舟、李康：《单位：制度化组织的内部机制》，《中国社会科学季刊》（中国香港）1996年秋季卷。

② 王沪宁：《社会资源总量与社会调控：中国意义》，《复旦学报》（社会科学版）1990年第4期；王沪宁：《从单位到社会：社会调控体系的再造》，《公共行政与人力资源》1995年第1期；李汉林：《中国单位现象与城市社区的整合机制》，《社会学研究》1993年第5期。

③ 田毅鹏：《"典型单位制"的起源和形成》，《吉林大学社会科学学报》2007年第4期。

④ 比如，所谓的"单位制"究竟具有哪些特征和制度结构，真的就是魏昂德所说的"新传统主义"和庇护主义吗？再有，单位制经过这么多年的改革和变迁，现在究竟变成了一个什么样子，还是"新传统主义"吗？这是下文要讨论的话题，这里暂且搁置不论。

⑤ Bruce J. Dickson, "What Explains Chinese Political Behavior? The Debate over Structure and Culture", *Comparative Politics*, 25 (1), 1992: 103-118.

模式在很大程度上依然维持不变。这说明,单是政治结构和制度模式无法解释行为模式产生的原因。所以,"新传统主义"其实没有魏昂德强调的那么"新",单从共产主义体制的制度结构中寻找解释,显然不能给出一个令人满意的回答。较为妥当的做法,是像赵文词在《一个中国村庄中的道德与权力》①一书中试图做到的那样,辩证地看待中国基层社会的权力结构,即国家深受传统中国社会的影响,而社会亦被国家所改造。国家和社会都不是西方模式(现代)政治组织或(传统)乡村社区,二者都极具中国特性,是一种独特的、不断变化的、包含昨日和今天中国文化之各种成分的混合体。②

第四节 新传统主义的适用范围:个案特例,还是普遍结论?

一 从工厂透视社会

围绕《新传统主义》一书,学界普遍关心的第二个问题是:这个概念究竟在多大程度上具有普遍性,即"新传统主义"是不是中国社会主义社会中基层组织制度和社会秩序的普遍特征。这个问题在两个维度上体现出来:在横向上,对于其他部门(如集体、私营企业)、地区(农村)和国家(苏联、东欧),"新传统主义"是否适用;在纵向上,经过改革和变迁之后,中国社会的组织制度是否还由"新传统主义"主导。同样,我们先来看魏昂德自己的说法。

---

① Madsen Richard, *Morality and Power in a Chinese Village*, Berkeley, CA: University of California Press, 1984.
② 赵文词:《五代美国社会学者对中国国家与社会关系的研究》,载涂肇庆、林益民主编《改革开放与中国社会》,中国香港牛津大学出版社1999年版。

第二章 新传统主义及其后

在1996年中译本序言里，魏昂德再次明确提出这个问题，认为"本书所讨论的不仅仅限于毛泽东时代中国的工厂和工厂生活状况。至今我仍然坚持认为，在中国客观依附制度所造成的个人行为方式中只有风格——而不是内容——才属于中国人所特有"。① 同时，他也承认，"尽管中国'单位'制度中的许多特点在今日依然存在，但中国的政治氛围自计划经济结束以来已经有了大幅度的转变。过去十五年来的政治变化，再加上这期间内高速的经济发展，给中国人带来了完全不同的另一种日常生活方式。在我看来，这些变化使得回复到本书中描述的那种工厂生活方式如果不是完全不可能，起码也会是非常困难"。② 但不管怎样，他还是认为自己精心构建的"新传统主义"模型不仅局限于中国。其实，仅书名就已经体现了作者的立场：我说的"新传统主义"不只是指中国，而是所有共产党社会。③

可以说，魏昂德的这一立场与影响美国学术研究的社会思潮的转变密不可分。④ 20世纪五六十年代，北美学界普遍认为西方的现代化模式具有不可避免的"普世"性。尽管具体的形式可能会有所差别，但现代化必然会推动韦伯所谓的"理

---

① ［美］华尔德：《共产党社会的新传统主义——中国工业中的工作环境和权力结构》，龚小夏译，中国香港牛津大学出版社1996年版。
② ［美］华尔德：《共产党社会的新传统主义——中国工业中的工作环境和权力结构》，龚小夏译，中国香港牛津大学出版社1996年版。
③ 由此可见，他似乎还是不愿放弃自己当初的论断。在北京大学社会学系2008年召开的一次纪念改革开放三十周年的会议上，他做了题为《新传统主义三十年》的主题演讲，在指出这三十年来中国政治经济体制诸多变化之后，强调还存在一些没有变化的地方，并认为，这些不变的因素，或许会使得"新传统主义"延续下去，但因为研究兴趣的转移，他缺乏实证资料的支持，故对此不敢妄下定论。
④ 赵文词：《五代美国社会学者对中国国家与社会关系的研究》，载涂肇庆、林益民主编《改革开放与中国社会》，中国香港牛津大学出版社1999年版。

性化"。我们至少可以区分出两种形式,一是以美国为代表的西方市场国家,即将一切社会关系改造成达致经济目的之手段的理性化;二是以苏联为代表的国家社会主义政权,它们把理性化的目标优先指向政治目的。尽管承认具体形式的差异,但当时的美国学界认为,后者必将为前者所取代。直到后来,西方现代化的模式在很多发展中国家遭遇挫折,且其他多种模式(包括社会主义模式、东亚模式、拉美模式等)纷纷涌现,这种思维模式才逐渐让位于所谓的"多元现代性",即承认非西方国家具有自己独特的发展模式和前进方向。不难发现,魏昂德批评极权主义和多元集团利益理论隐含的"社会趋同论",提出要用"新传统主义"来替代前两种分析范式,并把结论推广到整个共产党社会,而不是中国这样一个国家社会主义政体个案特例的做法,在很大程度上反映了美国学界思维方式的这一转变。

二 支持者说

对于任何一个科学研究来说,基本的问题之一都是其发现或结论的适用边界。自然科学研究如此,社会科学研究也如此,在中国这样一个幅员广阔、人口众多、极端复杂的社会中更是如此。赞成"新传统主义"具有普遍性的不乏其人,他们认为,虽然魏昂德只研究了这些权力金字塔的基层部分,但是有一点是很明显的,即他的结论超越基层社会,同样适用于精英阶层;因为整个政党—国家都是由这种庇护—依附式的"新传统主义"关系联结起来的,因此,魏昂德的结论不仅适用于工业组织,还符合中国的其他组织类型,如中国的大学和农村中也存在类似的现象。① 此外，韩德森和科恩对20世纪70年代末武汉一家医院的研究②也佐证了魏昂德的发现。其中，齐洛特的观点最为激进，他甚至比魏昂德本人还大胆，把"新传统主义"扩展为一个足以揭示所有共产党社会基层权力结构的理论模式。③

三 反对者论

但是，对"新传统主义"概念的普遍性表示存疑的学者显然要更多，他们从各个不同的侧面提出了商榷意见。简单概括，可以分为以下几个方面。

第一，社会结构和社会关系的复杂性。有学者认为，国有企业的职工只占中国就业人口的一小部分，即使是在改革开放之前也是如此。同样，工作组织包括国有企业在内存在众多的人际关系，而庇护—依附关系只是众多重要人际关系中的一种。魏昂德显然没有考虑到单位与单位之间以及同一个单位在不同时间段的差异。一种可能的情况是，魏昂德只把注意力集中在那些受到国家特殊支助、处于国家全面控制且权威等级严格的企业；那些资源较少、留不住人、基层领导薄弱的单位，"庇护—依附"关系就很难维持。④ 裴宜理也认为，魏昂德把

---

① Unger Jonathan, "Review of Communist Neo-traditionalism: Work and Authority in Chinese Industry", *Australian Journal of Chinese Affairs*, 17, 1987: 153 – 156; Chirot Daniel, "Review of Communist Neo-traditionalism: Work and Authority in Chinese Industry", *Journal of Asian Studies*, 47 (1), 1988: 134 –135.

② Henderson Gail and Cohen Myron S., *The Chinese Hospital: A Socialist Work Unit*, New Haven: Yale University Press, 1984.

③ Chirot Daniel, "Review of Communist Neo-traditionalism: Work and Authority in Chinese Industry", *Journal of Asian Studies*, 47 (1), 1988: 134 –135.

④ Davis Deborah, "Patrons and Clients in Chinese Industry", *Modern China*, 14 (4), 1988: 487 –497.

自己针对某个具体行业、具体地域的研究得出的结论应用于整个中国，没有考虑地区差异。中国的大部分工人受雇于农村和城市的集体企业，或者是国有工厂的临时工，对于这部分人来说，政党/国家的统治就不那么明显，他们看不到国家给他们发放稀缺资源，也觉察不到各种政治信号。① 改革开放之后，中国农村发生了大规模的非集体化，在蓬勃发展的私营企业和集体企业中，工人对政党组织的依附程度大幅度减少，大多数需求都可以在单位以外得到满足。②

第二，社会关系的全面性。虽然在单位体制下，单位承担的职能几乎包罗万象，但人的社会关系是多种多样的，存在于社会生活的方方面面，有很多领域处于单位的控制之外，再有，有不到10%的工人在同一个单位里工作一辈子，即使在这部分工人的生活里，也有很多地方是单位领导管不到的。这时，起主导作用的，是横向的家庭、朋友关系，而不是纵向的权威关系。特别是个人的横向关系，很多时候带有一种伦理的特征，强调信任和义务（如同学之间）以及非物质、非政治的情感（如家庭成员之间）。③

第三，庇护关系的对象。魏昂德强调的庇护关系只存在领导和积极分子之间，而积极分子永远是少数，那么权威对剩下

---

① Perry Elizabeth J., "State and Society in Contemporary China", *World Politics*: *A Quarterly Journal of International Relations*, 41 (4), 1989: 579 – 591.

② Goldman Paul, "Review of Communist Neo-traditionalism: Work and Authority in Chinese Industry", *Social Forces*, 68 (2), 1989: 672 – 674.

③ 另外，她还认为，女性比男性更依赖单位以外的私人生活。同学、老乡、战友、亲戚（堂表亲、女婿）等关系和庇护—依附关系一样重要。升迁和奖励两三年才有那么一次，但是，诸如买火车票、买新鞋、看电影等需求经常会发生，这时，横向的关系就显得尤为重要。参见 Davis Deborah, "Patrons and Clients in Chinese Industry", *Modern China*, 14 (4), 1988: 487 – 497。

的大多数工人来说是怎么运作的呢？这是个空白。①

第四，权威关系的变动性。历史经验告诉我们，由于权力、政策和意识形态的争论，社会主义社会中的权威关系是经常发生变动的，这种变动在中国表现得尤为明显。中华人民共和国成立后前四十多年的历史，政治和经济制度以及政策重点处在剧烈变动之中，因此，基层工业组织里的权威关系势必会受到整个社会的影响，经常处于变动之中。② 进一步需要指出的是，魏昂德关于中国特色的工业权威关系的分析，所依据的绝大部分经验材料都是关于计划经济时期的，而这一时期在中华人民共和国的历史上是一个特定时期，随后的改革开放给中国带来了很多新的变化，使中国逐渐向着新型工业化国家的方向发展。种种迹象表明，即使"新传统主义"曾经一度主导着中国工厂的基层秩序，但随着经济体制的改革，这种现象可能也正在走向消亡。③

第五，上层权威结构和基层的差别。尽管魏昂德希望能够通过基层组织的权力结构透视共产党社会整体权力结构，但在很多批评者看来，权威结构的上层和下层之间还是存在本质上的差别，特别是在精英和基层的关系这个问题上更是如此。沃

---

① Blecher Marc，"Review of Communist Neo-traditionalism: Work and Authority in Chinese Industry"，*Pacific Affairs*，60（4），1988：657 - 659.
② 比如，到了20世纪70年代后期，基层领导的日常管理已经变得十分困难，奖金也变相成了平均主义。参见 Perry Elizabeth J.，"State and Society in Contemporary China"，*World Politics: A Quarterly Journal of International Relations*，41（4），1989：579 - 591.
③ White Gordon，"Review of Communist Neo-traditionalism: Work and Authority in Chinese Industry"，*American Journal of Sociology*，94（4），1989：886 - 888.

马克指出，中国社会上层精英的权力关系和基层是不一样的。① 比如在大型工厂里，车间主任并不是诸多福利的直接分配者，而是由厂长或书记决定的，但厂长和书记与基层之间存在较远的距离，因为二者之间严重的信息不对称，对于他们来讲没有办法做到因人而异的特殊主义。② 此外，中国并不仅仅只是一个个单位的集合体，中间组织和中央机构或许有它们自己的政治逻辑。③

第六，权力的互动性。魏昂德所描述的庇护模式，是建立在"依附关系"基础上的。在这样的模式下，积极分子、下级或低级别单位绝对依附于领导或"上级"，形成的是一种单向度的权力关系。这一解释也特别为批评者所诟病。有学者指出，"新传统主义"过分强调领导的权力，忽视了单位成员的反抗能力，没有注意到普通群众的利益表达方式，结果是旧瓶装新酒，还是没能跳出极权主义的桎梏，可谓一针见血。④ 事实上，在任何组织中，管理层和一般职工之间的互动不可避免，甚至相当重要。比如，陈佩华夫妇对一家国有酒厂的研究

---

① Womack Brantly, "Review Essay: Transfigured Community: Neo-traditionalism and Work Unit Socialism in China", China Quarterly, 126, 1991: 313 – 332.

② 沃马克同时还给出了保留意见：话虽这么说，如果把"新传统主义"看作是一种政治文化，而不是一个理性选择模型，那么它还是可以用来解释其他层次的权威关系的。

③ Francis Corinna-Barbara, "Paradoxes of Power and Dependence in the Chinese Workplace", Dissertation, Columbia University, 1993.

④ Womack Brantly, "Review Essay: Transfigured Community: Neo-traditionalism and Work Unit Socialism in China", China Quarterly, 126, 1991: 313 – 332；李猛、周飞舟、李康：《单位：制度化组织的内部机制》,《中国社会科学季刊》（中国香港）1996年秋季卷。

显示，在涉及利益（如住房①）分配的问题上，工人基于生存伦理和"道义经济"原则，也可能迫使管理层在制定分配规则时考虑工人的利益。② 显然，管理层与工人群体之间的互动应该成为权力结构与行为方式探讨中的一个重要面向，通过它更能够真实地看到单位（组织）中的权力结构。因此，上述研究者对"庇护主义"所隐含的单向度权力假设的批评，对于我们今天理解单位组织及其变迁仍然具有非常重要的启发意义。

第七，组织环境和制度设计的约束。在魏昂德的描述中，工人只能通过巴结领导来获取自己的利益，但是他忽略了，在中国，国有企业的领导受到了各方面条件的制约。例如，稀缺资源有限，因此领导无法靠有限资源形成对大多数人的权威；平均主义使得职工对领导的依赖减少；终身雇佣制使得职工对企业的依赖变得不可剥夺，从而实际上就转化为一种隐性权力，即职工向企业索取资源的权力（软预算约束）。因此，国企资源分配的身份化（铁饭碗，无法解雇）、合法性认同的非科层职位化（靠人格魅力而非职位权力）、产权不清（没有实质性的管理权力，只是看门人）、角色混同（职工既是所有者，又是劳动者）等，最后导致的一个结果，恰恰是国有企业存在领导权威严重不足的现象。③

---

① 该厂在 2004 年还保留福利分房的做法。本书第五章也介绍了我们调查的电厂的历次内部分房过程。

② Unger Jonathan and Chan Anita, "The Internal Politics of an Urban Chinese Work Community: A Case Study of Employee Influence on Decision-making at a State-Owned Factory", *China Journal*, 52, 2004: 1-24.

③ 蔡禾：《论国有企业的权威问题——兼对安基·G. 沃达的讨论》，《社会学研究》1996 年第 6 期；蔡禾：《国有企业职工的改革观念研究》，《开放时代》1996 年第 5 期；蔡禾：《企业职工的权威意识及其对管理行为的影响——不同所有制之间的比较》，《中国社会科学》2001 年第 1 期。

总结国内外学者的研究和结论，可以发现，不同的看法与不同的时期、不同的研究对象和不同的研究方法有着紧密的联系。而且值得指出的是，即使是"维续论"的结论，也并不否认单位体制在市场转型过程中所发生的重要变化，传统体制下的"典型单位制"① 在今天已经基本上不复存在。因此，在这个意义上，研究的问题实际上已经转变为：在哪些领域、哪些组织，"单位"的因素延续了下来，或者发生了改变；如果是延续，在多大程度上；如果是变革，那现在的城市基层组织是个什么东西；更重要的是，变革是如何发生的，变革的机制是什么，变革的趋势又是什么。

第五节　中国基层社会的权威关系：新传统主义，抑或其他？

最后一个问题与上面讨论的"新传统主义"的适用范围其实是联系在一起的。如果说魏昂德的判断仅限于国有企业，或者限制得更为狭窄一些，特定时期的国有企业，那么，批评者应该回答的是：中国社会其他部门和层面（集体、私营、农村、精英）的权力和权威关系是什么样的；如果走得更远一些，我们不妨假设，甚至特殊时期的国有企业也不是"新传统主义"的模式，而是根据另外一种逻辑和机制在运转，那么，中国基层社会的权力和权威关系究竟是什么模式。

---

① 田毅鹏：《"典型单位制"的起源和形成》，《吉林大学社会科学学报》2007 年第 4 期。

一 支持者说

按照赵文词的划分,美国社会学者对中国的研究可以分为五代。① 他把魏昂德的"新传统主义"模式归入第三代,认为这一模式的特点在于强调国家与社会之间的相互渗透,因而是一种比较全面、辩证的视角。赞同魏昂德观点的学者认为,这是关于共产主义国家权威、政治和社会结构的书中最好的一本,② "新传统主义"不仅适用于工业组织,还符合中国的其他组织类型。③

二 反对者论

但是,更多的还是批评性意见。第一,"新传统主义"模式本身就值得质疑。前面已经提到过,有批评者认为,"新传统主义"仍未摆脱极权主义的嫌疑。还有批评者进一步指出,"新传统主义"实质上是沿袭了结构主义的传统,强调制度约束,过分夸大了庇护—依附关系,把压制程度看得过于严重,忽视了个体对国家的反抗。在改革开放前的实际生活中,靠走关系实现工作调动也很常见,很多调走的都

---

① 第一代,现代国家取代传统社会;第二代,国家与社会之间的妥协;第三代,国家与社会的相互渗透;第四代,公民社会改造国家;第五代,受后现代主义思潮影响,强调国家与社会关系的多元复杂性。参见赵文词《五代美国社会学者对中国国家与社会关系的研究》,载涂肇庆、林益民主编《改革开放与中国社会》,中国香港牛津大学出版社1999年版。

② Chirot Daniel, "Review of Communist Neo-traditionalism: Work and Authority in Chinese Industry", *Journal of Asian Studies*, 47 (1), 1988: 134 - 135.

③ Unger Jonathan, "Review of Communist Neo-traditionalism: Work and Authority in Chinese Industry", *Australian Journal of Chinese Affairs*, 17, 1987: 153 - 156.

是非积极分子，其中很大一部分是母亲为了孩子上学而不得不调动工作。他们并没有或很少和领导形成庇护—依附关系。所以，魏昂德所说的庇护关系可能确实存在，但应该不是占主流的制度化模式。①

此外，在李猛等学者看来，至少与庇护关系模式并存的，还有所谓"派系结构"。他们认为，在"德治"再分配制度的环境下，单位组织中的资源分配形成了表面仪式性的"一致性政治学"（consensus politics）②和实际操作过程的"幕后解决"并存的特征，从而导致单位中的权力模式是一种上下延伸、平行断裂的派系结构。作为一种纵向关系网络，单位内部的权力关系不仅以单位内某一级别的某个领导为枢纽呈分散状上下延伸出去，而且在同一级别内领导又分裂为几部分，这样就形成了一系列上下延伸、平行断裂的关系网络，即所谓的"派系结构"。单位中的行动者在派系结构下追求各自的利益，他们对利益的计算、权力分布的认识、派系力量的估计及其实际的行为方式总在发生变化，从而使得派系结构不断地被再生产出来。③这种关于单位内部成员行为方式的论断后来被李路路和李汉林关于单位内部资源获得方式的系列研究所证实。他们发现，在单位内部，那些倾向于通过与单位领导和单位上级领导搞好关系，或者通过单位内有影响力、有权势的朋友获得

---

① Davis Deborah, "Patrons and Clients in Chinese Industry", *Modern China*, 14 (4), 1988: 487 – 497.

② Womack Brantly, "Review Essay: Transfigured Community: Neo-traditionalism and Work Unit Socialism in China", *China Quarterly*, 126, 1991: 313 – 332.

③ 李猛、周飞舟、李康：《单位：制度化组织的内部机制》，《中国社会科学季刊》（中国香港）1996年秋季卷。

资源的人，更有可能获得更多的权力和资源。①

第二，如果真如赵文词所说，"新传统主义"模型属于国家—社会关系的理论框架，那么，魏昂德提供的就不是一幅完整的中国国家与社会关系的图像。他分析的是中国城市的情况，给出了一幅国家控制一切资源，工人只能全面依附于工作单位的画面。但另一位学者许慧文关注的则是中国的农村，她给出的画面是农民团结一致，共同抵抗国家权力。② 二者截然相反，那么究竟孰对孰错？较为妥帖的做法，是把两幅图景结合起来，这样才能对当代中国的国家—社会关系有一个更为全面的把握和理解。③

第三，如果"新传统主义"不是占主导地位的权力关系模式，那么，什么是占主导地位的模式呢？沃马克在系统批判的基础上提出了一个他认为"更具包容性"（换句话说，更适合中国的情况，可以涵盖更广泛的社会层面）的替代性概念——"单位社会主义"（work unit socialism）。他认为，与魏昂德"隐蔽"的极权主义范式不同，"单位社会主义"充分考虑了不可抗拒的国家权力和单位成员永久性就业这两个因素之

---

① 李汉林、李路路：《单位成员的满意度和相对剥夺感——单位组织中依赖结构的主观层面》，《社会学研究》2000 年第 2 期；李汉林、李路路：《资源与交换——中国单位组织中的依赖性结构》，《社会学研究》1999 年第 4 期；李路路、李汉林：《单位组织中的资源获得》，《中国社会科学》1999 年第 6 期；李路路、李汉林：《中国的单位组织：资源、权力与交换》（修订版），生活·读书·新知三联书店、生活书店出版有限公司 2019 年版；李路路、李汉林：《单位组织中的资源获取与行动方式》，《东南学术》2000 年第 2 期。

② Shue Vivienne, *The Reach of the State: Sketches of the Chinese Body Politics*, Stanford: Stanford University Press, 1988.

③ Perry Elizabeth J., "State and Society in Contemporary China", *World Politics: A Quarterly Journal of International Relations*, 41 (4), 1989: 579-591.

间的张力。在一个永久性的固定社区里,领导者的行为需要得到下属的长期合作。"新传统主义"作为一个理想类型,一旦具体到经验细节,就漏洞百出。相比之下,"单位社会主义"与中国基层社会的现实更加相符。① 在沃马克看来,中国可以形成一种不同于西方理性计算的行为逻辑,"单位社会主义"在传统—现代这个连续系统里找不到相应的位置,因而是一种独特的秩序结构。②

---

① 具体而言,单位社会主义包括三个方面的内容。第一,有原则的特殊主义。对职工的评价既按照忠诚和庇护主义关系,也考虑技术能力、资历、家庭关系、性格、需求等。此外,人与人之间存在非正式的工具性实用互惠网络;工厂像一个大家族,在父爱主义的指导下管理整个社区。这一点与魏昂德的观点区别不大。第二,一致性政治学。因为整个工厂和生活区都是一个由熟人组成的小群体,大家抬头不见低头见,所以会尽量避免公开的冲突,大家表面上一团和气,真正的利益争夺都是在幕后完成的 [参见李猛、周飞舟、李康《单位:制度化组织的内部机制》,《中国社会科学季刊》(中国香港) 1996 年秋季卷]。第三,强人际关系纽带。魏昂德上下庇护、左右交换的划分太简单,在中国,关系是一个光谱,按照家庭血缘—市场交易这样一个连续谱展开,亲疏有别(亲疏的程度取决于对今后交往频率的预期),形成一个个差序格局。

② 可以说,沃马克的这篇文章(Womack Brantly, "Review Essay: Transfigured Community: Neo-traditionalism and Work Unit Socialism in China", *China Quarterly*, 126, 1991: 313 – 332)是迄今为止英文文献中对《新传统主义》一书最为系统、严肃的批评,故而引起了魏昂德的注意,后者专门撰文进行了回应。不过,在回应中他并没有提到沃马克关于"新传统主义"这个概念对他的批评,可能是他觉得自己在书中已经阐述得足够明白。因为除了在"导论"部分的系统阐述,他还在"序言"里有如下感叹:"……读苏联和东欧的书越多,我就越来越意识到,中国的特殊情况其实是共产党社会特有的权威模式的一个例子。读关于中国历史上工厂的书越多,我就越来越坚信,这些模式是最近才出现的,是共产党政治和经济组织的一个组成部分。读关于日本工业的书越多,我越来越感觉到,在表面的相似背后,中国的工厂制度、群体关系和晋升、奖赏模式和日本有着本质上的差异。读关于美国,尤其是关于工业组织中非正式关系的书越多,我越来越怀疑,我们经常挂在嘴边的正式和非正式的区分对于研究政党—庇护主义现象来说,是不是有意义。读关于其他语境下的人际网络关系、依附和政治庇护主义的书越多,我越来越相信,共产党社会的劳工关系与其他地方存在根本性的结构差异。"(Walder Andrew G., *Communist Neo – traditionalism: Work and Authority in Chinese Industry*, Berkeley: University of California Press, 1986: xiv.) 这种横向比较也从侧面说明了他对于自己的观点是多么的确信和坚持。

第四,研究方法上存在的问题。例如,行为和态度之间的关系。在有些学者看来,权威这个问题具有现象学的一面,工人的感知不能等同于实际情况。魏昂德所说的"表现"只是表面现象,不等于人们的实际态度和想法。许多研究表明,行为和态度经常不一致。① 所以,魏昂德把中国描绘成一个人人都是"马屁精"的国家,误导了大众和学界对中国文化的理解。② 再如,魏昂德的样本也存在明显的局限性,他的分析对象主要是国有企业里的固定职工,连他自己也承认,这 2700 万工人是一个享有特权的少数群体,只占总人口的 2.5%,③ 这其中只有 42% 的工人在国有企业拥有永久工作,且大多数是男性。④ 在此基础上做推论,显然不是很可靠。另外,很多访谈材料证明的是庇护关系的反面,但魏昂德将其作为庇护关系的证明。更刻薄的评价是:"新传统主义"的理论逻辑很精致,但像皇帝的新装,与现实情况有很大的差距。⑤

可见,对于魏昂德的"新传统主义"模型,学界提出了不少的批判和质疑。但是,我们不能就此否定魏昂德的贡献,至少,他给我们提供了一个分析的基础。至于学界后来提出的众多替代性观点,究竟孰对孰错,还需要我们在今后的研究中

---

① Blecher Marc, "Review of Communist Neo-traditionalism: Work and Authority in Chinese Industry", *Pacific Affairs*, 60 (4), 1988: 657-659.

② Bruce J. Dickson, "What Explains Chinese Political Behavior? The Debate over Structure and Culture", *Comparative Politics*, 25 (1), 1992: 103-118.

③ Perry Elizabeth J., "State and Society in Contemporary China", *World Politics: A Quarterly Journal of International Relations*, 41 (4), 1989: 579-591.

④ Goldman Paul, "Review of Communist Neo-traditionalism: Work and Authority in Chinese Industry", *Social Forces*, 68 (2), 1989: 672-674.

⑤ Blecher Marc, "Review of Communist Neo-traditionalism: Work and Authority in Chinese Industry", *Pacific Affairs*, 60 (4), 1988: 657-659.

加以严谨的检验。

第六节 新传统主义及其后

可能是出于寻找未来研究课题的考虑和需要，也可能是当"新传统主义"概念进入中国时，中国已经开始了巨大的变革，学界对《新传统主义》一书的反应，批判多于肯定。但是，我们切不可因此就否定魏昂德的贡献。白宜理的话或许能够恰如其分地概括学界的评价，"当代中国政治研究的一个困境：政治学的一般理论范式（极权主义和多元主义）无法把握中国的特殊性；而对中国政治的研究自身又没有产生出令人信服的理论成果。魏昂德……的研究弥补了上述遗憾"。[①] 沃马克也指出，"尽管存在诸多缺陷，新传统主义仍然是近十几年来中国研究领域令人印象最为深刻、最能给人以启发的理论贡献之一"。[②] 所以本书一开始就指出，不管是在西方学界，还是国内学界，《新传统主义》一书都足以称得上是一项具有里程碑意义的开创性研究。

虽然对"新传统主义"持批评或怀疑态度的学者提出了很多富有洞察力的观点和概念，但遗憾的是，与魏昂德系统的访谈和分析相比，这些新的观点和概念大多只停留在"想象或感觉"上，普遍缺乏系统的资料支持。我们认为，对于单位制度的研究传统来说，批评当然重要，但更重要的是像白宜

---

① Perry Elizabeth J., "State and Society in Contemporary China", *World Politics: A Quarterly Journal of International Relations*, 41 (4), 1989: 579–591.

② Womack Brantly, "Review Essay: Transfigured Community: Neo-traditionalism and Work Unit Socialism in China", *China Quarterly*, 126, 1991: 313–332.

理倡议的那样,"挽起袖子,准备大干一场……把比较政治和历史研究结合起来",① 真正深入到中国基层社会的变革现场。在此之前,恐怕任何严肃、负责任的学者都无法对中国城市基层社会中的权力和权威关系给出一个经得起检验的模式。

第七节 市场转型与"单位"研究

一 "单位"研究的中国视角

与国外学界注重逻辑分析和实证检验相比,国内学者更多的是带着一种问题导向的视角来看待"单位"研究。如果说"新传统主义"模型在西方学界引起的最大争议之一,是它把共产党社会工作场所内部的权威关系模式与其所处的文化、历史传统割裂开来,那么对这个问题,国内学界是采取不置可否的态度的,而且更多地把注意力放在后两个争议和一些更切合实际的问题上,比如"单位"内部的权威关系真的就是魏昂德所说的"庇护制";如果不是,应该怎么概括和解释。另外,不管是与否,经过四十多年的改革开放,中国基本实现了从计划经济体制向社会主义市场经济的转变,社会结构也发生了巨大的变化。那么,中国社会中的基层组织制度是否也发生了变化;发生了什么样的变化,呈现出怎样的特征;相应地,"单位"发生了哪些变化;这些变化对其内部权威关系有哪些影响;我们应该如何去理解和把握"单位"在市场转型过程中的走向和命运——这是极富挑战性和重要性的课题。

---

① Perry Elizabeth J., "State and Society in Contemporary China", *World Politics: A Quarterly Journal of International Relations*, 41 (4), 1989: 579–591.

二 维续论

中国学者由于身处单位体制和社会转型过程之中，因此对于单位制的变革问题有着特殊的兴趣，而且也可能做出更恰当的判断。由于研究方法、研究对象和关注重点的不同，国内学者对于单位体制的存续问题持有两种不同的看法，即所谓"维续论"和"变革论"。

持维续论的学者强调渐进式改革和路径依赖机制，认为尽管历经众多改革，但单位制依然是中国城市社会的基层组织制度。例如，丘海雄认为，改革开放后国营企业内部仍然普遍存在互惠关系。① 有学者以车间政治为研究对象，通过对东北两家国有工厂下岗名单确定过程的考察，也得出"新传统主义"延续至今的结论。②

另有学者秉承当初批评魏昂德的历史—文化视角，③ 认为基于中国人自我行动的逻辑，虽然制度环境发生了变化，但庇护主义和派系结构并存的基本格局仍然没有发生变化。具体而言，单位组织中的庇护关系和派系结构是中国人自我行动逻辑的结果和体现，即中国人特有的"以关系理性为约束的自我主义的行动"的结果和体现，因此，它们不会随着组织形式、

---

① 丘海雄：《改革开放后中国国营企业内部的互惠关系》，《中山大学学报论丛》1993 年第 Z1、Z2 期。
② 李汉林：《中国单位现象与城市社区的整合机制》，《社会学研究》1993 年第 5 期；李汉林：《中国单位社会：议论、思考与研究》，世纪出版集团、上海人民出版社 2004 年版；李路路、李汉林：《单位组织中的资源获得》，《中国社会科学》1999 年第 6 期；冯仕政：《单位分割与集体抗争》，《社会学研究》2006 年第 3 期。
③ Bruce J. Dickson, "What Explains Chinese Political Behavior? The Debate over Structure and Culture", *Comparative Politics*, 25 (1), 1992: 103 – 118.

第二章 新传统主义及其后

组织制度环境的变迁而改变。这种自我行动的逻辑是中国传统文化长期作用和塑造的结果,因而也具有稳定性和持久性,由此形成的庇护关系和派系结构也就具有延续性。① 欧博文和邓燕华注意到,基层官员经常动员在"单位体制"内工作的人参与"和谐拆迁",利用他们的亲属网络和人际关系去做体制外拆迁户的"思想工作",从而延展政府的权力作用范围,推动城市更新改造过程。② 邓利杰考察了"单位体制",尤其是福利分房对当代中国城市社区利益表达和"社会共识"形成的影响。③ 经过对中石油一家新疆子公司长达两年多的参与式田野调查,有学者发现,社会主义时期的"单位体制"基本得到了延续。在这个"新单位"(Neo-Danwei)里,医院、学校、电影院、文化中心、体育馆、游泳池、派出所等一应俱全。虽有细微差异,但单位内部在薪酬激励、子女教育、晋升渠道、身份认同、成员资格的封闭机制、社会控制和维稳,都与计划经济时代如出一辙,近些年来甚至还允许职工子女"接班顶替"。作为"库尔勒最好的单位",该公司已经成为当地人争先恐后希望获得的工作岗位,成为一种身份和地位的象征。④

我们认为,问题在于,到目前为止,基于历史—文化视角

---

① 汪和建:《自我行动的逻辑:理解"新传统主义"与中国单位组织的真实的社会建构》,《社会》2006 年第 3 期。

② O'Brien Kevin J. and Yanhua Deng, "The Reach of the State: Work Units, Family Ties and 'Harmonious Demolition'", *China Journal*, 74, 2015: 1–17.

③ Tomba, Luigi, *The Government Next Door: Neighborhood Politics in Urban China*, Ithaca and London: Cornell University Press, 2014.

④ Cliff, Tom, "Post-Socialist Aspirations in Neo-Danwei", *China Journal*, 73, 2015: 1324–1347.

的维续论,大多是一种纯粹的逻辑思辨和理论推演,尚待经验研究的实证检验。相比之下,支持变革论的研究则具备更加宽厚的经验基础,因此吸引了更多的关注。

三 变革论

持变革论的学者则从新制度主义的分析视角出发,强调组织与环境之间的关系,突出市场化改革与再分配体制的对立,认为由于原有再分配的制度环境已经发生了很大变化,原有的"单位"也因此发生了很大变化,甚至在有些领域中,现在的组织内部权力结构和行为方式已完全不同于过去的单位,"单位"在很大程度上已经解体了。比如,有学者认为,随着市场转型,单位组织已经从身份和抽象整体利益为主,转向以契约和具体个人利益为导向的现代组织。① 或者在产权改革后,工人与管理者的关系不再是"庇护—依附"的关系,也不是纯市场关系,而是基于利益考虑的"对抗式的联盟"关系。② 不管怎样,单位已经不是原来的"单位",即使形式相仿,内容也发生了实质性的变化,特别是处于市场化改革程度比较高的沿海开放地区,"单位制"或"新传统主义"已经在国有中小企业基本解体。

李静君针对广州的中小国有企业的研究发现,市场化改革和"建立现代企业制度的改革"导致这些工厂政体(factory regime)由"新传统主义"政体转向了一种新的"去组织化的

---

① 曹锦清、陈中亚:《走出"理想"城堡——中国"单位"现象研究》,海天出版社1997年版。

② 平萍:《制度转型中的国有企业:产权形式的变化与车间政治的转变——关于国有企业研究的社会学述评》,《社会学研究》1999年第3期。

专制主义"(disorganized despotism)政体,其主要特征就是工厂对工人实行公开强制性的劳动控制、经济处罚和严格的管理。而"去组织化"意味着,过去的庇护关系和派系结构不复存在,取而代之的,是以性别和地缘关系为基础,工厂内部的权力结构是经理层与工人之间的普遍对立。① 与之相应,工人的行动策略也发生了变化,面对日益专制的工厂管理体制,他们更多地采取出工不出力、偷懒、自发停工、准静坐示威、旷工、热衷于兼职搞第二职业等方法来表示抗争,这被称为"集体懈怠"(collective inaction)。这种"市场霸权"(market hegemony)式的结论也得到了其他研究的佐证。例如,尼克斯和赵明华(音译)通过对河南3家国有棉纺厂的调查,发现了这样一种工厂管理体制,即在生产过程层面,管理层采取了一系列措施来剥削工人,包括延长工作时间、控制出勤、劳动竞赛、满负荷工作、加快速度、经济惩罚、非物质激励等,与资本主义原始积累阶段的工厂状况相差无几。②

"去组织化的专制主义"工厂政体概念,基本上已经否定了"庇护主义"和/或"派系结构"将在"单位"经历市场改革后仍将延续的观点。不过,正如李静君注意到的那样,她所揭示的主要是中小型国有企业的情况,这些企业处于相对更加竞争性的市场环境下。必须注意到的是:由于市场化改革后国有企业出现了严重分化,在那些利润高、技术密集型的大型国企中可能存在不同于"去组织化的专制主义"的情形,它们很有可

---

① Lee Ching Kwan, "From Organized Dependence to Disorganized Despotism: Changing Labour Regimes in Chinese Factories", *China Quarterly*, 157, 1999: 44-71.
② Zhao Minghua and Nichols Theo, "Management Control of Labour in State-owned Enterprises: Cases from the Textile Industry", *China Journal*, 36, 1996: 1-21.

能保留了"新传统主义"下的权力结构和行为方式。①

另有学者对限制介入性大型国企的研究认为，过去典型的单位组织（如那些占据垄断地位的大型国企），经过改革之后，原先的单位制也变成了现在的"新单位制"，资源从国家的社会化占有到单位化占有，这导致工人从对国家的依赖变为对单位的依赖。在企业内部，工人之间出现严重的分化，工人和领导之间的关系也从原先的派系结构，变成现在的"层化结构"：效率取代政治忠诚，事本取代人本。此外，"厂长负责制"使得任命者和被任命者之间很容易形成一个利益共同体，从而瓦解了"派系结构"存在的基础。②

有学者认为，近些年来涌现出来一种新的"项目制"，既不因循单位制或科层制的逻辑，也不被市场所裹挟，而是要在行政体制内再造一种增量。"项目制"是一种制度枢纽，代表了一段特定历史时期的社会风气，"能够将国家从中央到地方的各层级关系以及社会各个领域统合起来……不仅是一种能够使体制积极运转起来的机制……更是一种思维模式，决定着国家、社会集团乃至具体的个人如何构建决策和行动的战略和策略"，故"项目制"可能已经替代了"单位制"，成为一种"新的国家治理体制"。③

---

① Lee Ching Kwan, "From Organized Dependence to Disorganized Despotism: Changing Labour Regimes in Chinese Factories", *China Quarterly*, 157, 1999: 44 – 71.

② 刘平、王汉生、张笑会：《变动的单位制与体制内的分化——以限制介入性大型国有企业为例》，《社会学研究》2008年第3期。

③ 折晓叶、陈婴婴：《项目制的分级运作机制和治理逻辑——对"项目进村"案例的社会学分析》，《中国社会科学》2011年第4期；周飞舟：《财政资金的专项化及其问题 兼论项目治国》，《社会》2012年第1期；渠敬东：《项目制：一种新的国家治理体制》，《中国社会科学》2012年第5期；周雪光：《项目制：一个"控制权"理论视角》，《开放时代》2015年第2期；焦长权：《从分税制到项目制：制度演进和组织机制》，《社会》2019年第6期。

还有学者站在空间地理学的角度，从制度性、空间性和社会性三个层面，对"单位制"的变迁做了较为系统的考察，全面梳理了单位制度解体的四个阶段：过渡阶段（1978—1983年）、局部解体阶段（1984—1991年）、快速解体阶段（1992—2002年）和深度解体阶段（2003年之后）。他们认为，在这个过程中，无论是知识体系、具体规则，还是城乡结构和国际关系等制度层次，都发生了剧烈变化。①

变革论给出了很多替代性的分析模型，但是，究竟哪个才是契合当下"单位"的现实状况——我们认为——这个问题还需要进一步地研究和讨论。

第八节　小结

"新传统主义"模型的提出引发了一系列激烈的讨论，延续至今，问题变成了市场转型背景下"单位"究竟发生了哪些变化。本章以这两个方面为线索，介绍和梳理了"单位"研究的历史脉络和问题。有学者指出，作为中国社会的基本制度架构，"单位体制"并没有完全消解，而是以"隐形在场"的方式继续发挥影响。② 一方面，国家治理的重心从单位转向社区，呈现出"弱单位化"倾向；另一方面，国有企业的资

---

① 柴彦威、刘志林、沈洁：《中国城市单位制度的变化及其影响》，《干旱区地理》2008年第2期；柴彦威、塔娜、毛子丹：《单位视角下的中国城市空间重构》，《现代城市研究》2011年第3期；柴彦威、刘天宝、塔娜等：《中国城市单位制研究的一个新框架》，《人文地理》2013年第4期。

② 田毅鹏、王丽丽：《转型期"单位意识"的批判及其转换》，《山东社会科学》2017年第5期；田毅鹏、王丽丽：《单位的"隐形在场"与基层社会治理——以"后单位社会"为背景》，《中国特色社会主义研究》2017年第2期。

源占有和利益分配逐渐由"国家化"向"单位化"转变，呈现出"强单位化"趋势。① 因此我们需要"重回单位研究"，② 对"单位制"的当代意义进行系统全面的考察。

问题在于，对于"单位"研究来说，"新传统主义"是不是的一个（很）好的起点。之所以提出这个问题，道理在于，上述论辩对魏昂德的研究结论提出了诸多（合理的）质疑，尽管大部分批判都只是建立在主观逻辑思辨，而不是踏实的实证研究基础之上。从中，我们也看到了当前"单位"研究领域存在的一些缺陷和不足。首先需要指出的，就是这个研究领域缺乏知识积累的氛围，很少有人自觉地把自己的研究建立在前人的基础之上。之所以这么说，是因为当我们在整理文献时，无时无刻不面临这样的尴尬：现在距《新传统主义》问世已经有四十多年的时间了，但我们还未见到对"新传统主义"模型的系统实证检验。

出于这样的考虑，尽管面临挂一漏万的可能和危险，本书还是选择把"新传统主义"模型作为研究的起点和对话的对象，并着重关注"单位"内部的权威关系这样一个研究维度，试图通过对一家国有企业若干基本组织制度和内部资源分配过程的描述和分析，来考察"单位制"在市场转型过程中的变迁情况。

---

① 王庆明：《单位化治理的转型与变异：重访新传统主义理论》，《社会科学辑刊》2016 年第 2 期。

② 田毅鹏：《"单位研究"70 年》，《社会科学战线》2021 年第 2 期。

第三章　京华电厂：一个"单位"的民族志

本章将对我们的研究对象——京华电厂做一个简要介绍。建厂至今，京华电厂在体制改革上主要经历了三个阶段：1977—1999年，传统体制下的京华电厂；1999年至2002年年底，厂网分离①；2003年至今，划归京华电力集团，实行公司化改造，建立现代企业制度。实际情况是，第二个阶段和第三个阶段是紧密结合在一起的，主要的分水岭是1999年。本章将分两个部分来介绍京华电厂的基本情况：1999年之前和2000年以后。此外，前文已经指出，单位的两个本质特征是再分配和仪式政治，因此，本章对京华电厂的介绍，也主要围绕这两个本质特征来展开。希望通过这样的介绍，为后面章节的讨论提供一些背景性的知识准备。

第一节　基本情况

京华电厂，全称是京华热电有限公司。其前身是北京第三

---

① 中国电力行业长期以来实行生产（电厂）和调配（电网）合一的管理体制，为了适应市场化改革，1999年，国家对这种管理体制进行了调整，改为厂网分离，即生产单位和调配（物流）、销售单位分开，各自独立经营。

一五热电厂,归北京电业管理局①管辖,为该局下属的京华热电总厂②所管的一个分厂,现为五大发电集团之一——京华集团全资子公司。③ 2004年12月,改制为京华热电有限公司,成为一个具备独立核算资格的企业法人。公司主要从事电力、热力生产及销售;热力、电力设备运行、安装、检修、调试;热力、电力资源综合利用、环保及高新技术开发;热力、电力技术人员培训和科技咨询等业务。

公司现分为两个厂区。老厂区始建于1976年,共装有6台高温高压燃油锅炉,4台50兆瓦发电机组,总发电容量200兆瓦,最大供热能力620百万大卡/时,一直担负着首都中心区和北京市重要部门及居民的采暖任务,供热面积1200万平方米。目前燃油机组已服役30余年,根据国家和市里要求,设备全部停运,作为新厂的备用,进入检修和保养状态。新厂区于2005年12月获得市发改委核准,并被列为北京市重点工程和奥运能源重点工程;2006年3月开工建设,建设规模为两台25.4兆瓦燃气—蒸汽联合循环热电联产机组,3台供热能力为100百万大卡/时的燃气热水炉,最大供热能力540百万大卡/时,年发电量约19亿千瓦时;2008年4月12日和5月14日两套联合循环机组分别完成96小时满负荷试运,6月30日两套机组正式转入商业运行。④

作为一家电力生产企业,在产权归属上,京华电厂自始至终都是国家全民所有,加上中国电力行业的特殊性⑤(如在价

---

① 以下简称"电管局"。
② 以下简称"总厂"。
③ 按照研究惯例,凡涉及地名、单位名称和人名的,均做了匿名处理。
④ 关于新厂和老厂生产工艺的具体变化,参见第五章。
⑤ 公司老厂机组烧的是石油,新厂用天然气,这两种资源的价格同样都受国家(发改委)调节。

第三章 京华电厂：一个"单位"的民族志

格上长时间实行"市场煤、计划电"），所以在生产经营和分配体制上，京华电厂长期处于政策性亏损状态，一直依靠政府财政补贴来维持运作。这从该厂的管理口号上可见一斑：外争政策，内强管理。另外，公司有一个叫计划营销部的部门，专门负责与集团公司和政府各部门的沟通和联系工作，争取政策支持。例如，经过多方努力，厂里终于争取到北京市财政对公司供热亏损的补贴。2004年补贴3768万元，2005年补贴8333万元，2006年补贴13878万元，开创了地方财政补贴中央企业的先例。到2006年年底，公司固定资产和流动资产总值为50986万元。2007年扭亏为盈，2008年实现盈利618万元。2009年，在笔者开始进入调查之际，公司正在为实现盈利4000万元和创建集团公司四星级企业这两个目标而努力。

公司现有在编员工790余人，平均年龄48岁，离退休人员200多人。其中，在新厂工作400人（实际只需要200人），其余职工分布在综合产业、物业公司、输油站以及下属的一个电力设备维护公司。表3-1和表3-2是该厂职工的一些基本情况。

表3-1　　2005年、2006年京华电厂职工学历结构　　单位：人

年份	合计	研究生及以上	大学	专科	中专	中技	高中	初中及以下
2005	870	3	60	174	212	36	179	206
2006	838	3	72	176	193	33	172	189

资料来源：京华电厂《公司史志》。

注：我们收集到两份厂志，一份是1988年建厂十周年整理的《北京第三一五热电厂厂志（1977—1987）》，以下简称《厂志》；另一份是2008年新厂搬迁、新机组正式投产运行后组织编写的《京华热电有限公司史志》，尚未定稿，我们拿到的是经公司领导审阅之后的第三稿，以下简称《公司史志》。

表3-2　　　　京华电厂典型年份职工人数及岗位构成　　　　单位：人

年份	合计	管理人员	工程技术人员	工人	服务人员	其他
1977	368	30	20	285	33	—
1980	721	57	24	565	69	6
1987	1251	88	55	890	143	75
1993	1020	92	41	652	137	98
1996	1078	63	100	695	160	60
2000	996	82	123	702	89	—
2005	870	146	187	462	75	—
2006	838	174	136	477	51	—

资料来源：京华电厂《公司史志》。

注：所谓典型年份，指的是与厂里历史发展的阶段性历史重合的时间点，如1977年开工建设；1980年全部机组建成投产；1987年建厂十周年；1993年"三改"；2000年厂网分离；2005年改为公司化运营。

第二节　1977—1999年：传统体制下的京华电厂

一　兴建京华电厂的初衷

中华人民共和国成立初期，北京建有好几个热电厂，基本上能够满足当时首都的用电和取暖需求。到了20世纪70年代，随着经济社会的逐步发展，北京部分地区出现较为严重的缺电局面，并造成中心区和西部地区供热热源不足的现象。为了缓解这种能源紧缺的状况，新建热电项目的决策，摆上中央和北京市政府的议程。

同时，在优先发展重工业的战略决策的带动下，首都掀起

第三章 京华电厂：一个"单位"的民族志

了重工业化的热潮。在这个背景下，一大批高能耗、高污染的生产单位，如首都钢铁厂，应运而生。与众多重工业同时兴建的，还有处理能力达到百万级别的新华炼油厂。由于当时炼化技术的限制，新华炼油厂产生的大量重油和渣油，还含有很高的燃烧热值。承接和处理这部分渣油，也成为新建电厂项目考虑的一个主要因素之一。当然，还有一个历史事实是，经过艰苦奋斗，中国发现了好几处大型油田，一举甩掉了"贫油国"的帽子，当时国内的石油，基本实现了自给。所以，新建电源项目都优先考虑燃油机组。①

在这个背景下，京华电厂的筹建于1973年立项，1977年年初破土动工建设，经过一年多的时间，第一台30兆瓦的机组②就并网发电。之后，又经过三年多的艰苦施工，全部4台机组建成投产，总装机容量4×30兆瓦，即总发电容量为200兆瓦，供热能力320Gcal/h（1340GJ/h），总投资1.3亿元，成为当时北京地区最大的大型热电联产企业之一。

随着首都国民经济的发展，对采暖供热的需求日益增大。为缓解供需矛盾，1986年由北京市投资增建3台尖峰热水锅炉。投入尖峰炉后，可将供热水温度提高，在供水流量不变的情况下，通过提高供水温差的办法提高供热量。3台热水炉全部采用苏联多罗戈布什锅炉制造厂生产的型号为 KB-TM（100 - 150）燃油型热水锅炉，每台锅炉供热量为 418.68GJ/h

---

① 没想到的是，仅仅过了若干年，石油危机爆发，之后石油的价格不断攀升，石油在短时间内成了稀缺资源，那一批上马的燃油机组因此叫苦不迭，经营效益也逐渐下降，以致远远落后燃煤机组，成了发电行业效益最差的一种技术。当然，这是后话。

② 上海电机厂生产。

(100Gcal/h)。这3台热水锅炉的投入使用,使得京华电厂的供热能力增加近一倍。经过两年建设,到1988年,3台尖峰热水锅炉全部建成并投入运行,供热用户建筑面积增加至近1000万平方米。

二 老厂的组织机构沿革

建厂初期,老厂还只是京华热电总厂下面的一个电站筹建处,故组织机构的设置相对来说还比较简单。依照社会主义工厂管理的惯例,除了经营管理系,还有一套党委的管理系统(见图3-1和图3-2)。

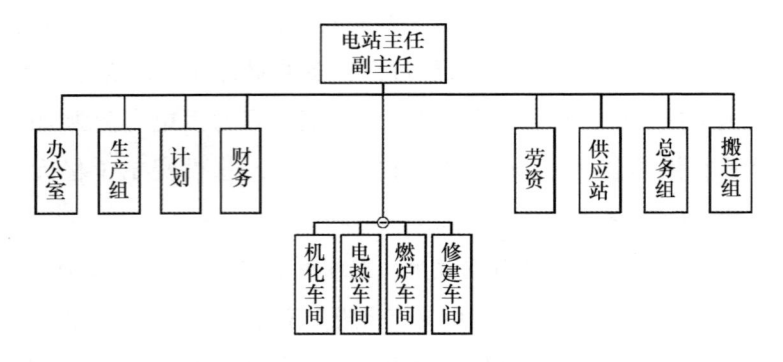

图3-1　1977年行政组织结构示意

到了建厂十周年的1987年,在组织归属上,京华电厂已经相对独立,成为京华热电总厂下属的一个生产车间,因此,在管理职能和组织结构的设计上更趋完善(见图3-3和图3-4)。

通过图3-1至图3-4可以看到,在职能设计上,京华电厂的组织结构经历了从临时性电站筹建处的不完善,到独立成

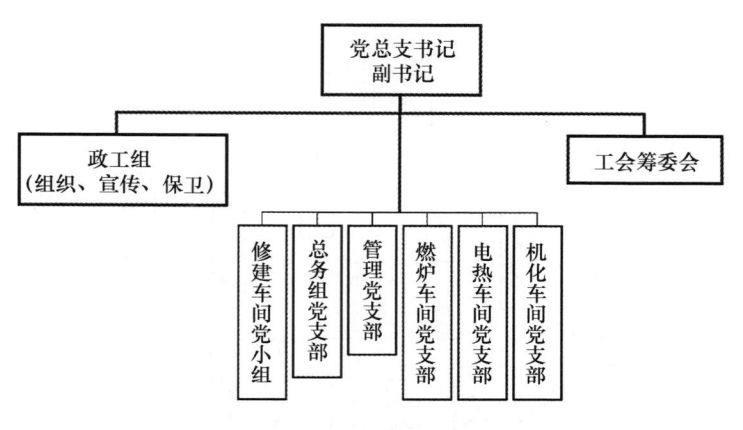

第三章 京华电厂：一个"单位"的民族志

图 3-2　1977 年党委系统组织结构示意

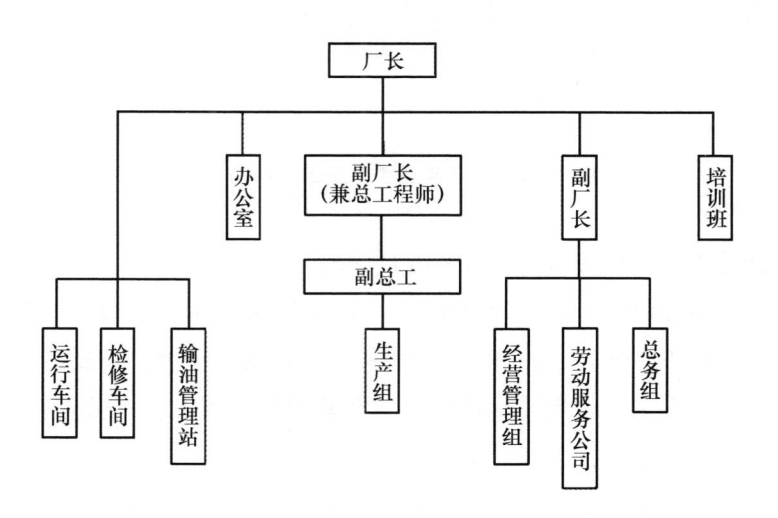

图 3-3　1987 年行政组织结构示意

为一个分厂之后的相对完善。相比之下，党委系统的变化更为明显，从原先以基层党小组和党支部为主，到了后来的纪检、工会、团委和武装保卫，以及更加完善的基层党组织，可以看

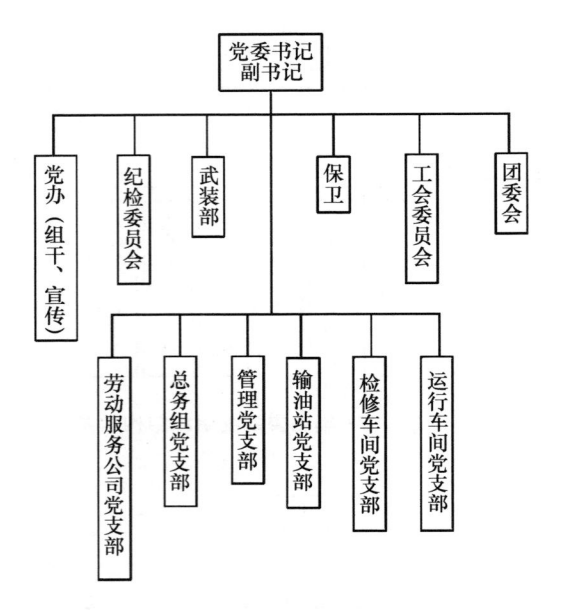

```
                    ┌──────────┐
                    │ 党委书记  │
                    │ 副书记    │
                    └────┬─────┘
    ┌────────┬──────┬────┼────┬────────┬──────┐
  党办    纪检   武装   保卫  工会     团委
 (组干、 委员会  部          委员会   会
  宣传)
    │
    ├────────┬──────┬──────┬──────┬──────┐
  劳动     总务   管理   输油   检修   运行
  服务     组党   党支   站党   车间   车间
  公司     支部   部     支部   党支   党支
  党支                          部     部
  部
```

图 3-4　1987 年党委系统组织结构示意

出党对工厂的控制越来越系统且规范。

到 20 世纪 90 年代中期，按照国家"破三铁"① 和"三改一加强"② 要求，京华电厂对机构设置进行了调整，调整后的职能部门有办公室、生产科、安全监察科、财务科、劳资科、

---

①　所谓"破三铁"，就是以打破"铁饭碗""铁工资"和"铁交椅"为中心的企业劳动、工资和人事制度的改革热潮。

②　所谓"三改一加强"，是对国务院办公厅转发国家经贸委《关于深化企业改革搞好国有大中型企业的意见的通知》文件精神的高度概括，即要把国有企业改革同改组、改造、加强管理结合起来，具体包括建立现代企业制度，对国有企业实施战略性改组；采取改组、联合、兼并、租赁、承包经营和股份合作制、出售等形式，加快放开搞活国有小企业的步伐；加强科学管理，建立决策、执行和监督体系，形成有效的激励和制约机制；建设好企业领导班子，发挥企业党组织的政治核心作用等十一项内容。

武保科、供应科、行政科、培训中心、多种经营办公室、科学技术协会；党群机构有党委办公室、团委和工会；厂部下设三大车间，即运行车间、检修车间、输油管理站；另设劳动服务公司。此外，为了分流冗员，还建立多个多种经营公司，对外承揽工程和项目。在这之后，一直到2000年以前，组织机构基本维持不变。

三 政治学习

根据《公司史志》里"大事记"和"党群工作"部分的记载，京华电厂历来重视对职工的思想政治教育，除了党支部的定期政治学习，还经常不定期地组织全厂职工，结合时事政治，进行全民学习。例如，我们在《公司史志》的"党群工作"部分看到了如下内容：

> 1976年10月粉碎"四人帮"以后，厂里党委坚持思想上的"拨乱反正"，以党的十一届三中全会精神为指导，抓好党员干部的教育工作。如1977年组织学习《毛泽东选集》和揭批"四人帮"有关文件，组织党员、职工去毛主席纪念堂瞻仰毛主席遗容；1978年和1979年对党员进行了"实践是检验真理的唯一标准"和十一届三中全会路线、方针、政策的教育；1980年组织党员学习《关于党内政治生活的若干准则》和邓小平同志的《目前的形势和任务》，进行党的民主集中制和组织纪律性教育；1981年举办了三期党员轮训班，学习《关于建国以来党的若干历史问题的决议》，并在中层干部中开展"为人民服务，为人民负责"教育活动。

可见，该厂党委对政治学习十分重视，把它作为日常工作的一个重要内容来抓。除了这种常规性的思想政治教育，在1999年之前，该厂还组织过几次大规模的政治学习活动。

第一次是1983年，党的十二大召开，厂党委结合会议内容和《国营企业职工思想政治工作纲要（试行）》精神，在该年1—9月，对全厂35岁以下青年职工进行了以"三热爱"为中心内容的祖国历史（重点是现代史）脱产政治轮训，全厂617名青年职工参加了学习，应训率100%。

第二次是1985年，根据中共北京市委统一布置，分期分批对35岁以下青年职工进行了以"改革与建设有中国特色的社会主义"为主要内容的脱产轮训。全厂627名青年职工参加了学习，占全体职工的2/3。

第三次是1987年，对全厂35岁以下青年职工进行"社会发展史"和"坚持四项基本原则，反对资产阶级自由化"政治教育，历时两年，培训青工700余人。

此外，京华电厂的职工还多次参与了首都重大政治活动，如维护社会治安、参加国庆群众游行等。

前文提到，意识形态控制和仪式性政治是"单位"的一个重要特征。从上面的介绍可以看到，有时候，政治任务甚至可以超越经营生产，成为企业的头等大事，要不然，京华电厂就不会下这么大的力气，组织几乎全部职工进行脱产培训了。

其实，该厂的企业宗旨和管理口号就可以说明一切。在老厂北门广场，一进大门，就能看见正门口办公大楼的白墙上，镌刻着集团公司一位老领导的题词：讲政治，服务首都，奉献社会；求生存，拓展市场，惠及职工。如果简单地做一个二分类比，把前半句看作组织的制度化和合法性标准，后半句则是技术性和效率的追求，那么，在京华电厂，合法性、制度化和仪式政治的要求是第一位的，经营业绩和生产效率反而被排在后面。

四 薪酬分配

自 1977 年建厂以来，京华电厂一直执行十级工资标准，①此外，还根据工种有所区分：工人绝大部分实行电力生产工人工资标准，技职人员绝大部分实行电力企业技职人员工资标准。

1. 历年工资水平调整状况

1985 年 7 月进行工资改革②后，该厂按照水电部、电管局、总厂制定的工资改革方案中新的工资标准，执行六类工资区分标准：干部最高 270 元，最低 37 元；工人最高 111 元，最低 37 元，并以岗位把运行人员的等级工资在 8 级以上延长 3 个等级。1987 年起，对职工实行了效益工资制。1993 年 12 月进行了工资改革，以岗位技能工资为主的结构工资制替代了原有的效益工资制。经历次调整后，职工收入大幅度提高，其整体工资水平，在当时的北京市处于中等偏上的位置。具体情况

---

① 1955 年 8 月，国务院发布了《关于国家机关工作人员全部实行工资制和改行货币工资制的命令》，实行 30 级的工资制，最高 560 元，最低 18 元。1956 年，为缩小最高工资与最低工资的差距，党中央、国务院进行了第 1 次工资改革，到 1960 年 10 月，先后 3 次降低领导干部的工资，调整后的工资差距开始缩小。1960 年的工资标准一直延续到 1985 年。按照国家规定的 30 级工资标准，京华电厂的工资级别从最低到最高，一共为 10 级，故称十级工资制。

② 1985 年 11 月 13 日，北京市人民政府转发了市工资制度改革领导小组拟定的《关于北京市国营企业内部工资制度改革的实施办法》和《北京市集体所有制企业内部工资制度改革的意见》，对全民所有制的大、中、小型企业，及其附属的学校、医院、科研等事业单位进行工资制度改革。

如表 3-3 所示。

表 3-3　典型年份调整百分比和工资调整特点

时间	百分比（%）	工资调整特点
1977 年 10 月	40	对低工资人员表现好的升级
1978 年 10 月	20	给有贡献的职工升级
1979 年 11 月	40	对生产工作成绩优异、贡献较大、工资偏低的部分人员升级
1981 年 4 月	—	对夜校*、医务室、托儿所人员升级
1983 年 5 月	—	将 1977 年、1979 年升级人员未长满级差人员补满级差
1983 年 10 月	—	改革企业内部工资关系，实行"两挂钩""一浮动"，同企业经济效益相结合，并根据劳动态度、技术高低、贡献大小普调工资，804 人升级，其中 65 人较多增资
1984 年 4 月	2	根据 1983 年、1984 年各有 1% 晋级指标，厂长行使权利，对有特殊贡献职工晋级
1984 年 11 月	40	该厂自费升级，按上级分配指标进行浮动升级，共有 333 人浮动升级
1985 年 3 月	40	按 1984 年浮动升级精神，又有 494 人升级
1985 年 7 月	—	根据水电部、电管局、总厂有关工资改革方案进行工资改革，该厂有 936 人套改，其中有 913 人升级；并将 1984 年、1985 年浮动工资按有关规定改为固定奖金
1986 年 1 月	25	此次调资是工资改革的继续，主要解决工资套改中难以解决的一些突出矛盾，对个别生产、工作骨干矛盾突出的可升 1 级，这次有 514 人升了级
1986 年 8 月	8	将 1984 年剩余的 2% 和 1985 年、1986 年的 5.3% 晋级指标合并使用，给有特殊贡献的职工升级，这次有 169 人升了半级
1986 年 10 月	—	根据京华电管局文件精神，对在生产、工作中成绩突出的职工择优升半级固定级，其余按有关条件可升半级浮动级。这次有 239 人升固定级，有 957 人升浮动级

第三章 京华电厂：一个"单位"的民族志

续表

时间	百分比（%）	工资调整特点
1993年5月	96	根据京华电力联合公司电联劳字〔1993〕18号文件，从1993年1月起，工资进行一次升级（增加一级）
1993年12月	95	效益工资全部转为固定工资
1994年6月	—	根据京热总劳〔1994〕106号文件，调整岗位工资、工龄工资标准及建立运龄工资标准。岗位工资基础由原来32元提高到80元，执行标准一级工资起点为90元，级差由原来8元提高到10元。运行人员级差由原来9元、10元提高到12元、14元、16元，一级岗位工资起点为92元，运龄工资在4年以上每年3元/月
1995年1月	96	根据京华电管局文件精神，除了吃劳保人员、新进学生，其余职工技能工资（原基本工资）升级
1995年10月	—	根据京华热电总厂岗位工资调标实施细则及建立浮动工资制度实施细则的通知，自1995年7月1日建立浮动工资，标准为工龄每满一年2元/月（限于工龄在11年及以上职工），原效益工资取消，其中共享工资并入浮动工资。岗位工资标准一级工资起点由90元提高到120元，级差10元。运行人员一级岗位工资起点由92元提高到122元，级差为12元、14元
1996年1月	97	根据京热劳〔1996〕24号关于技能工资调整标准的补充通知，除吃劳保人员、新进学生，其余职工技能工资升级
1999年12月	90	岗位工资标准一级工资提高到200元，级差调整为30元，运行人员级差调整为40元

资料来源：笔者自制。

注：＊当时电管局自己办了一个电力行业的夜校，为本系统内部的职工提供进修和培训。

2. 软预算约束

前面提到，从建厂以来，京华电厂就一直处于政策性亏损状态，直到 2007 年才扭亏为盈。最艰难的几年，一年的亏损额就达到近两亿元。有几年燃料价格上涨很快，电价和热价又基本维持不变，由此导致了一个非常有意思的现象：只有减少生产，才能"盈利"，也就是不亏损。但是，如前所述，作为一个政治性如此之强的企业，再亏损，也要保证能源的供应，因此厂里只能硬着头皮，坚持生产。当时职工里流传着一个说法，就是"一天烧掉一辆大奔"。①

但是，这里我们会发现一个很有意思的现象，就是尽管企业整体处于严重亏损的状态，但职工的工资还是不断往上涨。在该厂职工看来，这就是"电力口"的好处，收入不会受企业经营效益的直接影响，亏损了也能发工资，属于旱涝保收。当然，这是通俗的说法。学界对此也有相应的分析和解释，其中最为著名的，就是科尔奈的"预算软约束"概念。② 当然，国家在这方面也进行过改革，1983 年的第一次工资改革，以及 1993 年的"破三铁"就是这方面的一个举措，但由于触及大部分国企职工的利益，效益工资方案最终不了了之，最后又改回到原来的固定岗位工资（见表 3-3）。

---

① 意思是，厂里每天消耗掉的燃料，价值 100 多万元，够买一辆奔驰轿车了。2000 年以后，情况变得更为严峻。一天烧掉的大奔，不是一辆，而是好几辆。

② Kornai Janos, "Resource-constrained Versus Demand-constrained Systems", *Econometrica*, 47 (4), 1979: 801-819; Kornai Janos, *Economics of Shortage*, Amsterdam: North-Holland, 1980; Kornai Janos, "The Soft Budget Constraint", *Kyklos*, 39 (1), 1986: 3-30.

第三章 京华电厂：一个"单位"的民族志

3. 岗位工资与年功序列

所谓的固定岗位工资，简单地说，就是工资收入取决于你的岗位级别，与你日常工作的实际表现并不直接挂钩。而岗级是通过技术考核、年度考评、工龄和平时的表现来评定的。这与日本企业实行的年功序列有点类似。一般情况下，新进厂的职工工龄短，技术水平也低，因此岗位级别都不高。而有几十年工龄的老工人，就算技术差，但因为工龄长，岗位也能提到很高，所以，工资自然比新进来的大学生高。这也是下面要说的收入内部分化的一个方面。

4. 企业内部的收入分配结构

除了从全厂整体工资水平的层面来考察，我们还特别关注企业内部的收入分配结构。不管是从厂里财务部门的统计报表，还是职工自己的口述来看，1999年以前，京华电厂的收入分配相对还是比较公平的。一个很好的例子是，有部分职工的收入，甚至可以超过厂领导。直到1999年，运行车间一线工人（如值长）①的工资是全厂最高的。原因是多方面的，一是一线工人确实比较辛苦，三班倒，经常要加夜班，而且工作又累又脏，管理严格，责任又十分重大；二是与厂里的管理决策相关，在传统体制时期，厂里在工资收入上，一直向运行和维护的一线工人倾斜。比如，在岗位级别工资起点和级差上，运行人员均高于一般职工（见表3-3）。需要提前说明的是，这种情况在2000年以后发生了很大的变化。

5. 奖金的发展历史

除了工资，薪酬收入的一个重要组成部分，就是奖金。

---

① 关于生产管理、轮值制度和劳动纪律，详见第五章。

1978年第四季度，根据国务院有关文件精神，京华电厂开始实行经常性奖励制度，当时的职工奖金随企业经济效益浮动。1982年，为提高经济运行水平和工效，厂里制定了"开展单项生产竞赛有奖办法"实行月度考核、按季发奖的综合奖励办法。1987年，对综合奖发放办法进行了修改，决定从1988年1月起将专业性不强的一次性奖金和综合性奖金绑在一起，改月奖季发为月奖月发。1992年，为了进一步规范奖金的发放，制定了奖金考核办法，对违反规定的行为进行考核扣奖。奖金发放额是逐年增加的。1979年发放奖金83030元，人均138元；1987年发放765510元，人均718元。

可见，奖励的力度还是比较大的。根据表3-3对1994年工资调整情况的介绍，以基础岗位工资32元、级差8元为例，往上加5级，则岗位级别为中等的职工一个月的工资是72元，一年总共864元。而以人均奖金计算，能拿到718元，几乎相当于10个月的工资。

奖金的分配也是向一线生产部门倾斜的。比如，1983年5月至1986年8月，运行车间的奖金考核办法分两个层次进行：先是车间对运行各值，① 然后是班组对个人。1986年8月，每个专业增设了副主任，考核办法改为四个层次，分别是车间、各专业、班组和个人。具体的奖金分配系数如下：

值长1.6，车间干部1.35，运行岗位各班长1.4，化燃运行1.3，电主值、司机、司炉1.3，副司机、副司炉、电副主值1.2，机炉附属岗位值班员、电副职1.0，机电

---

① 关于生产管理、轮值制度和劳动纪律，详见第五章。

第三章 京华电厂：一个"单位"的民族志

炉能在三个附属岗位值班的值班员 1.1，入厂半年尚未值班人员 0.5，照顾人员 0.3，白班的班组长、工程技术人员 1.2，其他岗位调入人员一年之内 1.0，学习人员享受奖金后一年之内 0.9。

（见《厂志》第 84 页关于"车间管理"的介绍）

以上系数，是根据岗位的工作性质、责任和劳动强度来确定的。一个总的原则，是多劳多得。例如，值长是一线运行最为重要的一个岗位，不但要精通各个专业，① 而且要求具备出色的问题解决能力，发现故障，能够排查原因，及时消（除）缺（陷）。因此，在传统体制时期，值长（一个 4 人）是全场岗位级别最高、收入最多的一个岗位。

五 津贴和福利

1. 津贴

京华电厂的工资管理标准里把津贴作为劳动工资的补充形式。建厂以来，根据国家政策规定，按原电管局和总厂要求，共发放九种津贴：①冬季取暖津贴；②交通补助费；③洗理津贴；④回民伙食津贴；⑤夜餐津贴；⑥岗位津贴，1984 年 12 月对生产第一线运行工人实行"月度运行岗位津贴"；⑦副食补贴，根据国家有关政策对职工实行副食补贴；⑧远郊工作补贴，对输油站职工发放远郊工作补贴；⑨保健津贴，对从事有毒、有害、高温、矽尘、放射线等岗位人员实行保健津贴。

---

① 比如燃机、电气、化学、锅炉等，精通一门容易，样样都懂很难。

以上九种津贴的发放呈逐年增长态势。1987年共发194540元，平均每月发16212元，占月标准工资总额170419元的9.5%。

在我们看来，上述津贴有很多都属于福利的范畴。比如，洗理津贴，原先是考虑到一线生产工人整天与机器打交道，日益沾染油污，因此发一些洗涤用品，如香皂、洗发水、洗衣粉之类的，后来扩大到全厂。每年发两次，量很大，"自己家根本用不完，把我爸妈、岳父母家一年的洗涤用品，全包了"。再有，作为一家供热企业，职工的冬季取暖是免费的。平时家里用电，价格也比一般的民用电要便宜一半左右。还有副食津贴，就是大米、面、食用油，直到现在还有，一年发四次，一次100斤大米/面，外加两桶油。基本上，这些都不用自己掏钱上外面去买了。这些，都是看得见的好处，尽管厂里有些领导和职工不认为这是一种福利。

2. 福利待遇

除了津贴，全厂职工还可以享受到各种形式的福利待遇。如免费的食堂，1979年，在老厂区西北角，建成了正式的员工食堂。食堂建立了完善的管理制度和卫生制度。食堂为员工准备了各色主食、荤素菜肴、凉菜小吃等。还为上夜班的员工准备了夜餐。

还有住房，单身的职工可以免费住在单位的单身宿舍里。单身宿舍楼建于1978年，在老厂办公楼西侧。1987年，单身宿舍实行了公寓式管理。房间内的设施实行标准化，床铺、卧具、更衣柜等由公司统一购置，统一管理。重新修订了单宿管理制度，管理人员培训后上岗。已婚的，或者工龄较长的职工，则由厂里分配住房。虽然限于各种条件，住房条件并不是

第三章 京华电厂：一个"单位"的民族志

很好，但基本上也都是免费的，只是象征性地收一些租金。①

为解决职工子女入托问题，随着发电设备逐步投入运行，厂里于1978年建立幼儿园。随着入托的员工子女增加，1981年在老厂居民区东里#6楼西侧新建了一座两层楼的正规幼儿园，其建筑面积1000平方米以上，占地面积3500平方米，使得该厂职工子女100%入托。关于幼儿园最近的发展，《公司史志》如是说：

> 近年来，员工子女中适龄儿童减少，② 入托儿童也逐步递减。随着改革的深入，幼儿园逐步面向社会，招收社会儿童，幼儿园也在由福利型向经营型发展。

可见，厂里也认为幼儿园是职工享受的一项福利待遇。此外，《公司史志》中把外面和外面的生源称为"社会"和"社会儿童"，与职工平时提到外面的事情说是"社会上"的一样，带有很浓厚的"单位意识"。

厂里还有自己的浴室，建厂初期是一个临时浴室。后来，建设办公楼等设施的同时，在单身宿舍楼南侧建设了员工浴室，1979年投入使用。员工浴室由物业公司管理，主要是为本公司员工服务。除了解决员工的洗澡问题，还考虑到了员工的家属，每年定量发售一定量的优惠澡票，象征性地收一些钱。

另外，厂里还在员工食堂的二层建立了一个活动室，原来

---

① 关于历年住房分配的情况，第六章有非常详细的介绍。
② 前面提到，厂里职工的平均年龄48岁，子女基本都已经长大成人了。

每个星期组织舞会，或者播放电影，一到年终，还会组织元旦和春节晚会，丰富职工的精神文化生活。

六 社会保障

作为"体制内"的国有垄断企业，京华电厂的社会保障是很齐全的，可以概括为"五险二金"。具体包括：①基本养老保险；②医疗保险；③失业保险；④工伤保险；⑤生育保险；⑥住房公积金；① 外加一份私营企业和外资公司没有的⑦企业年金。

与一般的单位相比，京华电厂的社会保障算是比较全面的了。有些企业，直到最近几年，才勉强给职工上"三险一金"，而京华电厂的职工很早就享受到了这些待遇。比如，企业年金的概念，对于很多单位来说，往往是2000年以后的事，但早在1993年，京华电厂就跟着电力行业的整体步伐，开始实行企业补充养老保险和个人储蓄性养老保险，可以说是超标准、提前享受。此外，作为一家垄断行业的国有企业，职工一般不存在被开除和失业一说，但企业还是给职工缴纳了失业保险。

不仅门类齐全，京华电厂的社会保障水平也相对较高。例如2000年，基本养老保险的缴费率，企业方面为职工工资总额的20%，职工个人缴费率为本人工资的8%。

第三节 2000年以后：市场转型中的京华电厂

到了1999年年中，各项改革的力度加大，京华电厂这才

---

① 住房公积金直到1996年1月才建立，之前都是实物分房。

像一艘生锈老笨的巨大轮船，开始不那么情愿地，跟着国家的宏观政策，一步步往前挪动。

一 体制改革

1. 厂网分离

根据政府国有企业改革，以及电力行业格局大调整的步伐，1999 年 5 月，京华电厂从原总厂脱离出来，被划归华北电力集团公司管辖。需要交代一下的是，原总厂的上级主管单位，是北京电管局，该局下属的单位，不仅有像总厂和京华电厂这样的电力生产单位，还有北京电网那样的电力调度和销售部门。因此，这次划到华北电力集团公司，被视为是一个里程碑式的改革，此后，作为生产单位的电厂和作为销售单位的电网，实现了"厂网分离"。

应该说，"厂网分离"是国家对电力行业格局调整的一个大举措，对于打破地区垄断，引进市场竞争机制，具有不可忽视的重大影响。

2. 建立现代企业制度

"厂网分离"之后仅仅不到 4 年，2002 年年底，国家再次对电力行业进行了一次大的格局调整，这次调整的力度更大，被视为"削藩废侯"式的改革。调整之后，原有的行业格局被重新切割，形成现在为人们广泛所知的五大电力集团。根据原能源部的统一安排，京华电厂被划归到其中的一个，这里称之为京华电力集团公司，简称"京华集团"。

2004 年 12 月 15 日，京华电厂改制为京华集团下属的一个全资独立公司，成为独立经营核算的法人单位，更名为京华热电有限公司，并成立了董事会和监事会，开始向着建立现代企业制度的目标而努力。

二 燃气热电工程和新厂异地搬迁

　　划归京华集团管理之后,京华电厂迈上了一个快速发展的新阶段。作为集团公司为数不多的在京单位,①京华电厂是集团公司在首都的窗口。为此,集团公司的领导十分重视该厂的发展。为了彻底改变京华电厂由于热价、电价低于成本价造成的政策性亏损局面,实现企业新的可持续发展,2003年年初,集团公司开始组织专家设计、论证京华电厂"油改气"②的改建规划。京华电厂也抓住这个发展契机,于2005年年初制定了"2357"发展战略计划,即自2004年起,"两年大变样、三年不再亏、五年投新机、七年创一流"。在经历了"就地扩建"到"异地改建"的种种波折之后,改建项目终于在公司领导"千言万语、千方百计、千辛万苦"这"三千精神"的努力下,于2005年年底获得北京市发改委的立项批复,并确定为2008年北京奥运会重点配套工程。

　　2006年年初,新厂开工建设。经过一年多的紧张施工,2007年4月,工程基本完工。建成后的新厂采用两套西门子公司生产的SGT5-2000E(V94.2)型燃气—蒸汽联合循环热电联产机组,每套机组发电容量为254兆瓦。其中,与之配套的蒸汽轮机型号为LZC 8.10-7.78/0.65/0.15,燃气轮发电机型号为QF-180-2,蒸汽轮发电机型号为QF-100-2,均采用上海电气集团制造。余热锅炉采用武汉锅炉股份有限公司制

---

① 另外有一个水库发电站和若干工程建设单位。
② 即把燃料由原来的重油,改为清洁的天然气。

造的设备。新的机组投产以后,发电容量为 500 兆瓦,供热能力 2260GJ/h,最大供热面积可达 1200 万平方米。新机组的投产和厂区的异地搬迁,给京华电厂带来了一个全新的开始。

三 技术革新

新厂采用的都是新的设备,较之以前,自动化程度得到了极大的提高。老厂采用的都是 20 世纪七八十年代的陈旧设备,到处都是裸露的管线和机器零部件,每一个环节,都需要配备专门的技术工人进行管理和操作。文字不够形象,我们用两张图片来呈现老厂的设备落后状况。图 3-5 中右侧一排 4 台是发电机;中间的一排 4 台是发电机组,从外表看,集成程度还算比较高。图 3-6 是与之相关的一些配套设备。相比之下,新厂的设备则显得紧凑、整洁(见图 3-7 至图 3-10),光从外表,外行人也能看出生产技术的变化之大。

图 3-5 老厂主机房

(2008 年 5 月 16 日,笔者摄于东华电厂老厂区)

图 3-6　老厂#1—4 发电机出线

（2008 年 5 月 16 日，笔者摄于东华电厂老厂区）

图 3-7　新厂汽轮发电机组

（2008 年 12 月，笔者摄于京华电厂新厂区）

图 3-8 新厂化学处理设备

（2008 年 12 月，笔者摄于京华电厂新厂区）

图 3-9 新厂主控机房

（2008 年 12 月，笔者摄于京华电厂新厂区）

图 3-10　新厂模拟鸟瞰

(2008年12月，笔者摄于京华电厂新厂区)

四　人员安置

设备更新和技术升级必然带来生产工艺和流程的变化,[①]对于企业的经营和管理来说，最大的影响，就是人员安置上的调整。

老厂的定员是800人，富余200多人，为此，厂领导投入了很大的时间和精力来开展多种经营，对外寻找项目，来安置富余职工。新厂投产后，设计定员只有200人，与老厂的规模差距太大。怎么办？2006年年底，集团新调了一个领导过来，任京华电厂的总经理。据说这个田经理"身在曹营心在汉"，一门心思想往集团走。为了做出点业绩，他决定借着这次新老

---

① 关于生产工艺的具体变化，第五章有更为详细的介绍。

第三章 京华电厂：一个"单位"的民族志

厂转换的契机，在人员分流上做点文章。

一开始，他召开公司领导会议，不顾其他领导（大部分都是厂里的"老人"）的反对，一意孤行，要搞竞聘上岗，新厂的定员 200 人不能增加。其中技能考试占 60%，综合素质占 40%。为了饭碗，职工拼命复习电气知识，摸索新燃机的生产原理。经过考试，刷掉了一大批人。综合素质通过面试来决定，为此专门成立了一个面试组，为了防止厂内的人互相包庇，还从外面聘请了若干人力资源专家加入面试评议小组。最后根据两项考核的得分按比例加总，进行总分的排名，得出 200 人的名单。这么一来，大部分年纪比较大的职工都面临下岗分流的风险。

考试结束，一切就等新厂建成投产了，事情发生了戏剧性的变化。不知为何，该老总去往集团的升迁之路断了。也就是说，他还必须在京华电厂待着，等待新的机会。如此一来，如果还按照考试的结果来确定新厂的人员编制，那他就会面临来自厂内的巨大阻力。于是，他找了个借口，以"稳定职工队伍、妥善解决冗员安置"为由，把定员规模放宽到了 600 人。这样，老厂大部分职工都转移到了新厂，剩下的约 200 人，一部分交给综合产业和京华电力公司去消化，另一部分，则借助"安居工程"①项目，在未来几年里，由公司牵头，建一个商场来安置。

现在，京华电厂的职工队伍基本稳定，每年新招的大学毕业生不超过 5 个，比当年退休的人数少很多。厂里希望用自然淘汰的方法，慢慢地解决冗员问题。

---

① 详见第六章。

五 组织结构

从表 3-2 可以看出，在职工人数和岗位类型的构成上，管理人员的数量迅速增加，从建厂初始占职工总数的不到 9%，① 到 2006 年的 20.8%；相反，工人所占的比例却从一开始的 77.4%下降到 2006 年的 56.9%。反映在现在公司的组织结构上，就是部门众多，层层叠加（见图 3-11）。

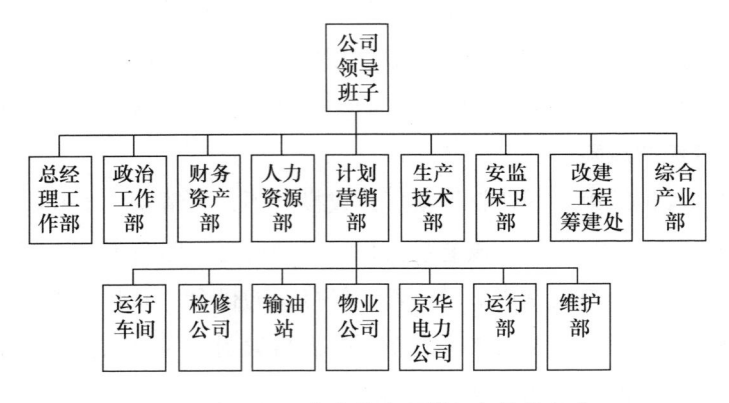

```
                          公司
                         领导
                         班子
    ┌──────┬──────┬──────┬──────┼──────┬──────┬──────┐
  总经   政治   财务   人力   计划   生产   安监   改建   综合
  理工   工作   资产   资源   营销   技术   保卫   工程   产业
  作部    部    部    部    部    部    部   筹建处   部
              ┌──────┬──────┬──────┼──────┬──────┐
             运行   检修   输油   物业   京华   运行   维护
             车间   公司   站    公司   电力   部    部
                                        公司
```

图 3-11 2008 年京华电厂的组织结构示意

注：2009 年，为了开拓新的发展空间，公司决定在北京西北郊新建一个燃气电厂，改建工程筹建处由此更名为新能源项目筹建处；另外，增加了一个企业管理部。

实际情况远比图 3-11 描述的要复杂。比如，运行车间和

---

① 如果说，在组织结构上，1977 年的北京第三一五热电厂，还只是北京热电总厂下面的一个新电厂筹建处，所以管理职能相对单一。那么到 1980 年，全部机组建成投产，北京第三一五热电厂正式成立，职能部门基本健全，这个比例也只有 7.9%。到 1987 年，全厂职工规模最大的时候，管理人员所占的比例反而下降到 7.0%。

运行部，都是负责机组运行的，但前者是对外承包机组代理运行的，后者才是负责厂内自己两台机组的运行的实际职能部门。检修公司和维护部之间的关系也类似，都是厂里为了分流人员，对外承揽项目，安置一线多余的职工而设置的。另外，综合产业部、京华电力公司、物业公司等，都是适应人员分流，对内和对外承包项目的实体部门。在图3-11中，运行部和维护部均归计划营销部下属，但实际上，这两个部门是公司的核心业务部门，在厂里的地位，如果不能说比计划营销部高，那至少也是平级的。

此外，这是实行公司化经营之后的组织结构和职能部门的设计，其实，很多部门都是"新瓶装旧酒"，如总经理工作部，就是原来的厂长办公室；人力资源部，相当于原来的劳资科；财务资产部，就是会计室。

六 薪酬分配和奖金调整

1. 薪酬分配

下面来看京华电厂内部薪酬分配的变化。在这一点上，一个基本的判断是，工人收入比厂领导高的年代已经一去不复返了。普通工人还是以岗位工资为主，随着时间的推移，岗级会提升，级差也不断拉大，总体上收入水平在上升。表3-4给出了京华电厂在2000年以后的工资调整情况。

截至笔者调研的最近一次工资上调是在2009年年底。效益的提升促使公司做出决定，从2010年开始，全厂每位职工岗位级别升一级，级差，运行的，由原来的95元调整为105元，其他部门，由105元调整为110元。这么一来，从总体来看，每人每个月能增加 200 元左右的收入。①

表 3–4　　　　　　　2000 年以后工资调整情况

时间	百分比（%）	工资调整特点
2001 年 11 月	92	根据京华电人〔2001〕106 号文件规定，岗位工资标准一级工资为 210 元，级差调整为 55 元，运行人员级差调整为 60 元。除吃劳保人员、新进学生，其余职工将原共享工资、缴费增资与原技能工资合并，就近就高纳入技能工资标准后再晋升二级工资
2005 年 10 月	90	根据董事会研究决定，岗位工资标准一级工资为 220 元，级差调整为 65 元，运行人员级差调整为 70 元，除吃劳保人员及停薪休长假人员
2006 年 9 月	90	根据董事会研究决定，岗位工资标准一级工资为 230 元，级差调整为 75 元，运行人员级差调整为 80 元；另岗位工资上调一级，除了吃劳保人员及停薪休长假人员

经过上述调整，一个普通管理人员的一年收入为 4 万—5 万元，也就是一个月 4000 元左右。其中扣去各项代缴的费用后，每个月的工资是 2000 元左右（税前），另外，每个月还发两次奖金，每次 1000 元左右（实发，不扣税）。一线生产工人收入相对要高一些，年收入为 5 万元出头一点。这个收入水平，在当时的北京市处于中等偏上位置。与 2000 年之前相比，这个指标基本保持稳定。表 3–5 是该厂总经部一位普

---

① 在宣布这个决定的周例会上，田总指出，"这次工资上调，是让员工享受公司发展成果的一个举措，希望大家回去积极宣传，让每个人不仅要想公司为我做了什么，更要多想想，我为公司做了什么"。

通管理人员的工资单。

表 3-5　　　　　2008 年某月某职工工资单　　　　　单位：元

项目	金额	代　扣　款	
技能工资	326.00	项目	金额
新岗工资	1105.00	养老险	280.88
年功工资	182.00	企业年金	144.33
运龄工资	0.0	住房公积金	421.00
书报费目标奖	33.00	医疗险	73.22
洗理卫生	20.6	失业险	17.56
物　贴	60.0	公司房费	0
房租补贴	75.0	其他	0
托儿补贴	0	合计	936.99
回民补贴	0	—	
夜餐补贴	0	—	
其他补贴	0	—	
病事扣款	0	—	
实发工资	864.61	—	

与 2000 年之前相比，一线工人的工资还是比普通管理人员要高一些。除了向运行一线倾斜，改制后的一个重要变化，是计划营销部门的工作也得到了重视，其工资水平有时候甚至比一线工人还略微高一些。这与公司面临的外部环境的变化是密切相关的。①

与之相比，管理层，是高层厂领导的收入，则可以用

---

① 详见第四章。

"飞涨"来形容。尤其 2008 年以来，主要厂领导的薪酬开始实行年薪制。根据该厂一位党委副书记的介绍，他现在（注：2009 年）的年薪，在 10 万元左右，加上集团公司给的年终奖 5 万元，实际收入是 14.8 万元。这么一来，管理层与普通职工的收入差距，就达到了近四倍。从职工的角度来看，实际差距要比这个数字更大。考虑到其他"隐性福利"，如领导配有专车，油费厂里报销；领导每个月的通信费就五六百元；还有住房、① 医疗、退休后养老的待遇；等等。就实际的工资收入，一个职工是这么描述的：

> 我们普通职工（一年）是四万元多一点，在往五万元靠。中层怎么说也得十来万元，（中层）副职就八九万元。再往上，副总（工程）师是一级，副厂级又是一级，最高是老大。差一级，收入就差一倍。
>
> （任兰，政工部宣传干事，访谈编号：YC091107）

当然，工资改革之后，每个人的实际收入究竟是多少，别人都不知道，只有自己心里清楚。但我们也不能说这个职工的主观感觉不可靠，毕竟大概的差距，人们心里基本上还是有数的。退一步说，即使这种主观认识与实际情况存在偏差，那么我们应该考虑的是，有时候事实怎样是一方面，更重要的往往是人们对这种事实的态度和感知。

2. 奖金调整

体制改革之前，厂里的奖金是按岗位系数来计算月奖。岗

---

① 详见第六章。

第三章 京华电厂：一个"单位"的民族志

位系数的大小，取决于岗位的级别，级别越高，系数越大。比如，一个岗位级别为 0.1，奖金的基数为 1，那么 5 级岗位的系数就是 1.5。如果本月奖金的标准是 800 元，那么 5 级岗位的可以领到 1200 元的奖金。

改革之后，变为按岗位级别和工作态度来分配月奖，并相应提高月奖标准，以此来调动职工立足岗位、争做贡献的工作积极性。这里的工作态度，"重点参考岗位系数和工作业绩"。实际上，岗位级别还是基础，绩效只是一个点缀和辅助。闲时聊天，有一个刚进厂不到两年的职工告诉我们：

> 这与外企没法比。你不知道自己这个月的奖金为什么多，为什么少。有时候拼命加班，月底的工资没见涨。不加班，反而奖金多。所以，你干多了，也看不到领导的肯定，干得少，工资奖金也照发。我现在也有点油了，不像刚来的时候，谁叫我都去。① 累得要死，还没别人整天闲着挣得多。所以，我现在也学会了，你叫我，我也把手头的活忙完了再去。有时候叫了，自己这边一忙，忘了，就干脆不去了。碰到这种情况，一开始他们会再打电话来叫，可我实在分不开身，没去，他们一般也不会再叫第三遍。
>
> （张佳，生技部信息中心网络维护员，访谈编号：YC091107）

---

① 她负责全厂的计算机信息网络技术，厂里大部分职工年纪都比较大，基础差，不懂电脑，常常一有问题就叫她去。

按照上述说法，奖金的绩效激励作用，基本没有达到原先制度设计时的目标。对于职工而言，奖金也是一种工资，只不过是换了个名称而已。

七 内部分化

随着中国的经济体制由再分配的计划指令性模式向以市场为资源配置基本手段的交换性模式转变，居民的阶层意识和阶层认同初步形成，① 结构分化开始成为社会分层模式演变的一个基本趋势。在国有企业内部，经营者与劳动者逐步分化为两个相对独立的利益主体。

有学者指出，当前国有企业内部的劳动关系主体出现等级化的形态，每部分劳动关系主体均隶属于不同的劳动力市场，并且拥有不同的行动逻辑。② 本书的调查基本上印证了上述判断。

根据表3-2显示的，京华电厂的职工可以被分为三类：管理人员、工程技术人员和普通工人。首先，从人数规模的变化上看，前两个群体占职工总数的比例越来越高，尤其是在2000年之后，工人在科层制管理人员和技术官僚的双重夹击下，话语权越来越小，地位也大不如以前。

其次，从上面对薪酬收入的介绍来看，管理层和普通工人之间的收入差距越来越大。这是导致二者形成对立和分化的主要动因之一。收入差距的扩大甚至还影响到普通工人之间的关

---

① 刘精明、李路路：《阶层化：居住空间、生活方式、社会交往与社会认同——我国城镇社会阶层化问题的实证研究》，《社会学研究》2005年第3期。

② 佟新：《国有工业企业简单控制型的劳动关系分析》，《开放时代》2008年第5期。

第三章 京华电厂：一个"单位"的民族志

系。例如，厂里的工会主席告诉我们，现在的一线生产车间里，经常会出现这样的现象：

> 上头下来活了，明明能干，我也不愿意，而是推给旁边的人。你不是比我多拿一个岗位级别嘛，（说明）你能力比我强，你上呗，我不跟你抢（表现机会）。这种现象，在一线车间是比较普遍的。
> （张德广，副厂长兼工会主席，访谈编号：SLH091222）

这个事情虽小，却非常典型，代表了一部分职工对拉大收入差距的反对态度。这与魏昂德提到的积极分子和普通工人对立形成呼应。

最后，加大收入差距引起职工的反感，但职工也不是完全冥顽不化，只想抱着"铁饭碗"、吃"大锅饭"。退休的杜师傅跟我们说：

> 其实现在职工也想得开，领导出去应酬，吃个饭什么的，不会有太多意见。因为他们也明白，现在社会上都这么个规矩，你不跟着走，厂里怎么创收？没有效益，他们的收入也上不去。再说了，当领导容易吗？你有本事你来。
> 你说领导现在的收入高吗？也不见得啊。你看那些上市公司和五百强企业，高管的年薪，动不动就是几百万元、上千万元啊。我们厂的领导收入算低的了，如果考虑他们的付出，其实也对得起这份收入。你看德广，① 工作

---

① 指副厂长兼工会主席张德广。

三十多年来，几乎就没休息过一个完整的双休日。现在落得一身都是病。也不容易。

(杜涛，退休职工，访谈编号：WRM091107)

同样是工会主席，在说了上述故事之后，还跟我们讲了这么一个事：

现在的工人啊，想法确实很复杂。以前他们是企业的主人，现在这地位，你说是什么？所以，我也理解他们。有一次，我没事，就去车间看看。工人原来有说有笑的，一见我去了，立马不说话，散开各自干活去了。我正想发火，一个原来跟我一个班组几十年的老哥们过来，冲我摆摆手，使劲给眼色，把我给压下去了。他把我拉到一边，低声跟我说，你啊，没事就别来了。

后来一次私下里吃饭的时候，他说，其实，班上那点活，职工都干了几十年了，心里头都有数。不用厂里像包工头似的，总跟着后头盯着。我一听，确实也是这个理。所以，有时候，我也劝那些领导，不要有事没事总去车间晃悠，职工不喜欢你。你不去，活也耽误不了。去了，反而误事。

(张德广，副厂长兼工会主席，访谈编号：SLH091222)

按照我们的理解，职工也不完全反对加大收入差距。现在职工反感的，是厂里不把他们当自己人，时时刻刻盯着防着，生怕他们背地里使坏。再有一个，我们将在第五章讨论劳动纪律时将会提到，现在的管理方式，一切跟经济和效益挂钩，动不动就用经济手段来进行制裁或奖励。做得不好，罚钱；做得好，就算我觉得是应该的，你也给我奖励。有时候，钱不是一切。工人更需要的是一种自我奉献之后的满足感和归属感。但不管怎样，现在的管理层和工人之间，确实已经出现了一道不小的裂痕。

此外，京华电厂还存在一个特殊的群体，那就是以工程技术人员为主的"湖南帮"。据厂里的职工说，整个京华集团就是"湖南帮"的天下，因为集团公司的老总就是湖南人。所以，对于京华电厂这样一个首都窗口单位，集团公司自然会考虑布置自己的人。现在的京华电厂，总工程师、生产副厂长、总经济师，都是湖南人。有时候开会的时候都讲方言，不说普通话，让在厂里干了几十年的老北京，心里很是别扭。需要指出的是，厂里的老大田总籍贯也是湖南，因此，管理层和技术人员在本质上，属于一个利益群体。

八　福利待遇和社会保障

上一小节提到，京华电厂的福利待遇名目繁多，几乎覆盖了生活的方方面面。在实习过程中，我经常跟办公室的"同事"算账："油米面、洗涤用品，中午的午饭，上下班的通勤，工作服、羽绒服，衣食住行，几乎面面俱到，你们平时还有哪里需要花钱的地方？也就晚上一顿饭，要自己买点菜而已。盐醋调料，可以用没花完的午餐费到厂里的小卖店买。所以，虽然工资收入一般，但全都可以存到银行里。简单算一下，外面的私企月薪1万元的，日子过得也没你们好。"听了我这话，"同事"往往嘿嘿傻笑，算是默认。

虽然体制改革一直在进行，京华电厂的福利待遇却基本没变，只是有部分改头换面，换了一种形式而已。比如，洗涤用品，原来发那么多，根本用不完，而且众口难调，厂里买的牌子和类型，有些职工又不喜欢。于是，干脆不发了，直接折合成200元，打到工资卡里。结果，有职工回去一算，亏了。因为这200元自己拿去买，不够用了，厂里买是团购，价钱比超市便宜得多。但既然改了，一时半会儿也不会改回去了。

还有，发大米也是。每次厂里都运到新厂，然后让工会通知大家在固定的时间来领。在职的职工还好，下了班，骑车的，自己驮回去。开车的，后备箱里一放。坐班车的也方便。麻烦的，是那些退休的，尤其是上了年纪，又一个人住的。颤颤巍巍的，能到厂里就不错了，百八十斤的大米，还让人家搬回去？打个车吧，不划算。大家反映的意见多了，工会也开始考虑，是不是也干脆直接发钱算了。原来还有全厂范围发羽绒服、皮鞋之类的东西，后来大家说，别发了，太多了，都穿不了。这衣服和鞋，又不是一年两年能穿坏的。于是，后来变成了发不同品牌的购物卡。

还有增加的福利，如通勤车。从老厂的居住区，到新厂上班，自己骑自行车的话，要半个小时左右。为此，厂里买了两辆大巴车，作为职工上下班的通勤班车。

当然，也有一些福利被砍掉了。比如原来有公费旅游，人人有份。不去的话，可以发钱。现在变成只有年终或者七一党内表彰评上优秀，才能参加一次国内旅游。还有电影票也取消了。只是有时候厂里团委会组织集体看电影。有一些则属于没必要了，如浴室。现在住房和生活条件都好了，几乎家家都有热水器，不用再到公共浴室去洗澡了。保留的福利有食堂、幼儿园、取暖、家用电等。

住房是变化比较大的一个福利项目，从原来纯福利的住房分配，到了现在的集资建房，中间的故事十分精彩。① 至于社会保障，名目不变，保障水平得到了很大的提高。

九 仪式政治和生产经营

对比2000年以前，尤其是20世纪80年代，京华电厂对意识形态的强调似乎已经不那么重视了。但是，大规模的全员学习，还是时有发生。例如"三个代表"学习、"科学发展观"学习，以及党员的定期学习制度，都被一以贯之地坚持了下来。

此外，对于政治保电的强调，是厂领导始终挂在嘴边的口号。以前的企业宗旨，变成了现在的企业核心价值观：讲政治，服务首都；重业绩，共谋发展。在口号的表述上，政治任务仍然处在第一位。

不过，对比2000年前后，一个很大的变化是，经营效益和业绩的重要性得到了空前的提升。尤其是2003年新厂长调任之后，为京华电厂引进了强烈的市场意识。全厂职工，至少是管理层，开始转变观点，从以前的"等、靠、要"，变成现在的积极争取、主动出击，包括提出"政策性亏损要靠政策性补贴来弥补""外争政策、内强管理"等，包括前面提到的"三千精神"，都是重视经营业绩、提高企业效益的一个表现。

因此，与以前动不动就放下生产，全厂动员参加政治学习的情况相比，现在的政治学习要求刚性，已经降低了很多。也许，是换成了另一种方式。我们可以从党政一把手之间的关系

---

① 详见第六章。

来略窥一斑。现在的党委书记姓李，是1999年从总厂宣传部调来的。按照厂里党委副书记的介绍：

> 老李这人，什么都好，就是有时候"太软"。有理的时候也不争，我跟他共事快十年了，关系比较好，（所以）有时候我也说他、激他。他总说，要摆正自己的位置，现在的企业，主要精力应该围绕生产经营，放在怎样提高企业效益的目标上。没必要事无巨细，都争个面红耳赤，不是原则性的问题，可以灵活处理。
>
> （陈立志，党委副书记，访谈编号：GHY091228）

其实，按照政府的制度设计，党委参与企业决策是有制度保障的，即所谓的"三重一大"，具体规定的是凡涉及企业的重大决策、重要干部任免、重大项目安排和大额资金使用,[①] 领导班子都要经过公司党委的集体讨论，也就是党政联席会的讨论后，才能做出决策。公司的党政联席会议，只有在涉及上述重大事项的情况下，才会召集。这种会议，笔者没有取得旁听的资格。因此，还需要今后的田野调查来进一步研究。

可见，在保持仪式政治重要性不变的前提下，技术性的效率标准得到了前所未有的强调。这是京华电厂在生产经营上的一个最大变化。关于京华电厂的市场关系和体制转变，我们将

---

① 其实这个"三重一大"的内容涵盖还是很广泛的，例如，行政管理过程中对人、财、物做出的宏观管理上的重要决策、决定；上级重要文件、重要会议精神的贯彻落实及向上级请示报告的重要事项；机构改革、人事制度改革、党风廉政建设、安全稳定、表彰奖惩等重要问题；重要岗位上的人事调整；工作人员的调入和调出；大宗物品采购在5000元以上项目；国有资产的出租出借；等等。

在下一章做详细的介绍。

第四节 一个"单位人"的《脚印》

实习期间与我同办公室的一个"同事",革命老区江西农村人,1994年大学毕业,被分配到京华电厂,从事新闻宣传工作。工作不到两年,就发生了一件让他终生难忘的事故:一个周末,他出门去找同学,路上换乘当时北京一种人称"招手停"的小巴。人多拥挤,没等他完全上车,车就开了,他摔了下来,后脑着地,立刻不省人事。幸好旁边有两位武警战士,在第一时间里把他送到武警北京总队医院,立即进行开颅手术。手术成功了,他却在医院里昏迷了整整26天。其间,在联系其家人未果的情况下,京华电厂的领导和职工们垫付医药费,轮流到医院里照顾他,把他当作自己的家人一样对待。出院后,厂里组织全体职工为他捐款,帮他偿还巨额的医疗费用。重获第二次生命之后,他更加踏实工作、真诚待人,在新闻宣传岗位上,默默无闻,一干就是十几年。其间,单位领导还给他介绍了一个对象,现在育有一女,一家三口,目前虽然还住在半地下室里,却也其乐融融,日子过得安稳踏实。

2008年,他自费出了一本书,取名《脚印:我与京华电厂的故事》,除了他自己比较得意的一些新闻作品,书中收录的大都是他平时的一些随笔和生活感悟。在书的扉页上,他写下了这样一段话:

感恩的心——
感谢厂里的领导和同事,感谢第一个搭救我的两名人

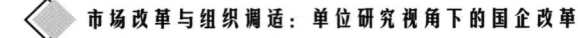

民子弟兵武警战士,感谢三里河武警北京总队医院的医务工作者,感谢我的同学和亲朋好友——是你们给了我第二次生命,给我成长脚步以足够多的动力。

我以我的笔触写下并整理出了这些文字,我用我的工资出版了这本书,我以一颗感恩的心,想把这本书送给我的领导、同事、同学和亲朋好友,并虔诚地告知:托大家的福,我现在的工作、生活都很好。

再谢啦!

就是这样一个以厂为家、视领导为长辈、待同事如兄弟的平凡"单位人",现在也对厂里的一些管理现状颇有不满,常常用"恨其不争"的口吻,与笔者探讨一些企业管理的难题。有些职工对他的这种表现颇有微词,认为"厂里对他不薄",他却还有那么多意见。但爱之深,才会责之切。这恰恰反映出我们上面讨论的种种问题,确实反映了公司目前面临的诸多现实困境。

第五节 一个典型的单位

随着了解的深入,笔者最初的印象更加明晰:这是一个非常典型的单位组织。从上面的介绍可以看到,无论是体制改革之间,还是迈向市场之后,京华电厂都表现出了很强的"单位"色彩。

在资源分配和交换上,单位成为工人获取生存资源的主要(如果不是唯一的话)途径,由此形成了工人对单位的全面依附。在行政隶属和仪式政治上,京华电厂表现出了很强的政治色彩和合法性诉求。因此，如果说我们在第一章中给出的关于"单位"本质特征的判断成立的话，那么京华电厂应该是一个十分典型的单位。

巧合的是，粗略估算，该厂从建厂开工生产至今，与改革开放的时间恰好吻合。所有制结构，加上自身独特的发展历史，让这个厂带有浓厚的"单位体制"色彩，几十年一起共事、生活，让这个不到1000人的厂成了一个典型的熟人社会。在调查过程中，我们能够强烈地感受到该厂人与人之间那种浓稠得似乎解不开的强关系纽带。在劳动雇佣上，也鲜有员工被开除的情况，几十年来，绝大多数职工都没有离开过这个厂。在职工平时的闲聊中，还经常能听到"外面的社会""我们单位"之类的说法。对于即将被拆除的老厂房和生产设备，大家普遍依依不舍，最后决定把老厂改成一个工业博物馆，方案已报有关部门审批。

但是，随着体制转型和市场化改革，京华电厂的管理制度和资源分配模式发生了很大的变化。接下来的几个章节将分别从组织与环境的关系、基本的组织制度和资源（再）分配的过程—事件等几个方面，来具体探讨市场转型条件下，京华电厂内部权威关系的变迁过程。

第四章　组织与环境：京华电厂的"市场"转型

按照组织社会学新制度主义学派的观点，组织的目标大概可以分为两类：技术（或者效率）目标和合法性（或者仪式）目标。新制度主义学派重视组织与环境之间互为依存的密切关系，因而更为强调合法性机制，认为在一个不确定的、动态的制度环境下运转的组织所呈现出来的结构和内部过程，与那些在相对确定、稳固的制度环境下运转的组织之间，存在实质性的差异。本章将从组织与环境的角度入手，着重介绍京华电厂在市场转型过程中所"嵌入"的外部环境的变化。与第三章类似，我们也分两个时间段来组织行文的线索：改革之前的制度背景和转型以后的"市场"环境。

第一节　制度背景

一　1977—1999 年：指令经济下的计划和经营

如前所述，20 世纪八九十年代，京华电厂归总厂所属，是一个非独立核算的纯生产型单位，计划管理相对比较简单，只有生产计划管理，所以没有专门的计划部门，由生产部门负

第四章　组织与环境：京华电厂的"市场"转型

责生产计划管理。所以，从本质上看，充其量是总厂下属的一个大生产车间。一般只要根据总厂下达的指标，完成任务即可。原料供应、电/热的销售，都是总厂统一调度，京华电厂不用操心这些经营和计划的问题。总厂每年下达的三项责任制考核指标，对于该厂来说实际只有"安全生产"和"党风廉政责任制"考核两项，"经营效益"则可有可无。由此造成的一个结构是，企业内部的技术人才、管理人才、分配机制（如岗位级别、奖金分配等）都毫无例外地向生产一线和与生产有关的部门倾斜。

可以说，2000年之前的京华电厂，是在上级主管单位"父亲"般的庇护下，享受着计划经济这个"温室"里的舒适环境，唯一的任务，就是完成上级部门下达的各项指标，其他的，就"他人瓦上霜"，可以不闻不问。

到了20世纪90年代中后期，随着其他行业，尤其是作为电厂上游单位的燃料行业率先迈开市场化改革的步伐，燃料价格迅速上涨。与此同时，电价和热价却还维持在90年代初期的水平，这使得京华电厂陷入建厂以来最为严重的亏损状况。到1999年年初，厂里亏损数额达到了惊人的数字，仅供热就达到-1.24亿元。但由于尚处传统体制，亏损额都由总厂来弥补，因此，对京华电厂的日常生产和经营，并没有造成太大的影响。厂里只要保证完成"政治供电和供热"任务，其他的，都由总厂操持。

打一个不恰当的比喻：这个时期的京华电厂，就好比一个还在上学的孩子，只要管好学习，考试得高分，其余的都不必操心。饭来张口、衣来伸手，至于粮食和衣服从哪里来，自有家长（总厂）来解决。

用一个退休厂级领导的话来说,就是:

> 长期以来,作为以生产为主的内部核算单位,由于不承担经营上的压力和职能,所以,京华电厂的管理职能基本上都是内向型的,不论是生产车间还是职能科室,很少同外界打交道。①

那个时候,一说到企业的经营和亏损,职工总喜欢把两句话挂在嘴边。第一句是"我们是政治供热"。说的是该厂担负着国家重要机关单位的供热任务,因此,"讲政治"是该厂的首要宗旨。第二句话是"我们是政策性亏损"。意思是,亏损不是因为我们自己没本事,而是国家政策造成的。生产任务的无限光荣,掩盖了经营管理的"不恬之耻",造成职工"不以为耻、反以为荣"的心理。

二 1999—2004 年:痛苦的转型和适应

不过很快,京华电厂就被迫走出"校园",迈上社会。国家对电力行业的格局调整,已经从酝酿过程进入到试点和实际运作阶段。作为一个尝试和探索,中央决定,首先横切一刀,电厂和电网分家,实行"厂网分离"。在这个大背景下,京华电厂被从总厂分出来,划归华北局管理,厂里退休的一位老工人说,从此"离开了'母亲'温暖的怀抱,开始跟着'叔叔'去闯荡江湖了"。

---

① 摘自该厂原党委书记张志忠撰写的《在逆境中谋生存促发展——从电力体制改革感受北京三一五热电厂的变化》一文。

第四章 组织与环境：京华电厂的"市场"转型

随着企业体制由生产型向生产经营型过渡，计划管理越来越显得重要。1999年5月，京华电厂开始逐步独立承担生产和经营任务。为了加强计划工作，归口管理，首次成立了计划科，负责全厂的生产经营计划的编制和考核，同时负责经济活动分析、生产指标的统计、合同管理以及水务和燃料管理。

刚开始见识了一点世面，"爷爷"又开始抛出了一个大动作：2002年年底，五大电力集团正式挂牌成立，京华电厂被京华集团领走，成为后者下属的一个全资子公司。在政策层面，国家开始严格实行"厂网分开、竞价上网"，试图通过这样一种方式，引入市场竞争机制，来激活电力行业的经营活力。这种政策压力经过层层下达，到了集团内部，针对京华电厂的，就成了这样一个精神：集团实行的是公司化运作，进入发电公司的每一个企业，都必须独立核算，自负盈亏。作为一个历史遗留问题，集团要求每一个亏损单位立下军令状，每年减亏20%，三年内实现当年不亏，五年内消化历史亏损。没有完成任务的，按一定比例，扣罚工资总额。

以前只要盯住自己的"一亩三分地"，就可以衣食无忧，逍遥自在地过日子，现在不行了。减亏上面临的巨大压力，以及集团公司市场化运作的新模式，使得不论是生产模式、资金运作还是电价、热价这些政策上的调整，都要企业主动出击，自己去策划、去运作。看来，走出电厂围墙不仅是理念上的转变，更要求全厂干部职工在行动上做出实际转变。

对于京华电厂这样一个在计划经济体制下吃惯"大锅饭"的发电供热企业，新体制和新机制带来的阵痛是不可避免的。2003年年初到2004年年中，18个月的时间里，厂里的每一名干部职工都经历了体制改革带来的酸甜苦辣，这当中有痛苦，有为生存而奋起的抗争，也有对未来初见曙光的憧憬。有一位中层干部这样概括这个时期：

> 一是观念上的不适应，最有代表性的是对原华北局具有强烈的依恋情结，以及对集团公司市场化运作的茫然、不理解、不适应。
> 二是生产运营陷入困境，尤其是去年九十月间，由于处于资产交接的真空期，资金匮乏，最困难时只有靠银行贷款支付冬季供热的储油款，靠向兄弟厂借支发放职工的工资。
> 三是管理职能的不适应。新的运行机制，要求我厂的职能部门既要接受集团公司上级领导的管理，又要保持与华北电网公司业务上的联系，还要同地方政府、国家有关部门直接打交道。由于人员不熟，缺乏经验，加上我厂只是集团公司的一个下属单位，① 对外往来困难重重，甚至有时还被对方拒之门外。②

更为要命的是，在这样一个青黄不接的关键时期，2003年5月，原厂长调走，之后一直到2004年年初，京华电厂都处于"群龙无首"的半混乱状态。另外，燃油价格不断上涨，经营成本直线飙升。如此长期内外交困，造成的一个直接后果，是2003年厂里没有完成集团公司年初下达的8944万元扭亏指标，反而扩大新增亏损1.01亿元。管理的失序，又造成

---

① 言下之意是级别不够，交往起来不对等。
② 引自计划营销部一位中层干部的"电力走向市场"征文稿，题为《面对市场，我们怎么办？》。

第四章 组织与环境：京华电厂的"市场"转型

一起人身重伤的安全事故。所以，三项责任制考核中，资产运营和安全生产两项不合格，各被扣罚了5%的工资总额。此外，由于是亏损单位，集团公司还取消了京华电厂年度"优秀单位""文明单位"等先进荣誉的评选资格。

一时间，戴在京华电厂头上的光环如流星般逝去，许多干部职工的情绪跌到了低谷。从曾经的辉煌和无限荣光，到瞬间的沉沦和一落千丈，面对现实和越来越沉重的经营压力，今后的道路究竟怎样走，还有没有希望和光明的未来？每一个干部职工都真正感到了实实在在的压力和危机。严酷的制度环境和市场竞争告诉他们，这似乎是一条不能回头的单行道，只能硬起头皮往前走。

三 2005年至今：迈向新征程

2006年，国务院办公厅转发了国资委提出的《关于推进国有资本调整和国有企业重组的指导意见》。紧接着，党的十七大明确强调，要通过公司制股份制改革优化国有经济布局，以兼并重组为主要手段，进一步深化国有资产结构布局调整。这一系列制度创新和改革实践对国有企业的日常经营管理过程影响深远而巨大，通过董事会制度建设，实现国资委对国有企业管理方式的转变，有效分离企业的所有者、决策层与执行层，改变过往决策层和执行层高度重合的状况，进而通过完善董事会治理机制，加大职业经理人选聘力度和比例，初步建立了现代企业制度架构。

党的十八大以来，国有企业改革继续向纵深推进，更加注重顶层设计，更加注重配套制度的系统性、整体性和协同性，国有企业改革取得新的重大进展和历史性新成就。2015年8

月,《中共中央 国务院关于深化国有企业改革的指导意见》正式印发。此后,一系列细化政策相继出台,国企改革发展形成了"1+N"的政策体系。之后陆续启动了四项改革试点(国有资本投资运营公司试点,混合所有制试点,规范董事会制度试点以及纪检工作试点),以及十项改革试点(落实董事会职权试点,市场化选聘经营管理者试点,推行职业经理人制度试点,企业薪酬分配差异化改革试点,国有资本投资、运营公司试点,中央企业兼并重组试点,部分重要领域混合所有制改革试点,混合所有制企业员工持股试点,国有企业信息公开工作试点,关于剥离企业办社会职能和解决历史遗留问题试点)。

在此基础上,党的十八届三中全会全面启动第二轮深化国企改革行动,提出要积极发展混合所有制经济,国企改革进入深水区和攻坚阶段。国有企业改革的重要任务之一是,厘清政府与市场的边界,完善公司的内外部治理机制,实现由政府计划管控下的行政型治理向以市场机制为主的经济型治理转型。之后,国企改革努力开拓新时代发展新局面,重点放在落实董事会职权、市场化选聘经营管理者、推行职业经理人制度、企业薪酬分配差异化改革、国有资本投资运营公司试点、中央企业兼并重组、混合所有制改革、员工持股等领域。

为更好地推动国企改革"1+N"政策体系落实到位,2020年6月30日,中央全面深化改革委员会第十四次会议审议通过了《国企改革三年行动方案(2020—2022年)》,包括八个方面:一是完善中国特色现代企业制度;二是推进国有资本布局优化和结构调整;三是积极稳妥深入推进混合所有制改革;四是激发国有企业活力,健全市场化经营机制;五是形成以管资本为主的国有资产监管体制;六是推动国有企业公平参与市场竞争;七是推动一系列国企改革专项行动落实落地;八是加强国有企业党的领导和党的建设。

党的二十大报告强调,"深化国资国企改革,加快国有经济布局优化和结构调整,推动国有资本和国有企业做强做优做大,提升企业核心竞争力","完善中国特色现代企业制度,弘扬企业家精神,加快建设世界一流企业"。目前,央企超过七成的资产集中在石油化工、冶金矿业、能源资源等重要领域。同时,央企布局和发展战略性新兴产业明显加快。2023年上半年,中央企业战略性新兴产业完成投资额同比增长超过40%,在全部投资中的占比超过1/4。[①] 当前,新一轮国企改革启幕在即,关键词是"国之所需",将服务保障国家战略安全提升为国企改革重点,提出要强化国企在能源、资源、粮食等重点领域布局。

第二节 转型以后的"市场"关系

一 外争政策:"小马扎"精神和"三千精神"

在上述改革过程中,面对内外部巨大的改革压力和发展危机,京华电厂从内外两方面进行努力,并总结提炼出了企业的管理口号,即"外争政策、内强管理"。我们先来看"外争政策"具体是怎么操作的。

为了完成集团公司的扭亏任务,厂里成立了三个专项工作

---

① 《国企改革从多点突破向纵深推进》,中国发展改革报社,2023年8月8日,https://www.ndrc.gov.cn/wsdwhfz/202308/t20230808_1359242.html。

小组,各负责一块,"齐抓共管",对扭亏关键环节进行重点突破和攻关。第一个是"稳定油价"工作小组。老厂发电供热用的燃料是重油,由燕京炼油公司①供应。当时,国际原油价格飞速上涨,燕京公司的重油出厂价格也随之逐年飙升,由2000年的1300元/吨上涨到2004年年初的2047元/吨。经过市场调研和仔细分析,厂里认为这里有明显不合理的地方。一是燕京公司卖给北京市其他用户的燃油价格比卖给京华电厂的价格低200—300元/吨。二是燕京公司供应的是渣油,是充分提炼过的副产品,随着提炼技术的改进,渣油的热值越来越低,利用效率大不如以前。三是京华电厂最初立项的初衷之一,就是为了承接和消化原新华炼油厂产生的"垃圾"渣油。当时,国家批给京华电厂每年35万吨的原油进口指标,其中25万吨交给新华炼油厂为其生产重油,这个指标由燕京公司享受至今,从中赚取了巨额的利润。也就是说,燕京公司不但处理了自己不需要的生产"垃圾",还从中享受到了超额的进口指标,属于两头重复得利。为此,该小组深入调研、认真研究,最后经公司领导开会讨论,决定向上级主管部门,也就是集团公司上报一份题为《京华电厂关于恳请协调解决供暖问题的紧急请示》,②其中谈到燕京公司的"恶劣行为"时,有如下控诉和呼吁:

> 我们认为:燕京公司一方面利用该公司的原油指标提炼成品油赚取了利润,另一方面将渣油高价卖给我们,是

---

① 即原来的新华炼油厂,以下简称"燕京公司"。
② 以下简称《请示》。

第四章 组织与环境:京华电厂的"市场"转型

极不公平的。燕京公司在为该公司供油问题上,或是按讲政治原则,共同承担对首都政治供热的亏损,或是按市场原则,按低于周边同类产品的价格供油,或是将我公司原油指标调出,由我公司自主选择加工企业。

......

国家发改委马主任和北京市副市长张茅的指示:各部门、各单位都要"讲政治、讲大局、保稳定"。为保证首都经济运行安全稳定,燕京公司理应尽到自己的责任。

为此,京华电厂拟定了一个解决方案:各方本着确保安全供热为主要内容的协调精神,以2003年年中的1800元/吨为基准,超出部分,由北京市政府、京华集团、燕京公司分别按5:3:2的比例承担。这个方案报国资委、北京市发改委和集团公司后,获得了肯定和批准。前二者积极配合,尤其是北京市政府,分多次给京华电厂巨额补贴,成为该厂减亏的一个主要来源。但是,燕京公司以京华电厂拖欠油款为由,拒绝执行20%的承担比例。为此,专项小组的工作人员(主要是厂里的经营副总和计划营销部主任)天天跑相关的政府部门,据说是带着"小马扎"去,坐在领导办公室门口候着,一见里面空下来了,就进去说几句话,汇报自己的难处。有时候一次都说不上多少话,领导又忙去了。那就再等,再找机会说。就这样,在"小马扎"精神的努力下,国资委同意召集上述三方,开一个协调会。尽管协调的结果还是不尽如人意(燕京公司仍拒绝履行承担20%差价的责任,还不断施压,要求京华电厂归还欠款),但至少达到给对方施加压力的目的。

另外,除了争取把不该这么高的油价降下来,新任厂长还多方奔走，四处开辟第二油源。2005年，公司以比燕京公司低很多的价格，从河北任丘、沧州，甚至天津等地的一些炼油厂成功采购燃油上万吨，极大地缓解了发电供热的用油困难，并节省了大笔资金。

第二个是"调相①有偿服务"工作小组。调相是否应该有偿服务，曾是京华电厂与电网公司的一大分歧。电网公司有关业务部门认为，调相有偿服务问题，没有明确的政策规定。京华电厂则认为，夏季调相对稳定电网电压发挥了重要作用，在调相工作中企业要进行技术改造，承担着风险，而且要消耗一定的有功电量和人力资本，理应给予补偿。在北京市发改委等政府部门的协调下，这一问题已得到妥善解决。

第三个是"电热价财政补贴"工作小组。油价与热价的长期倒挂，是造成公司亏损的根本原因。燕京公司和北京市热力公司作为首都集中供热的上游和下游企业，实行的是市场价格，而京华电厂热价却实行计划定价，所以，对热电生产企业实行电热价补贴是合情合理的。关于"价格倒挂"，《请示》中有如下说明：

> 我们供暖使用的燃料油价格大幅攀升，由电力体制改革前2002年的1200多元/吨，上升至目前（注：2006年年中）的3350元/吨，几年的时间涨幅近3倍。尤其是去

---

① 是指一种调节系统电压的途径，目前各个电网公司都要求所辖电厂的发电机都具备进相运行能力，电机运行时从电网吸收有功功率，维持旋转，发出无功，即从电源处调节系统电压。所谓的有功功率，就是保持用电设备正常运行所需的电功率，也就是将电能转换为其他形式能量（机械能、光能、热能）的电功率。而无功功率就是发电机本身因摩擦等造成的损耗功率。

第四章 组织与环境：京华电厂的"市场"转型

年以来，燃油价格由年初的 2070 元/吨，上涨到目前的 3350 元/吨，同比上涨了 1280 元/吨，涨幅达到 62%，并且还有继续上涨的趋势。目前我公司的供热燃料成本已达到 88 元/吉焦，而热价多年来一直没有理顺，还是执行 2001 年原北京市物价局定价的 25 元/吉焦（2004 年上调了 2 元/吉焦），形成供热价格与燃料成本严重"倒挂"，企业政策性亏损严重。今冬仅因燃料油价格上涨，我们就要增加成本支出 1.79 亿元。

为此，厂领导提出"政策性亏损要靠政策性补贴来弥补"的工作思路，在"三千精神"的感召下，经过多方努力，国家发改委于 2004 年正式下发《关于疏导华北电网电价矛盾有关问题的通知》，决定自当年 6 月 15 日起，对京华电厂的电价实行电量电价 428 元/千瓦时和容量①电价（21.48 元/千瓦/月）的补贴，其中，仅容量电价一项就可使该厂每年减亏 5150 万元。

此外，公司还积极向北京市财政局、发展改革委等部门汇报、协调，争取燃机电价补贴额度。2008 年市财政补贴 3.34 亿元，比上年同期增加 60%。

二 内强管理：重业绩、谋发展

在"外争政策"的同时，公司还着力修炼内功，提升内

---

① 所谓容量电价，就是对电厂装机容量的补贴。受用电高低峰的影响，电网需要电厂配合调节电压，用电低谷时，为了降低电网负载，需要部分电机暂停运转。熄火停运对于电厂来说是一个重大的损失，而且重新启动机组也要耗费大量的燃料。一个说法是，机组每重新启动一次，需要花费成本 200 万元。

部管理水平。首先,对分配制度进行了改革。除了前一章提到的提高工资和奖金,对现任部室、公司负责人的岗位级别进行了调整,提高了从事综合产业和经营管理工作的中层干部的岗位级别。如劳动服务公司、物业公司,这些年都是公司对外闯市场的前沿先锋。以前,这些部门从领导到普通员工都是全厂岗位级别最低的。同时,计划营销部门的岗位级别也得到了相应的提高。在收入分配上,由原来单单偏向运行一线,到生产和市场并重。

其次,对那些开拓市场、为企业转型做出突出贡献的领导和职工,进行相应的提拔和奖励。例如,现在的经营副总,就是原来的生产科科长,在争取各级政府的补贴,为企业扭亏为盈,做出了重大贡献,因此,在短短两年之内,被从中层提到副厂级干部。另外,综合产业的京华电力公司经理张博,对外承揽电气安装工程,不但为公司解决了100多人的就业安置问题,还每年为公司创收800多万元。为此,公司给他副总(工程师)的待遇。还有后勤物业的一个副经理,在新厂建设前期的拆迁中表现出色,随即被提拔为政工部主任。2008年的内部分房时,该钟姓主任在自己拥有一套商品房的情况下,还分到了厂里一套130多平方米的福利房。还有,就是对能够为企业争取到发展资源的,也得到了额外的奖励。计划营销部原来有一位曹姓职工,两年前调到电网公司,为厂里争取上网电量和有偿调相做出了重要贡献。因此,虽然她已经调离,但还是让她参加了2008年的内部分房。①

---

① 从某种意义上说,这也是一种"有原则的特殊主义"对待,只不过,"原则"发生了实质性的变化。

第四章 组织与环境：京华电厂的"市场"转型

再次，在政企关系上，厂领导班子打破常规，重新进行了分工。由党委副书记抓职工队伍稳定工作；3名副厂长分管安全生产、改建和扭亏工作；党政一把手分别主抓关系厂里发展的两大重点工作：改建工程和综合产业发展。以当前的主要矛盾为主，厂领导班子围绕企业的经营效益，精诚合作。这里，我们看到，党委书记也参与到了企业的日常经营管理和战略发展上来，工作重心由意识形态控制，转到了企业发展和提高经营效益上。

最后，下大力气，超常规发展综合产业。一是舍得向综合产业输送人才。2008年上半年，厂部积极协调，相继向京华实业公司和下属分公司输送了多名经营管理人才，其中有自学成才、取得中级专业技术职称的大学本科生，也有清华大学毕业、经过多个岗位锻炼的中层干部，近期还将招收一名刚毕业的经营管理专业的研究生。二是加快步伐，抢占市场。经过这几年的积极运作，综合产业公司由过去的7个，发展到了现在的10个。比如，为了适应北京市整顿热力市场的市情，厂里成立了京华热电设备运行技术服务有限责任公司，经努力，成立不到一个月，就与北京大学下属的一个核物理研究院签订了机组代运行工作合同。光这一个项目，就能解决40人的就业，每年创收近600万元。

经过内外各方面的积极努力，公司在2007年扭亏为盈，实现利润8万元，2008年实现盈利618万元。2009年，集团公司下达了盈利4000万元的绩效目标，到该年年底，这个目标已经顺利完成。

第三节 京华电厂的"市场"关系

从上一小节的介绍可以看到,体制改革之后,京华电厂的"市场"关系可以分为以下几个方面。

第一,和原料供应商的关系,主要涉及燃料和工业用水的供应商。燃料方面,以前是燕京公司,现在是北京燃气集团。前面提到,当时建这个电厂,除了发电供热的需要,还有一个考虑,就是消耗原新华炼油厂的重油。所以输油管道直接通到燕京公司。结果体制改革,走市场之后,燕京公司利用这一点,在价格上压京华电厂,一度造成厂里的油料比市场价格高一大截的局面。新厂燃气—蒸汽联合循环热电联产机组建成投产之后,燃料变成了清洁的天然气,供应商也变了,换成北京燃气集团,① 由于天然气的价格变动也很大,所以每年要谈价格,签供应合同。用水方面,老厂原来是直接从河里抽水,只需自己建一个泵站,到市政府相关部门备一个案即可。新厂异地搬迁后,厂区附近没有天然河道,因此需要跟所在地的污水处理厂签订中水使用合同,建设一条专门的取水管道,并需要支付相应的费用。

第二,和政府的关系,主要涉及北京市发改委、国资委、财政局等。油价走市场,热价、电价走计划,中间的政策亏损

---

① 由此造成一个很有意思的事情:自从换了燃料供应商之后,厂里和燕京公司的关系发生了戏剧性的微妙变化。以前是厂里去求燕京公司,恳求其在归还拖欠油款的问题上多体谅,不要为此切断输油管道。此外,最好还能把价格降一些,或者承担20%的溢价。现在反过来了,人家过来求情,在手头宽裕的时候,多多考虑归还欠款。当然,这个时候,京华电厂也会摆架子、吐苦水的。

差价，要靠企业去跑主管部门、要政策。发展到极致，就是上面提到的所谓"小马扎"精神，到领导办公室的门口守着，你忙的时候我不打扰你，一看到你有空，就进去游说、争取政策。公司的口号：讲政治，服务首都；重业绩，共谋发展。其中"讲政治"，部分说的就是这其中的道理。

第三，和下游客户的关系。比如，电厂与华北电网除了争取增加上网电量，努力提高电价，还要争取容量补贴和高峰调相补贴。再有就是市热力公司，每年冬天双方都要根据成本和效应进行热价的谈判。

第四，和兄弟单位的关系。比如，高峰调节时，电网给电厂的电量不上不下，开动机组发电吧，还不够成本和损耗的，不开吧，这电量指标又浪费了。怎么办呢？电厂把这部分电量指标转让给兄弟企业，如石景山的京能热电。人家反正要开着机组，多拿到电量指标就赚钱，所以是一个双赢的过程。这有点像当下风靡全球的碳排放交易市场。我们的理解是，电厂同行之间，除了竞争，还有合作关系，中间的微妙和奥秘，必定极为有趣。但这显然已经超出本书的讨论范围，如有机会，今后可另文加以论述。

第五，与服务对象的关系。京华电厂的服务对象中有一部分是中央部级单位，有时候，企业遇到困难，也会找它们出面帮忙解决一些实际困难。但这种情况不是很多，因为那些单位不直接和电力部门打交道，所以说不上话。不过也有例外：2005年，老厂效益跌到低谷，新厂改建工程刚刚起步，企业亏损超过两亿元。这时，厂里通过北京市的高层领导，接触到某中央机关的一个领导，最后他出面一说话，立马给厂里争取到了北京市政府的财政补贴。

第六，系统"内部市场"，比如集团和公司的关系：每年制定绩效指标，制订过程中可以讨价还价，一旦拍板，就是硬性指标，完不成，就按当初的协议动真格，该怎么样还怎么样。比如2009年，集团公司下达的任务指标是盈利4000万元，公司领导出面，与集团签订责任书，完不成任务，工资总额减少20%；完成任务，按照每人2000元的标准进行奖励。

第七，和银行等金融部门的关系。新厂改建所需资金是由集团公司出面担保，京华电厂作为直接借债人，向中国建设银行和中国银行某分行贷款近20亿元。如何以最优的还贷组合，降低利息支出，厂里的财务部门经常需要和银行打交道。资金充裕时，想多还一点，需要和银行协商；资金紧张时，规定时间内无法归还定额贷款，也需要向银行求情。

第八，厂里各项建设涉及的相关部门和单位。比如安居工程，就需要和国土资源局、规划局、自来水公司、燃气公司、交管部门等一系列单位打交道。

第九，就是综合产业与其服务对象之间的关系。比如，老厂沿街的一部分空房，出租给了一家饭店和一个俱乐部。这是由十几个综合产业公司具体处理，但也会出现下属的子公司无法解决，需要厂里出面协调的情况，颇有点类似于改制以前厂里与总厂之间的关系。

还有其他一些零零碎碎的关系。例如老厂区的利用问题，在接洽过程中就和多个公司有过接触。中关村科技园、某著名国际动作影星、北京城建集团等都曾表示出浓厚的兴趣。

以上这些，在计划经济时代都是没有的。那时候，只要听政府和总厂的指令，"让干嘛干嘛，不让干的，也不用你操心，完成任务就行"。以前出了问题，总厂会出面"理顺"；

第四章 组织与环境：京华电厂的"市场"转型

现在每一种关系，都要靠自己的"摆平"。这一切，都发生在最近这短短几年时间里。对于京华电厂来说，这确实是一个跳跃性的制度转型。

如此众多的关系，维护起来，确实需要花费很大的精力。为此，总经理助理帮田总整理出了一个名片分类清单，从中我们可以对京华电厂需要处理和维护的关系有一个大概的了解（见图4-1）。

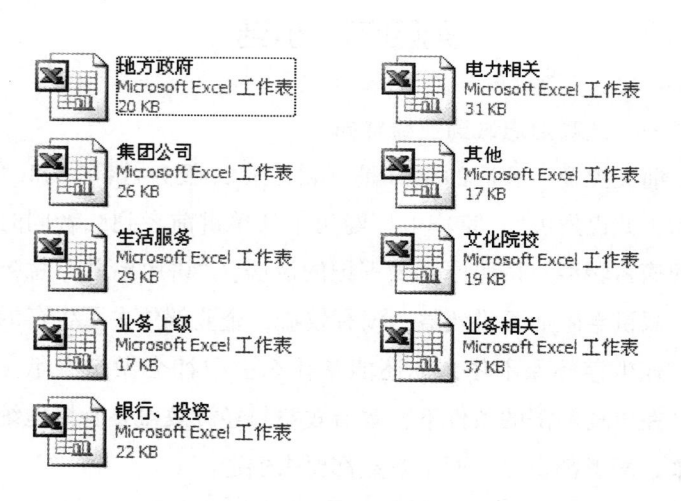

地方政府 Microsoft Excel 工作表 20 KB

电力相关 Microsoft Excel 工作表 31 KB

集团公司 Microsoft Excel 工作表 26 KB

其他 Microsoft Excel 工作表 17 KB

生活服务 Microsoft Excel 工作表 29 KB

文化院校 Microsoft Excel 工作表 19 KB

业务上级 Microsoft Excel 工作表 17 KB

业务相关 Microsoft Excel 工作表 37 KB

银行、投资 Microsoft Excel 工作表 22 KB

图4-1 田总的名片分类

注：每个 Excel 文件里都有几十到上百不等的联系人详细信息列表。

经过这几年的闯荡和锻炼，现在公司已经逐步适应了新的环境，学会了如何在复杂多变的环境中处理各方关系，为企业发展争取有利的政策支持和市场环境。一个很好的例子是，作为集团公司的窗口单位，京华电厂成了外事接待的一个主力。集团对外交流过程中一有需要，就会带领外宾来京华电厂参观、考察。一开始，老总或者书记亲自接待。慢慢地，随着次数越来越频繁,接待的级别逐渐下降。先是总工程师、生产或者经营副厂长,后来是副总工程师,再往后就是总经部主任。后来干脆在总经部专门成立一个接待小组,负责这个工作。一方面,这说明京华电厂的发展确实很喜人;另一方面,也表明厂里的领导职工对于市场改革带来的各种变化,已经驾轻就熟、习以为常。

第四节 小结

一 从政治忠诚到业绩导向

前文提及,该厂的口号是"讲政治,服务首都"和"重业绩,共谋发展"。京华电厂经历了从单讲前者到二者同时强调的痛苦转型。按照原党委书记的说法:"讲政治并不意味着企业只讲奉献而不讲效益。没有效益,企业就失去了生存的基础,连生存都保不住,你还能拿什么去向社会做出奉献。因此,在市场经济的条件下,政治效益与经济效益要有机地统一起来,两者都要保,两个效益都要去创造。"

在以往的企业管理理念里,"政治供热"是头等大事,在这个光环的笼罩下,即使业绩差一点,出现巨额亏损,也是光荣的,没什么说不出口的。上至厂长书记,下至普通职工,都没有把这个当作一个严重的问题。

体制改革之后,要求企业不仅要搞好生产,而且要独立经营,从生产型向生产经营型转变。因此,效益得到了前所未有的重视。在巨大的经营压力下,企业管理的重点发生了转移:从原来的政治忠诚,到现在的内部强调业绩、外部强调资源获取。如果说在魏昂德那里,"有原则的特殊主义"中的"原

第四章 组织与环境：京华电厂的"市场"转型

则"是指"政治忠诚"，那么在现在的京华电厂，这种原则已经变成了"业绩"和"资源获取"。

二 有计划的市场

同时，我们也看到，京华电厂的市场转型是不彻底的。历史遗留问题和制度的不完善，使得该厂与国家和地方政府之间的关系依旧"剪不断、理还乱"。外争政策，成为公司扭亏为盈的一个主要工作方向。而且，碰到业务上的难题，厂里的第一反应，还是找上级主管部门出面协调。

此外，每年的生产指标和经营目标，都是集团公司下达的，而且需要签订考核责任书。除了集团公司的计划，还有电网、热网的限制。并不是说你有多少生产能力，就能让你满负荷运转的，还要根据整个消费市场的变化，随时进行调整。作为生产企业，厂里每年都要向电网、热网争取更多的计划指标。在补贴到位的情况下，多发电、多供热，就多盈利。当然，原料的供应也一样，并不是你想要多少，就能得到多少的。

所以，一个总的基本判断是，现在是"有计划的市场"。只是，不管市场化程度多少，现在与以往还是有区别的。一个明显的变化，就是以前是"内部市场"，一切指标都由计划部门来制定、配给和协调；现在是"外部市场"，各种指标都需要厂里自己去争取和处理。

三 渐进式改革：从再分配到市场

从另一个角度来看，上述对比与其说是一种变化，不如说这是一种结构性的延续：因为京华电厂的所谓市场转型，完全是在国家的推动下进行的。因此，我们可以说，国家这只"看得见的手"，才是解释所有这一切变化的最主要的变量。只不过，国家强调的内容或者方式发生了改变，从以前的再分配，到现在把市场作为配置资源的基础手段。如果没有国家的强令推行，由其自由发展，那么京华电厂是不可能在如此短的时间内取得这么显著的成绩的。

  这种解释的一个危险是可能会忽视体制转型的必然性；如果国家依旧是一个全能的（totalitarian）威权政体，一点没变，那么你让它把所有这一切还原，倒退到计划经济时代？这当然是不可能的。现在的国家可能确实已经没有了这个能力，或者从主观上没有这么做的动力。但是，把国家作为一个主要的解释变量，和将其等同于极权主义，是两回事。我们不否认上述设想的荒谬和不切实际，而是强调这样一个看法，即正是因为国家政策的调整，才有了我们调查对象的这些变化，二者之间存在某种机制性的因果关系。

第五章 劳动纪律

如果说资源分配过程是利益博弈的集中体现,① 那么,作为企业基础管理制度之一的劳动纪律,则是权力与权威关系结构的一种常规化和例行化表现。本章以劳动纪律为切入点,通过分析该制度的历史沿革,揭示京华电厂内部权力与权威关系结构的变迁。

第一节 工厂政体和劳动过程:一个 工业社会学的简要回顾

关于工厂内部劳动过程②及其相应制度的研究,大致可以区分出两种视角:效率和秩序。前者一般属于管理学(和/或经济学)关注的领域,后者则是社会学致力解决的议题。这里暂且撇开前者,而把注意力主要放在社会学对于劳动过程的

---

① 详见第六章。
② 宓小雄:《构建新的认同:市场转型期国有企业的劳动控制》,社会科学文献出版社2007年版。

市场改革与组织调适：单位研究视角下的国企改革

研究上。①

一 古典社会学对劳动过程的研究

在时间上，社会学对劳动过程的研究，与管理学基本上不分先后。在创立这门学科伊始，社会学的奠基之父（founding fathers）就开始关注劳动过程，只不过，那时的研究更多还停留在一般社会学的理论层面。

在 1893 年出版的《社会分工论》中，涂尔干就从他一贯强调的集体意识角度出发，对劳动分工的起源、功能、后果以及利弊关系做了详细的阐述。他认为，工业革命导致的一个后果是，社会分工的形式从传统社会基于强烈集体意识、同质性个体和简单分工的机械团结，转向了现代社会以职业专门化、社会高度分工和异质性成员之间相互依赖为基础的有机团结。②

韦伯则从支配（domination）、合法性（legitimacy）、理性化（rationalization）、权威（authority）和科层制（bureaucracy）等概念出发，分析了工业化对组织管理造成的影响。他认为，理性化，尤其是工具理性，使得组织的控制过程发生了深刻的变化：在传统社会，管理权威的基础分为道德规范（传

---

① 需要说明的是，社会学关于劳动过程的研究，在很大程度上受到管理学和/或经济学的启发。经济学对于效率的重视及其对社会（科）学的影响自不待言，在很大程度上，管理学就是在经济学的理论框架下，从工厂管理的具体操作层面入手，把管理这个概念从经验概括，提升为一种科学的理论。在这个意义上，泰勒的《科学管理》（Taylor Frederick Winslow, *Scientific Management*, Westport, Conn.: Greedwood Press, 1972）以及法约尔的《工业管理与一般管理》（周安华译，中国社会科学出版社 1982 年版）等是管理学劳动过程研究的开山之作。

② [法] 埃米尔·涂尔干：《社会分工论》，渠东译，生活·读书·新知三联书店 2000 年版。

统型权威）和个人魅力（卡里斯玛型权威），到了现代工业社会，上述权威类型被一种非人格化（impersonal）法理型权威所替代，组织内部的管理机构也相应地演变为科层制。① 具体来看，科层制的管理方式具有以下若干典型特征：各个职位和部门具有严格的职务权限；实行职务等级制，对各级机构建立牢固的监督机制；办事程序法规化、条例化，任何法律条文一经制定，所有成员都应遵守；实行不顾情面、照章办事的原则；根据工龄长短、成绩大小，或者同时依据这两方面的条件，而不是根据上司的印象，来决定一个人的职务升迁；技术统治和专家治理。②

如果说涂尔干和韦伯只是从社会学的一般性理论层面来分析劳动控制过程的话，马克思的工作则显得相对专注许多。在他看来，现代工业社会被分为两个相互对立的阶级：资本家占有资本和生产资料，因此是工厂的主人，他们通过购买劳动力这种特殊的商品，将工人变成能够生产剩余价值的生产工具。在这种本质上充满剥削和压迫的社会体制下，资本家贪婪地尽最大可能提高劳动强度，压榨工人的劳动力，以获取利润的最大化；同时，受到欺压的工人普遍存在对资本家乃至劳动工具的怨恨。这种体制安排导致的一个必然结果是，劳动管理过程中时刻充斥着资本家与工人的对抗和冲突，资本主义工厂的劳动过程控制，也因此成为一种不人道的专制管理。③

---

① ［德］马克斯·韦伯著，约翰内斯·温克尔曼整理：《经济与社会》（上卷），林荣远译，商务印书馆1997年版。
② ［德］马克斯·韦伯著，约翰内斯·温克尔曼整理：《经济与社会》（上卷），林荣远译，商务印书馆1997年版。
③ ［德］卡尔·马克思：《资本论》（第一卷），人民出版社2004年版。

二 布洛维的劳工社会学

沿着马克思开创的批判资本主义体制的思路,布洛维拓展和丰富了劳动过程的研究,在理论、方法论和经验材料的积累上,都做出了重要贡献。针对劳动过程,布洛维开展了大量的跨国研究,代表作主要有三本:《制造甘愿:垄断资本主义体制下劳动过程的变迁》(Manufacturing Consent: Changes in the Labor Process under Monopoly Capitalism, 1979 年)、《生产的政治:资本主义和社会主义体制下的工厂政体》(The Politics of Production: Factory Regimes under Capitalism and Socialism, 1985 年)和《辉煌的过去:匈牙利的资本主义之路》(The Radiant Past: Ideology and Reality in Hungary's Road to Capitalism, 1992 年)。从书名就可以看出,布洛维非常注重跨国、跨体制的比较研究。在概括自己的研究方法时,他称自己所从事的是一种"全球民族志"研究。[①]

通过对不同国家和制度下的生产体制的"深描"、分析和讨论,布洛维在这三本书中对他一直高度关注的生产体制与国家体制、市场以及意识形态之间的互动关系进行了深入的探讨。考虑到他对劳工社会学所做出的突出贡献,我们将对其研究做一个较为详细的介绍。

布洛维关于生产体制理论的核心概念包括强制(coercion)、同意(consent)、专制(despotism)、霸权(hegemony)。其中,强制是指工人虽然对这种工作非常不满,但除了

[①] [美]麦克·布洛维:《公共社会学》,沈原等译,社会科学文献出版社 2007 年版。

第五章 劳动纪律

在工厂出卖自己的劳动力以外别无选择；同意是指工人拥有国家福利的保障，却对资本主义生产剥削产生一种"志愿性服从"（voluntary servitude），也可以说是默默接受的"甘愿"或有意识下的"同意"。在这二者之间，当强制占上风时，即称为专制体制，当同意占上风时则称为霸权体制。此外，布洛维认为任何生产体制都是同意与强制的组合，区别在于实际的情况更多地偏向这个连续统的哪一端。①

在布洛维及其追随者看来，这个分析框架可以用来分析不同社会体制、不同历史时期下的工厂体制。比如，他和卢卡奇认为，匈牙利等东欧前社会主义国家的工厂体制，在转轨前可以称为"官僚专制体制"（bureaucratic despotic）；转轨后则变成"官僚霸权体制"（bureaucratic hegemonic）。② 说东欧社会主义国家的生产体制是"官僚专制体制"，是因为国家和意识形态无一例外地介入工厂的生产中，深刻地影响着一切生产活动。由此造成的后果是："官僚专制体制"是管理层在工会和工头的辅助下，以分配稀缺物资的权力换得工人的服从。而在转轨后的"官僚霸权体制"下，因为市场经济的介入，企业失去了分配物资的特权，因而管理层只能通过计件制、经济奖励制度等，使工人产生对工厂生产的兴趣与认同。③

相比之下，在资本主义体制下，工人对工厂更多地表现出

---

① Burawoy Michael, *Manufacturing Consent：Changes in the Labor Process under Monopoly Capitalism*, University of Chicago Press, 1981.
② Burawoy M. and Lukács J., *The Radiant Past：Ideology and Reality in Hungary's Road to Capitalism*, University of Chicago Press, 1992.
③ 布洛维关于东欧前社会主义国家转轨前的工厂权力关系与魏昂德的分析有异曲同工之妙，其对于改革后实际情况的判断，对于我们的研究也有很好的启发作用。

一种"志愿性顺从"。在解释这种模式的起源时,布洛维认为有三个因素导致了工人的这种表现:首先,资本家故意设计种种"赶工"(making out)游戏,造成了一种劳资默契式的车间文化;其次,建立以职业等级划分和工作职位流动为特征的内部劳动力市场;最后,通过具有法定权利的工会来处理劳资矛盾,使得工厂内部建立起一种类似于"内部国家"的制度性渠道。其中,"赶工"游戏是制造认同的一种隐秘策略。具体来说,就是以计件薪资计算工人的收入。在这种薪酬制度下,工人先会判断自己是否有可能在限定的时间内完成配额,如果可能,就全神贯注,拼命加快速度,以便完成配额;如果不能,则只尽量获得最低的工资保证。"赶工"会影响工人、工人团体内部以及工人和管理阶层之间的关系。在某种意义上,这是一种游戏,可以快速地度过时间,同时也是个人能力的表现。在此过程中,工人可以在一定程度上规避管理规则,由于必须获得辅助工人的配合,因此工人之间的横向冲突在"赶工"游戏中得到了强调。这在一定程度上转移了工人对管理层的怨恨,在工人内部造成了不同程度的对立和冲突。①

当然,所有这些工厂体制都是组织与外部环境互动的结果。这种外部环境包括前面提到的国家制度、市场以及意识形态等要素。在布洛维看来,这中间的复杂关系,如表5-1所示。其中,社会主义国家的工厂体制更加靠近官僚专制,而资本主义国家则更接近市场专制。至于第一种霸权和第四种集体

---

① Burawoy Michael, *Manufacturing Consent: Changes in the Labor Process under Monopoly Capitalism*, University of Chicago Press, 1981.

式自我管理，都是类似于"理想类型"的分析性概念，现实中基本不存在如此纯粹的工厂体制。比如最后一种，即使国家允许工人通过集体协商自我管理工厂，但在大的制度环境和资源配置上，仍会给工厂设置种种限制，使得完全意义上的独立自治变得几乎不可能实现。①

表5-1　　　　　工厂体制与国家制度的关系结构

国家对工厂管理的干预		工厂和国家之间的制度性关系	
		互不干涉	彼此不分
	直接	霸权	官僚专制
	间接	市场专制	集体式自我管理

资料来源：Burawoy, M., *The Politics of Production: Factory Regimes under Capitalism and Socialism*, Verso Books, 1985, p.12。

总之，在布洛维看来，在不同的社会制度和历史时期，工厂体制都可以在"垄断型资本主义的霸权体制"和"完全民主的集体式自我管理模式"这个连续系统中找到各自的定位。由于受到相应的政治、经济和文化背景的影响，不同社会形态中的各种劳动控制模式，都是劳资双方在特定的国家制度、市场环境和意识形态背景中不断互动做出的现实选择。

三　魏昂德的"新传统主义"模型②

相比之下，魏昂德对改革开放前中国工厂所做的研究更有

---

① Burawoy Michael, *The Politics of Production: Factory Regimes under Capitalism and Socialism*, Verso Books, 1985.
② 考虑到第二章已有详细评述，这里从略介绍。

针对性。他关注的问题，是在共产主义体制这样一种社会制度下，作为基层生产单位的工作场所，组织内部的权力和权威关系结构是个什么状态。

前文已经指出，在他的"新传统主义"模型里，魏昂德认为，"单位"这种独特的组织制度结构导致了工人"在经济和社会地位上依附于企业，在政治上依附于工厂的党政领导，在个人关系上依附于车间的直接领导"，简言之，就是以上下庇护、"有原则地任人唯亲"为特征的新传统主义。① 换句话说，"新传统主义"模型可以概括为以下两个组织特征：组织化依附和由此导致的独特制度文化。前者是指单位的结构特征，后者是指与组织化依附的制度框架相适应的理性行动模式。在魏昂德看来，导致这样一种"庇护—依赖"关系的原因，是共产党独特的政治和经济组织形式，即以依附、垂直性关系、紧密的个人联系网络为特征的社会组织模式。

需要指出的是，虽然魏昂德是在批判极权主义和多元集团利益理论的基础上提出自己的"新传统主义"模型，但是他对领导权力的过分渲染，导致其分析框架最终没能跳出极权主义的桎梏。

四 斯塔克的内部劳动力研究

几乎与魏昂德同时，斯塔克（David Stark）比较了资本主

---

① ［美］华尔德：《共产党社会的新传统主义——中国工业中的工作环境和权力结构》，龚小夏译，中国香港牛津大学出版社1996年版。

义工厂和社会主义工厂的内部劳动力市场,发现在工人与管理层就劳动报酬进行讨价还价这一点上,社会主义工厂与资本主义工厂完全不同。在资本主义工厂中,出于降低因劳动力市场波动所带来的不确定性,管理层的目的是保证工厂有足够、称职且稳定的劳动力;同时,工人出于利益的考虑,为了降低被解雇和失业的风险,获得预期的升迁机会,也愿意坐下来和资方进行谈判。这导致企业内部各种规则明晰化、确定化,以及人员配置和奖励机制科层化,职务梯级分配十分精确,入职审核程序相当严格,并且各种奖惩标准都具有很强的普适性。

相比之下,计划经济体制下的社会主义工厂面临的环境不确定性更高:"短缺经济"造成的原材料供应紧张,各种令人措手不及的突击性、临时性"紧急任务",导致在日常奖惩之外,还需要一些"应景"性质的临时奖励措施。由于每次任务的性质、工作量各不相同,每次都需要根据具体的情况制定不同的激励制度,因此,管理部门与工人之间就形成了一种非正式的、隐蔽的讨价还价。最终,任务完成,管理层向上有了交代,工人也得到了约定的奖励。这种在管理层和工人之间形成的非常规化的交换关系,与资本主义工厂那种一板一眼的明确制度相比,确实存在很大的差异。[①]

五 李静君的"去组织化的专制主义"模型

李静君关于中国劳工问题和工人阶级形成的一系列研

---

① Stark David, "Rethinking Internal Labor Markets: New Insights from a Comparative Perspective", *American Sociological Review*, 51 (4), 1986: 492-504.

究,① 对处于改制过程中国有企业的工人的状态,做出了一个很好的概括,即从"有组织的依附到去组织化的专制主义"(from organized dependence to disorganized despotism)。

李静君认为,国企改制对工人利益造成了制度性侵蚀。对于普通工人来说,改制意味着一系列不留情面的严厉措施,如集体下岗、剥夺福利、恶化的工作条件等。因为没有自己的利益代表组织,在丧失国家有效保护的同时,工人逐渐成为市场和专制管理的受害者,由此导致了基层生产组织出现了一种以"去组织化的专制主义"替代"新传统主义"的现象。

六 其他学者对劳动控制过程的研究

布雷弗曼认为,资本家通过改进技术,提高机械化、自动

---

① Lee Ching Kwan, "Engendering the Worlds of Labor: Women Workers, Labor Markets, and Production Politics in the South China Economic Miracle", *American Sociological Review*, 60 (3), 1995: 378–397; Lee Ching Kwan, "Familial Hegemony: Gender and Production Politics on Hong Kong's Electronics Shopfloor", *Gender and Society*, 7 (4), 1993: 529–547; Lee Ching Kwan, "From Organized Dependence to Disorganized Despotism: Changing Labour Regimes in Chinese Factories", *China Quarterly*, 157, 1999: 44–71; Lee Ching Kwan, "The Labor Politics of Market Socialism: Collective Inaction and Class Experiences among State Workers in Guangzhou", *Modern China*, 24 (1), 1998: 3–33; Lee Ching Kwan, "Review of The Making of the Chinese Industrial Workplace: State, Revolution, and Labor Management by Mark W. Frazier", *American Journal of Sociology*, 109 (1), 2003: 230–231; Lee Ching Kwan, "The 'Revenge of History': Collective Memories and Labor Protests in Northeastern China", *Ethnography*, 1 (2), 2000: 217–237; Lee Ching Kwan, "From Organized Dependence to Disorganized Despotism: Changing Labour Regimes in Chinese Factories", *China Quarterly*, 157, 1999: 44–71; Lee Ching Kwan, *Against the Law: Labor Protests in China's Rustbelt and Sunbelt*, Berkeley: University of California Press, 2007; Lee Ching Kwan, *Working in China Ethnographies of Labor and Workplace Transformations*, New York; London: Routledge, 2007; 李静君:《中国工人阶级的转型政治》, 载李友梅、孙立平、沈原主编《当代中国社会分层:理论与实证》(转型与发展第一辑), 社会科学文献出版社 2006 年版。

化水平等手段，将劳动过程分解成简单重复操作，减少工种的技术含量，降低生产对工人手艺的依赖，从而帮助管理者获得全面控制劳动过程的主动权；同时，工人日益沦为廉价的劳动工具，在劳动力充足的情况下，只能逐步屈服于资本家。① 赫希曼概括出了一个描述被控制者的回应模式的理论框架，分别是退出（exit）、抗争（voice）和服从（loyalty），认为工人对于管理层的劳动控制，会根据自己的实际情况，做出如上三种反应。② 国内有学者采用了这个分析框架，来描述国有企业下岗职工的行动选择。③

有学者通过对河南三家国有棉纺厂的调查，发现这样一种工作体制：在生产过程层面，管理层采取了一系列措施来加强对工人的管理，如延长工作时间、控制出勤、劳动竞赛、满负荷工作、加快速度、经济惩罚、非物质激励等，与资本主义原始积累阶段的工厂状况相差无几。④ 陈峰从斯科特"道义经济学"⑤ 的概念

---

① Braverman Harry, *Labor and Monopoly Capital*, New York: Monthly Review Press, 1974.

② Hirschman Albert, *Exit, Voice and Loyalty: Responses to Decline in Firms, Organizations, and States*, New Haven: Yale University Press, 1985.

③ 刘爱玉：《国有企业制度变革过程中工人的行动选择———一项关于无集体行动的经验研究》，《社会学研究》2003年第6期；刘爱玉：《制度变革过程中工人阶级的内部分化与认同差异》，《中共福建省委党校学报》2004年第6期；刘爱玉：《选择：国企变革与工人生存行动》，社会科学文献出版社2005年版；刘爱玉：《适应、依赖与机会结构——社会转型过程中的国企工人》，《江苏行政学院学报》2005年第4期；刘爱玉、王培杰：《下岗、失业工人的行动选择分析：以厦门市调查为例》，《中共福建省委党校学报》2005年第4期。

④ Zhao Minghua and Nichols Theo, "Management Control of Labour in State-Owned Enterprises: Cases from the Textile Industry", *China Journal*, 36, 1996: 1 – 21.

⑤ [美] 詹姆斯·C. 斯科特：《农民的道义经济学：东南亚的反叛与生存》，程立显、刘建等译，凤凰出版传媒股份有限公司、译林出版社2001年版。

出发，指出在"生存伦理"的驱使下，国企工人会对各种损害自身利益的改制措施做出反抗：内部抗争不行，就走上街头、诉诸媒体，或者越级上访。①

综上所述，前人的研究为我们的分析提供了很好的参考依据和分析工具。在这个基础上，我们需要做的工作，是结合当前单位内部劳动控制过程的实践形态，对比前人的研究，从而给出一个同时兼具理论概括力和现实解释力的结论。

第二节　技术变革与生产管理

一般来说，一个工厂的管理手段，都是根据其生产的工艺流程来制定的，即技术与制度的相互依赖。因此，在开始讨论京华电厂的劳动纪律之前，我们有必要先来简单地了解一下该厂的生产工艺流程。

一　从重油到天然气：生产工艺的变化

一般来讲，火力发电及供热企业的生产工艺由下列四个系统，即燃烧系统（以锅炉为核心）、汽水系统（主要由各类泵、给水加热器、凝汽器、管道、水冷壁等组成）、电气系统（以汽轮发电机、主变压器等为主）、控制系统组成。其中，前二者产生高温高压蒸汽；电气系统实现由热能、机械能到电能的转变；控制系统保证各系统安全、合理、经济运行。

热电厂为火力发电厂，采用煤炭或石油（主要是提炼后

---

① Chen Feng, "Industrial Restructuring and Workers' Resistance in China", *Modern China*, 29 (2), 2003: 237–262; Chen Feng, "Subsistence Crises, Managerial Corruption and Labour Protests in China", *China Journal*, 44, 2000: 41–63.

的渣油和重油）作为一次能源，向锅炉输送经（高压高温）处理过的煤粉或油雾，煤粉或油雾燃烧加热锅炉，使锅炉中的水变为水蒸汽，经一次加热之后，水蒸汽进入高压缸。为了提高热效率，应对水蒸汽进行二次加热，水蒸汽进入中压缸。通过利用中压缸的蒸汽去推动汽轮发电机发电。从中压缸引出进入对称的低压缸。已经做过功的蒸汽一部分从中间段抽出供给炼油、化肥等兄弟企业，其余部分流经凝汽器水冷，成为40摄氏度左右的饱和水作为再利用水。40摄氏度左右的饱和水经过凝结水泵，经过低压加热器到除氧器中，此时为160摄氏度左右的饱和水，经过除氧器除氧，利用给水泵送入高压加热器中，其中高压加热器利用再加热蒸汽作为加热燃料，最后流入锅炉进行再次利用。就是一次生产流程。图5-1就是一般燃煤火电厂的生产工艺流程。

一般而言，燃料的不同，对于电厂的生产结构会造成很大的影响。考虑到储存煤炭、排烟和余尘处理，燃煤的发电厂一般都有高大的烟囱，占地面积较大。相比之下，以天然气为燃料的发电厂，结构就紧凑许多。图5-2就是燃气热电厂的生产流程示意。

京华电厂的发展历史，体现了上述生产工艺的变化。在20世纪70年代中期开始筹建之初，除了缓解北京地区的用电紧张和解决部分地区供热热源问题，还有一个重要的考虑，就是当时北京最大的炼油厂——新华炼油厂产生的渣油堆积成灾，无法处理。建设京华热电厂的初衷之一，就是为了消化新华炼油厂的渣油。此外，20世纪60年代，中国实现了石油产品完全自给。在原料充足的情况下，部分电厂开始掺烧石油。到1970年，国家开始提倡电厂烧油。据统计，到1979年，全

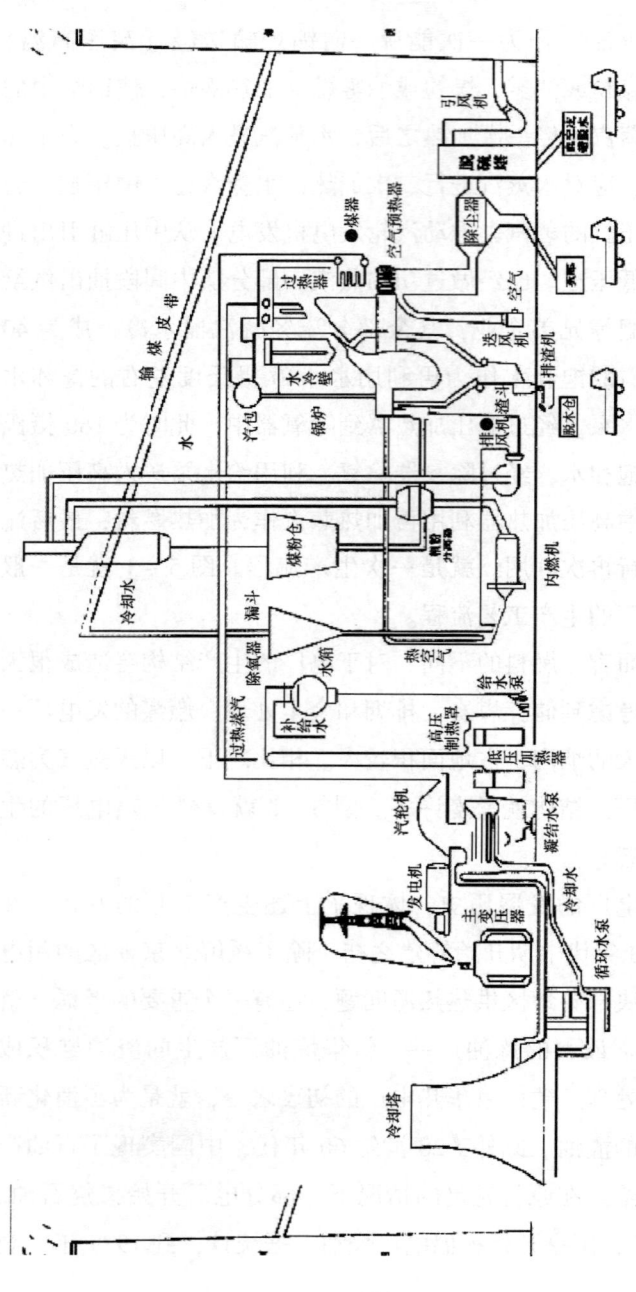

图 5-1 燃煤火电厂的生产工艺流程

注：燃油热电厂类似。

第五章 劳动纪律

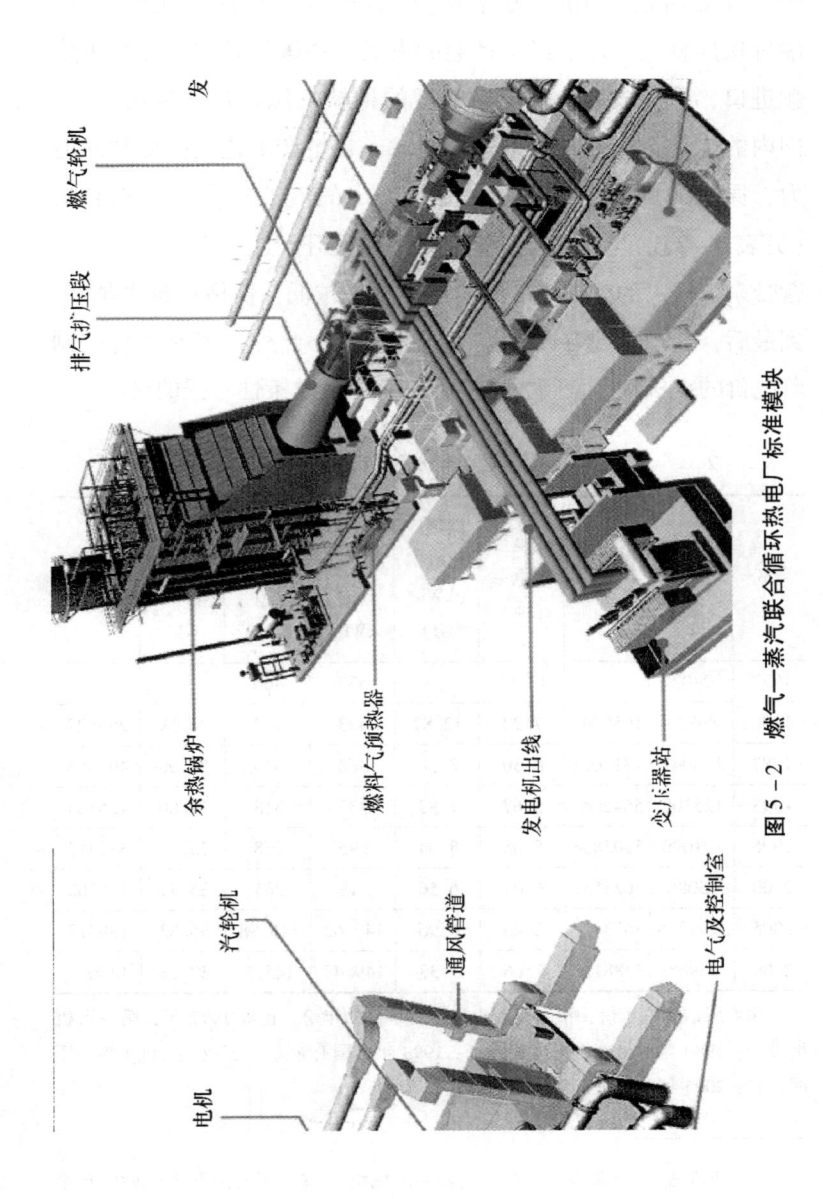

图 5-2 燃气—蒸汽联合循环热电厂标准模块

国已有燃油电厂1047万千瓦。① 后来，随着石油危机爆发，油价扶摇直上，加上经济社会的发展，中国的石油消耗严重依赖进口，石油成为一种价格昂贵的稀缺资源。在这种情况下，国内的炼化企业开始改进提炼技术，在生产工艺上挖掘利润潜力，原油的提炼工序不断增加，产出的渣油热值也越来越低（见表5-2）。与此同时，价格却不降反升。这给京华电厂的经营带来了很大的麻烦：渣油的热值越来越低，价格却越来越高，到最后，甚至出现有钱也买不到的情况。此外，国家一直控制着电价的审核权，使得发电企业一直处于政策性亏损的局面。

表5-2　　　　　老厂典型年份*生产指标

年份	发电量（10^4 kWh）	供热量（GJ）	发电厂用电率（%）	供热厂用电率（kWh/GJ）	供电煤耗（g/kWh）	发电煤耗（g/kWh）	供热煤耗（kg/GJ）	燃油量（t）
1977	2402	—	13.57	—	532	460	—	—
1980	89823	1655042	7.22	12.87	423	393	36.59	295627
1987	153941	4311027	6.30	8.38	368	345	36.90	494063
1993	125308	5642045	5.67	7.99	337	318	36.00	425164
1996	101096	5505836	5.68	8.04	295	278	35.99	338413
2000	45086	3625551	6.04	6.56	218	205	35.71	155762
2005	39913.8	3673479	2.45	6.96	149.66	145.98	36.83	138417
2006	35968	3388129	2.66	7.33	149.47	145.5	37.23	130612

注：所谓典型年份，指的是发生过重要事件的年份。比如1977年，第一台机组投产；1980年，全部机组建成投产；1993年，国有企业"三改"；2000年，厂网分离；2005年，改为有限公司。

---

① 王春枝：《燃油发电：鼓励与限制的尴尬》，《中国石油石化》2005年第4期。

第五章 劳动纪律

由于燃油价格连续大幅度上涨，而热价一直低于成本，因此造成连年递增型经营亏损。最后甚至出现了"少发电即赚钱"的情况。在这种内外交困的情况下，京华电厂开始谋求新的出路。为了从根本上实现企业的减亏，实现可持续发展的目标，2003年3月28日，京华集团召开规划会议，决定对原京华电厂进行改建，在北京市东郊建设一座燃气—蒸汽联合循环的热电厂。除了有改变燃料结构的目的，这次异地改建，还有节能环保和支持2008年北京奥运会的考虑。2007年10月，新厂机组投入使用，并网实现商业运行。

不过，虽然热电厂都属于火力发电，基本工艺流程一致，但是，这次改建，却在很大程度上改变了原有的生产方式，因为有些生产模块得到了很大的改进，自动化程度也大幅度提高（见图5–3）。原来的设备都是国产的，从进油、点火、燃烧、加热、发电、烧水、除尘，整个工艺流程都是厂里自己负责。因此，运行和维修的任务极为繁重。新厂的发电机组是德国西门子公司提供的，是一个整套的封闭模块。整个运行都是全自动的电脑控制，出了问题，厂家负责上门维修。因此，在电机运行这一块，厂里基本已经外包给西门子公司。现在工人需要负责的，只是汽轮机、热水炉、燃烧天然气涉及的一些化学处理等辅助性工作。对于新厂和老厂相比，工作性质的变化，原先一直分管生产的副厂长这么告诉我们：

原来那真叫工人，什么都是自己做。连扳手、斧头，都自己打。你问为啥，自己做的使得顺手啊。老厂有预制车间，设备哪里坏了，缺个什么东西，自己做。先拿氧气瓶把铁板切成大概的形状，然后加热煅打，再用车床、铣

市场改革与组织调适：单位研究视角下的国企改革

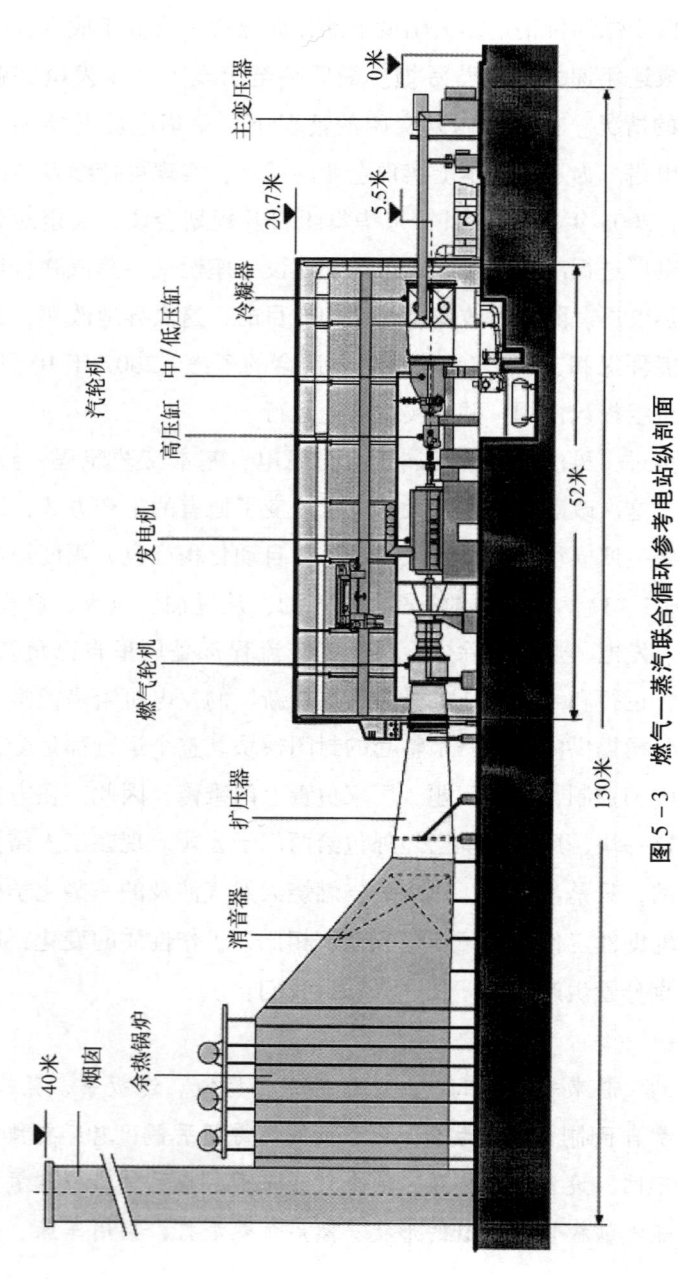

图 5-3 燃气—蒸汽联合循环参考电站纵剖面

床加工、抛光。哪像现在，哪个零件坏了，拆下来，找个现成的，换个新的。现在的人，都懒，手艺活都不干了。你说我们厂原来有些工人的手艺，那真叫棒。做出来的东西，别人看了，没话说，真给你竖大拇指。活干到这份上，别人都得叫你爷。

（张德广，党委副书记兼工会主席，访谈编号：SLH091021）

二　生产组织和管理

生产工艺在很大程度上决定了相应的组织和管理制度。建厂初期实行的是小车间制。当时的生产车间是按 4 个小车间设置（见表 5-3）。

表 5-3　　　　　1977 年的生产组织结构

编号	名称	工作范围
1	机化车间	汽轮机和化学制水的运行和检修
2	炉燃车间	锅炉和燃料的运行和检修
3	电热车间	电气和热工的运行和检修
4	修建车间	修配和工程（瓦工）

1983 年，为了适应原京华热电总厂的生产管理体制，实行运行、检修集中管理统一调度，厂部将生产车间划为运行、检修两大车间。1981 年输油管理站由原京能电厂划归京华电厂管理，作为一个车间（见表 5-4）。

大车间制一直延续至笔者调研时。在管理制度和组织结构上，建厂初期到 1999 年，原京华电厂都只是原京华热电总厂下属的一个生产单位，没有独立核算的财务，不具备法人资格。1977年，设生产组，负责生产调度、生产计划及统计、岗位培训、科技、科技档案管理、安全监察等工作。1983年，生产组更名为工程师室。到1986年，生产管理部门如表5-5所示。

表5-4　　　　　　　　1983年的生产组织结构

编号	名称	工作范围
1	运行车间	汽轮机、电气、锅炉、燃料运行以及化学运行和检修
2	检修车间	汽轮机、电气、锅炉（包括瓦工）、热工检修以及修配
3	输油管理站	输油中间站、首站设备和输油管线的运行和检修

表5-5　　　　　　　　1986年的生产管理结构

编号	名称	职责
1	生产科	生产调度、生产计划和统计、科技工作、科技档案管理等
2	安全监察科	安全监察
3	武装保卫科	治安防范、防火、民兵武装工作等
4	培训中心	岗位培训、文化教育等

1999年，设立计划科，负责生产计划和统计、燃料和水务管理。2004年，科室制改为部室制。2005年7月19日，公司对管理部室的人力资源和管理职能进行整合，生产部室精减为3个（见表5-6）。

2009年年底，为了适应新的环境要求，公司又成立了企业管理部，[①]负责现代企业制度的研究、制定与实施，并对各个部门进行生产考核和监督。

---

① 以下简称"企管部"。

表 5-6　　　　　2005 年的生产管理结构

编号	名称	职责
1	生产技术部*	生产管理、生产计划监督与实施、技术管理、科技信息中心等
2	安监保卫部**	安全监察、武装保卫、文明生产等
3	计划发展与市场营销部	生产计划和统计、燃料和水务管理、市场营销工作等

注：*以下简称"生技部"；**以下简称"安保部"。

从管理部门的变化来看，现在与劳动控制过程密切联系的，主要有三块，分别是生技部（包括运行和维护）、安保部和企管部。下文具体地看看京华电厂的劳动纪律。

第三节　京华电厂的劳动纪律和日常实践

作为基础能源企业，发电厂的劳动纪律种类繁多，各种规章制度文山牍海。对于京华电厂这样一个承担着首都核心地带供电和供热的特殊单位，安全管理和生产纪律更是重中之重。在一次闲谈中，公司的总经理助理告诉我们：

> 在外人看来，电力口是垄断行业，收入高、福利好，但这都是不了解情况的人说的。其实我觉得，我们的付出对得起这个工资。你来的时间不长，可能还不了解情况。电力行业的工作压力特别大，出不得一点差错。机组的运行、设备的维护、日常的管理，都不能马虎。一有差漏，

就是大问题。所以说，干电力的，压力和责任都很大。

（张子嘉，总经理助理，访谈编号：ZJZ090112）

一 "三票"制度

下面择要介绍一下京华电厂的劳动纪律。所谓"三票"，是指工作票、操作票和安全措施票。其中，安全措施票包含在工作票里。中国所有电力行业都普遍执行这三种制度。国家从宏观层面制定的电力行业标准，其中 DL408 - 1991《电业安全工作规程（发电厂和变电所电气部分）》和《电业安全工作规程（热力和机械部分）》（1994 年）是"三票"制度的直接依据。

《京华电厂工作票、操作票管理标准（试行）》（Q/HDJR - 207 - 14 - 2009）是这样定义"两票"的：工作票是在生产现场、设备、系统上进行检修作业的书面依据和安全许可证，是检修、运行人员双方共同持有、共同强制遵守的书面安全约定；而操作票是在生产设备及系统上进行操作的书面依据和安全许可证。其中，工作票又分为三种：电气第一种工作票、电气第二种工作票和热力机械工作票。三种工作票分别适用于不同的工作任务（见表 5 - 7）。

表 5 - 7　　　　　　　工作票的分类及适用任务

种类	适用的工作任务
电气第一种工作票	1. 高压设备上工作需要全部停电或部分停电者
	2. 高压室内的二次接线和照明等回路上的工作，需要将高压设备停电或做安全措施者
	3. 其他工作需要将高压设备停电或需要做安全措施者

续表

种类	适用的工作任务
电气第二种工作票	1. 带电作业和在带电设备外壳上的工作
	2. 控制盘和低压配电盘、配电箱、电源干线上的工作
	3. 二次接线回路上的工作,无须将高压设备停电者
	4. 转动中的发电机的励磁回路或高压电动机转子电阻回路上的工作
	5. 非当值值班人员用绝缘棒和电压互感器定相或用钳形电流表测量高压回路电流
	6. 更换生产区域及生产相关区域照明灯泡的工作
	7. 在变电站、电缆间、电缆沟、配电室、控制室、蓄电池室区域内进行动土、拔草、粉刷墙壁、整修地面、屋顶修缮、搭脚手架等工作,或不需要将设备停电或做安全措施的
热力机械工作票	1. 需将生产设备、系统停止运行或退出备用,由运行值班人员采取断开电源、隔断与运行设备联系的热力系统、对检修设备进行消压、放水、吹扫等任何一项安全措施的检修工作
	2. 需要运行值班人员在运行方式、操作调整上采取保障人身、设备安全措施的检修工作
	3. 负压系统、油系统、温度超过50℃或带压设备上测量仪表的检修和校验工作
	4. 在工程师站、上位机或编程器进行组态、参数修改及代码传送(数据下载)等工作
	5. 需要停运或局部停运计算机控制系统、独立监测和控制系统及其所属设备(含操作显示装置、计算控制装置、接口、电缆、电源、就地执行装置、测量装置和传感装置等设备)的检修或局部检修工作
	6. 在线热工试验工作
其他工作	对电力生产区域、人员、设备安全可能造成直接影响的工作,如土建、装修、防腐、保温、搭设及拆脚手架等,也应填用对应的电气或者热力机械工作票

工作票的审批都有严格的执行程序，如图5-4所示。具体到每一种，又有各自的细化程序，如图5-5和图5-6所示。

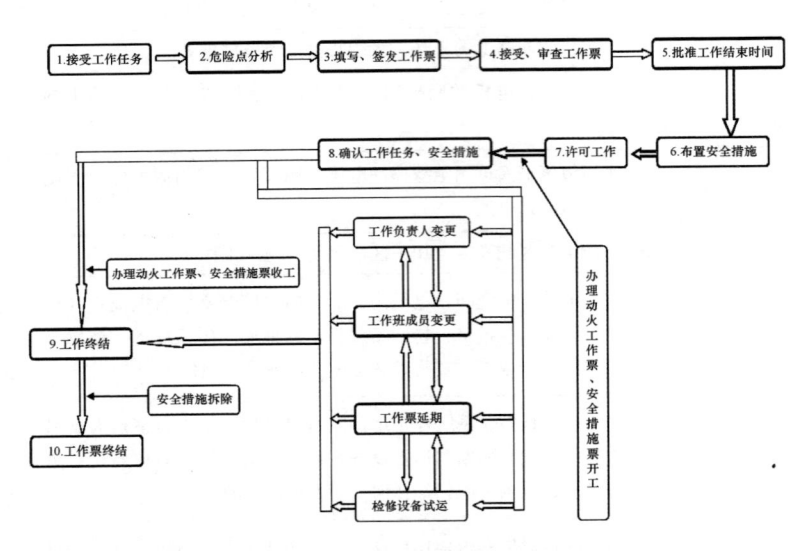

图5-4 工作票执行程序及要求

相比之下，操作票要简单一些（见图5-7）。上述操作，均可在公司内网的MIS系统里完成。可见，对于生产现场的管理和控制，京华电厂有着一整套系统、严格的制度。我们几次到车间的集控室，都看到值班工人在填写各种复杂的表格。交接班的时候，各类手续也十分烦琐。

二 四值三运转

在一线生产的人员调配和管理上，京华电厂实行的是"四值三运转"制度。所谓的"值"，意思是一个轮值，具体是指生产一线的生产班次。按照一天三个班次，那么一个轮值

第五章 劳动纪律

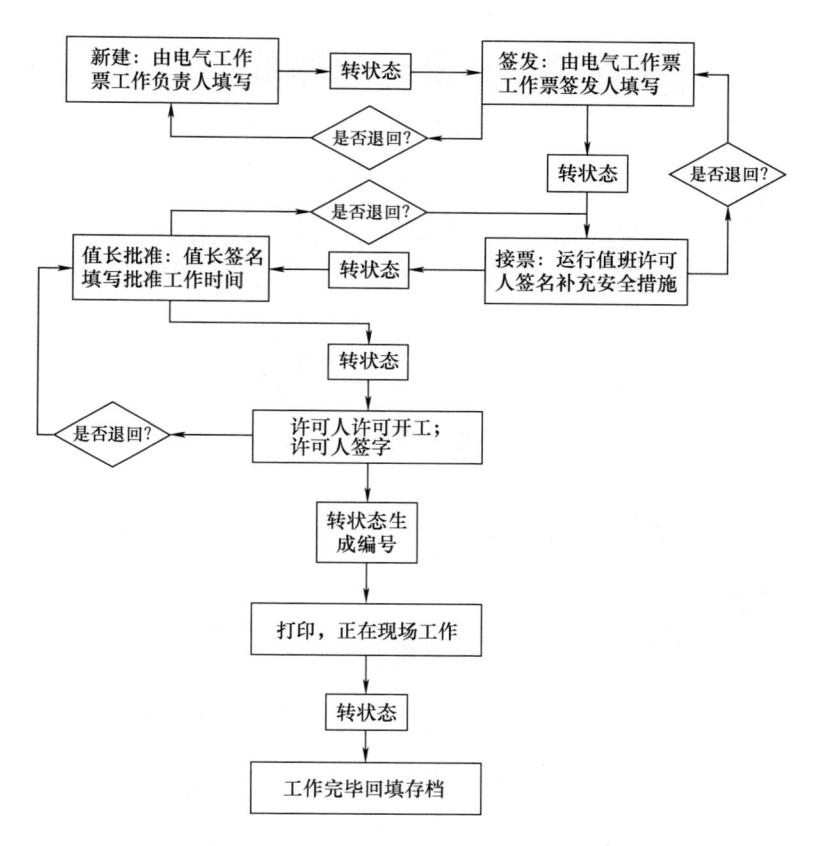

```
[新建:由电气工作票工作负责人填写] → <转状态> → [签发:由电气工作票工作票签发人填写]
         ↑                                    ↓
    <是否退回?>                            <转状态>
         ↑                                    ↓
    <是否退回?> ← <转状态> ← [值长批准:值长签名填写批准工作时间]  ← [接票:运行值班许可人签名补充安全措施] ← <是否退回?>
         ↓
    <转状态>
         ↓
<是否退回?> ← [许可人许可开工;许可人签字]
         ↓
    [转状态生成编号]
         ↓
    [打印,正在现场工作]
         ↓
    <转状态>
         ↓
    [工作完毕回填存档]
```

图 5-5 电气第一种工作票、第二种工作票执行流程

就是单个班次正在当值的所有部门职工加起来,包括运行、维护、集控、生产技术和化学等一整套工种。每个值又分为好几个班,班与具体的生产部门相对应。一个值的主管叫值长,京华电厂一共有五个值,分别为甲值、乙值、丙值、丁值和戊值。一天二十四小时,一个班次八小时,只需要三个值,剩下一个值轮休。还有一个值,用于紧急情况备用。所谓"四值

— 175 —

市场改革与组织调适：单位研究视角下的国企改革

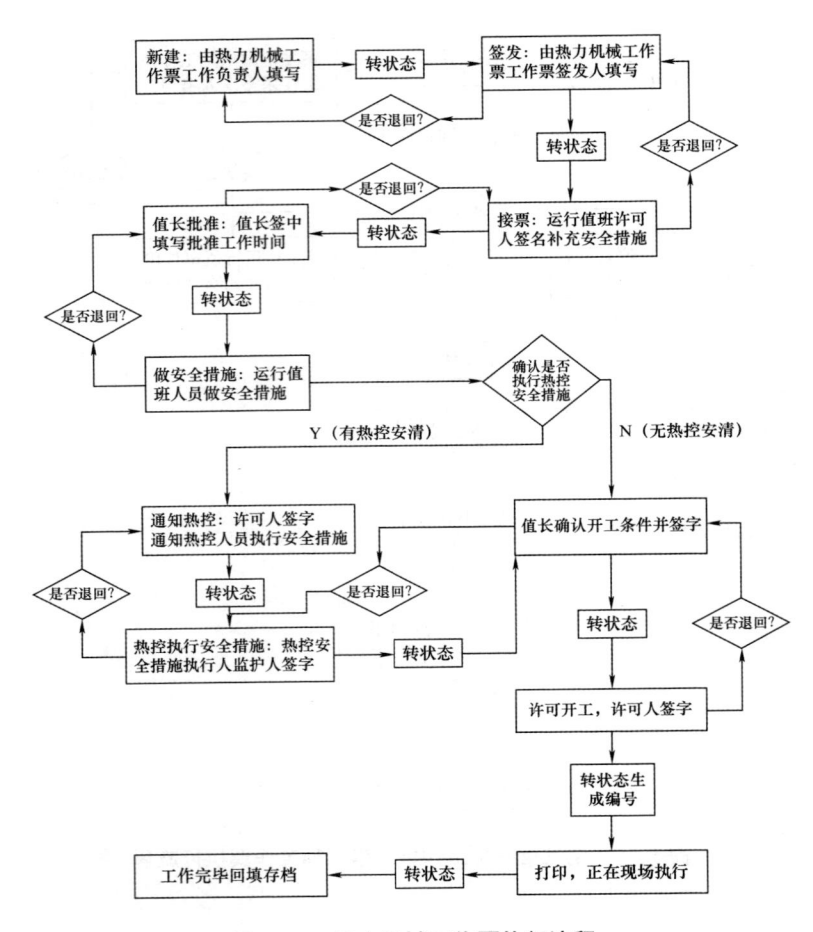

图 5-6　热力机械工作票执行流程

"三运转"，就是这么个意思。值长的上级主管就是车间主任。上文提到，由于实行的大车间制，在京华电厂，车间主任并不是一个很重要的职务。相比之下，值长的作用和重要性，更像是一般工厂里的车间主任。

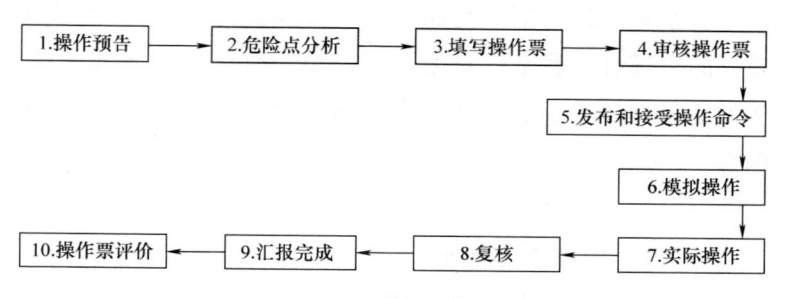

```
1.操作预告 → 2.危险点分析 → 3.填写操作票 → 4.审核操作票
                                              ↓
                                         5.发布和接受操作命令
                                              ↓
                                         6.模拟操作
                                              ↓
10.操作票评价 ← 9.汇报完成 ← 8.复核 ← 7.实际操作
```

图 5-7 操作票执行程序及要求

三 经济考核

关于工作场所的比较研究，有部分学者认为，中国的企业"轻效率、重人情"，"人本"管理的思想高于"事本"。比如前文提到，魏昂德就坚信，在共产党社会，领导更加重视的是职工的政治忠诚，技能和绩效反而是其次的。这就导致积极分子努力表现自己，和领导建立起一种以工具性互惠为目的的"庇护—依赖"关系，而领导则实行"有原则的任人唯亲"手段：只要政治合格，我就启用"自己人"，给忠于自己的积极分子各种实质性的好处。① 在这种关系结构下，工作成绩如何，事情有没有办好，都是次要的。

但是，本书的调查发现，实际情况并不像魏昂德描述的那样。对于涉及企业核心业务的地方，厂领导的态度十分坚决：本职工作必须给我做好，否则一律照章办事，给予处分和惩罚。

在京华电厂的公司内网，有一个专门的版块，就是每个月

---

① 华尔德：《共产党社会的新传统主义——中国工业中的工作环境和权力结构》，龚小夏译，中国香港牛津大学出版社 1996 年版。

的经济考核通报。这里所说的考核,实质上就是罚款。其中很重要的一部分,就是针对上述"三票"管理的监督和考核。例如,2009 年 5 月,第十二期经济考核通报里,就有如下内容:

  三、两票管理考核

  1. 维护部本—010 号热力机械工作票不合格。(第 9 项开始工作时间填写错误)考核 100 元。(运行部)

  2. 维护部电—034 号电气第二种工作票不合格。(第 3 项未填写工作地点)考核 100 元。(维护部)

  3. 维护部辅—001 号热力机械工作票不合格。(第 10 项填写错误)考核 100 元。(维护部)

这里关注的只是细节问题。2009 年 8 月 5 日,#1 机组变电站区域发生了一起安全违章事故。事情具体经过如下:

  当天,为了对 SIS 系统①进行更新改造,生技部信息中心外雇人员在汽机房 9 米 SIS 间与过街楼一层计算机网络控制室之间铺设一条光缆,其中一段位于正在运行中的#1 机组变电站内(变电站东墙上约 3 米高处的电缆桥架)。

  上午 9:55,信息中心主任夏雨到集控室向当值的值

---

① 厂级监控信息系统(Supervisory Information System, SIS)。SIS 主要处理全厂实时数据,完成厂级生产过程的监控和管理,厂级故障诊断和分析,厂级性能计算、分析和经济负荷调度等。SIS 系统由 SIS 接口机、SIS 服务器、SIS 功能站和通信网络四部分组成。

第五章 劳动纪律

长张强借取#1机组变电站东门钥匙,之后带领外雇的临时工进入变电站施工。其间,夏雨因事离开工作现场一段时间,留下临时工一个人在无人监护的情况下继续施工。下午14:40前后,物业公司所属施工队一名人员路过#1机组变电站,看到门未锁,里面有人施工,也进入#1机组变电站,"想顺便看看#1主变放油池围堰水泥有没有脱落"。

这种情况正好被到现场检查的公司领导发现,立马叫停施工,并通知安保部前来召开现场会,分析事故原因,明确各部门责任。

事发第二天,经公司经济考核委员会研究决定,安保部在公司内网刊登处罚通报,依据《京华热电有限公司安全生产工作奖惩管理标准》等各项安全管理制度,对事件有关部门及人员进行了严肃的批判和考核,具体措施如下:

生技部:
1. 考核生技部主任400元;
2. 考核生技部副主任600元;
3. 信息中心主管夏雨离岗培训一周,考试合格后方可重新上岗,并扣罚当月足额奖金;
4. 考核生技部工作异常一次。

运行部:
1. 考核运行部主任300元;
2. 考核运行部分管电气副主任500元;
3. 运行当值值长张强离岗培训一周,考试合格后方可重新上岗，并扣罚当月足额奖金；

4. 考核当班巡检值班员100元；

5. 考核运行部工作异常一次。

物业公司：

1. 考核物业公司经理300元；

2. 考核物业公司副经理400元；

3. 考核物业公司维护队队长500元；

4. 考核物业公司工作异常一次；

安保部：

1. 考核安保部副主任200元；

2. 考核安保部工作异常一次。

公司领导：

1. 考核公司安全副总① 200元。

公司领导对这次事件高度重视，多次在相关会议上强调，"要把安全生产永远放在心上"。8月10日，第60期《厂报》在第三版以整版的篇幅对该事件进行了报道，并以政工部的名义刊发了一篇评论员文章：

安全：我们不能含糊，更不能麻木！

8月5日，在公司SIS系统改造过程中，连续发生无资格工作人员违章进入#1机组变电站、无工作票、没有监护等多个方面的违章事件。电厂高压区是谁想进去就可

---

① 该副总以前就是安保部主任，现退居二线，所以这个职务相当于安保部正职主任。

第五章 劳动纪律

以进去的地方吗？相关主管领导的责任意识又哪里去了！

对"安全"二字的认识我们不能含糊、不能麻木啊！更多的话还要多说吗？本次违章事件，侥幸还没有造成严重后果，接受这深刻的教训还来得及，可当我们说起这样的违章行为都总是会让人心惊肉跳！试问：如果就因为这样一个本不该出现的违章行为而造成严重后果，难道不觉得可悲吗？

我们的企业生产运营已经三十多年了，特别是作为首都中心区一个举足轻重的发电供热企业，我们的一些干部员工居然对"安全"的认识还如此的粗略、肤浅，这与现代数字化电力产业的需求相比，难道不觉得可笑吗？

就算是苦口婆心吧，希望我们的干部员工能够好好地反省，好好地提高安全意识和责任意识。大道理不用多说，就算是为了自身生命的安全，为了能够"高高兴兴上班、平平安安回家"过日子，我们都必须时刻牢记：安全是作为人的最起码的前提和基础，没有了安全就没有了一切。

还是那句话：安全，我们不能含糊，更不能麻木！

政治工作部

2009 年 8 月 8 日

从这次事故及相应的考核处罚措施来看，京华电厂对日常安全生产管理抓得还是比较严的。直接责任人"离岗培训一周"，其实就是"临时性解雇"，在家待着。这算是一种行政处分。经济上，扣罚当月足额奖金 3000—5000 元，应该算是相当严厉了。除了相应的责任人需要接受处罚，相关部门的主管领导也要负连带责任。整个部门的职工也会被扣罚数额不等的奖金,只不过这个数量相对很小而已,一般也就 100 元左右。

除了"三票"管理和安全工作考核,其他日常考核项目还有生产工作管理考核和文明生产工作管理考核,遇到特殊情况,还有大修期间违章考核和大修期间文明生产考核。这些考核项目,一般都是情节较轻,罚款数额多则好几百元,少则几十元。但是积少成多,以部门计算,每个月被考核的金额还是相当可观的。不过细算到个人,可能也只能起到"挠痒痒"的作用吧。具体如表 5-8 所示。

表 5-8　　　　　　经济考核汇总　　　　　　单位:元

	运行	维护	生技	安保	物业	总经	检修
考核	-5060	-2220	-2470	-1200	-3700	-1000	-460
奖励	+2000	0	0	0	0	0	0
合计	-3060	-2220	-2470	-1200	-3700	-1000	-460

四　谬赏主义奖励

除了处罚,每个月的经济考核通报,也包括各种奖励,只不过,奖励得少,处罚得多。比如,2008 年 11 月的经济考核通报,有如下奖励内容:

六、表扬与奖励①

1. 维护部本体班在#2 联合机组汽机 2 瓦检查过程中,发现 2 瓦轴颈磨损,轴瓦上下瓦块磨损。经检查发现润滑

---

① 注意,这是第六项内容,前面五项都是处罚内容。

油盘车内供油铸钢管路焊口有杂质。解决了#2联合机组汽机2瓦反复出现轴瓦、轴颈磨损的问题。奖励维护部一等奖3000元。

2.2009年6月24日#2联合循环机组启动后润滑油中水分超标，本体班油组同志二十四小时连续滤油，确保油质合格，进而保证了机组的安全运行，奖励维护部1000元。

3.化验班油组人员监督到位，严把质量关，为润滑油水分超标的处理提供了依据和保障，奖励运行部300元。

再有，2009年1月经济考核通报里的奖励项目：

八、表扬与奖励①

1.8月12日早8：08，运行戊值#2联合循环机组副值班员蒋铁军盘前发现#2汽机EH油箱油位已经下降到385mm（正常液位450—550 mm），汇报值长，值长立即派人到9米汽机本体、4.5米进行检查，杨明芳就地检查发现为汽机低压旋转隔板南侧油动机处漏油，及时通知维护本体班。8：35分，关闭油动机供油门，油位停止下降，由于蒋铁军、杨明芳及时发现#2汽机EH油箱油位下降，避免了油泵跳泵，机组跳机。奖励运行部，金额300元。

2.2009年8月18日7：00运行戊值王文军检查时，

---

① 同样，前面七项属于处罚内容。

发现综合水泵房生活水至办公楼供水门接口处漏水，报告值长登记缺陷，后发现水管上部天花板处有水痕，检查办公楼发现跑水，立即将生活水至办公楼供水门关闭，后查为办公楼4楼墩布池一水龙头未关，造成跑水。王文军同志巡检认真，从一处小漏点发现问题，查找根源，及时进行处理。奖励运行部，金额200元。

上面说到的经济考核和行政处罚，决定权在公司层面，具体由企业管理部负责。相反，奖励措施，包括奖金的分配，尤其是部门性质的奖金分配，决定权很大一部分都在基层。

当然，这种部门奖励很大程度上是按照"论功行赏"的原则分配的，要不然，职工会有意见，日后工作就不配合了。在京华电厂，这种情况也出现过好几次，特别是具体到"班"这个层面。有些班长经常把好处都往自己的腰包里揣，平时对职工要求又很苛刻，所以不得人心，日积月累，就被领导撤下去了。也有一些班长，厂里一有奖励，全部用来请吃请喝，甚至把属于自己的部分也拿出来分给大家，以为这样就能得到职工的支持和拥护。结果家属不干了，闹到厂里来，领导一调查，确实这么回事，也给撤下去了。

当然，也有直接针对个人的奖励：

2009年5月5日，张雷同志在#4发电机大修检查过程中，凭着强烈责任心和多年的检修经验，发现#4发电机转子护环内导流片安装角度不当。主动联系多名人员现场查看，并将现场情况照相发至上海电气有限公司。经厂家确认#4发电机转子护环内导流片安装不当。此次问题

第五章 劳动纪律

的发现为机组的安全可靠运行提供了有力保证，按照公司安全立功奖励标准，特给予张雷同志一等功奖励，奖励3000元。

对于能给厂里带来直接效益，减少不必要的损失，变现突出的职工，这样的奖励力度，也是常用的事。不过，很多职工却表示：

其实，你靠这些小恩小惠，是搞不好整个企业的。其实，在我们看来，有些事情也没什么大不了的，很多都是本职工作的分内之事。我做了，你什么都不表示，我还能有点自我满足感。你给我钱，好像我是为了几个钱才这么做的。是不是这个道理？你明白我的意思不？

（杨达，维护部职工，访谈编号：XSF090926）

这是一个很有意思的现象。在管理层看来，这是一种绩效奖励制度。到了职工那里，反而有点热脸贴冷屁股的意思。在调查过程中，有些职工这么告诉我们：

现在对厂里的感情很复杂，不像以前那样单纯。以前，大部分职工都是一心一意，只有一个念头，那就是为了厂里效益好，要我怎么干都行。有时候活忙起来，都顾不上吃饭。工作的地方离家里也就五分钟的路，但就连这点时间都没有。父母心疼了，做好饭，送到班上。这才胡乱扒几口，填填肚子，马上接着干。

（张强，运行乙值值长，访谈编号：DY090926）

市场改革与组织调适：单位研究视角下的国企改革

> 有一次，厂里自己安装的水泵坏了，河水倒灌，弄得老厂北门外的大街到处都是污水。那是一个中午，大家都在吃午饭。很多职工一听到消息，立马放下筷子，冲到现场，帮忙抢修。那个时候，真是把厂里的事当作自己的事，别的什么想法都没有。
>
> （杜涛，退休职工，访谈编号：WRM090926）

在我们看来，这里涉及一个前面提到的"认同"概念。对于绝大部分国企工人来说，企业不仅只是一个工作单位，更多的，还包含了很多复杂、深厚的感情。永久性就业造成的一个结果是，大部分职工几十年如一日，都在同一个单位工作：衣食住行、生老病死，生活的方方面面，都与工作单位息息相关。所以，对他们来说，单位就像一个大家庭，是一个真正的社区（community），包含着一种身份认同和情感皈依。

改革之后，这种情感联系在很大程度上被当作一种包袱，成了决策者唯恐甩之不及的"烫山芋"。国企改革的一个重要方向，就是简化企业和员工之间的关系，从原先的"无限责任"，变成合同约定的用工契约关系。在这个过程中，职工对单位的种种感情，逐渐被货币冲淡，变成一种纯粹的工具性交换关系。

在职工看来，这是一种贻笑大方的倒退之举。比如，职工们认为："原本是本职工作的，你却给我奖励，这不是让人哭笑不得是什么？"有人把这种现象概括为"谬赏主义"，意思是"干了该干的事，拿了不该拿的钱"，其本质，"实际是通过将应该的提升为需要褒奖的，将不太应该的模糊为应该的，而一步步逼退社会生活底线"。① 对于职工来讲，企业这么做，实际上是不把职工当自己人，往外推。

五 将多兵少的科层体制

这说是京华电厂管理机构臃肿，人浮于事。一个职工曾经这么跟我们描述：

> 我给你仔细算一下：大老总发现某个地方不对劲，叫来分管该工作的副总，说你负责找人立即把问题解决。副总叫来下属具体职能部门的一把手，比如运行部的主任，把任务交给他。主任是把握全局的，负责具体工作的都是副手。于是，任务又到了副主任手里。副主任再找下边的职能部门，比如车间主任；车间主任再找班长，班长传达给组长。最后，组长再找一个具体负责该工作的工人，才能把活干了。这么你算算，一共经过了多少个层序？
>
> （杨达，维护部职工，访谈编号：XSF091123）

照这么计算，一个命令，要经过七八个人，才能到达一个具体干活的人那里。而且，现在存在另外一个情况，就是很多指挥干活的官不懂具体的生产技术，很多时候都是瞎指挥，底下干活的工人，有时候也很无奈。要是在过去，这种情况肯定不会出现，即使偶尔会有，也不会像现在这么普遍。

---

① 孙立平：《"公仆"的谬赏主义逻辑》，https：//www.aisixiang.com，爱思想授权发布。

作为长期负责生产和运行的副厂长，今年（注：2009年）58岁的张书记有着几十年的一线生产经验，考虑到健康和年龄原因，去年退居二线，现在是厂里的党委副书记兼工会主席。他告诉我们：

> 现在有些部门的领导，我真不知道是怎么上来的！他根本就不懂自己分管的那摊子事。以前提拔一个干部可不像现在这么简单。那得要经过层层考察和审批的：先是厂里酝酿要安排一个新的领导岗位，于是让人事部门，以前叫劳资科去下面物色人选。下面也可以民主推荐候选人。确定好几个候选人之后，开始对每个候选人的综合素质和各方面的表现进行考察、打分，按照得分高低，确定三个到四个候选人报送厂领导。厂领导开会研究，确定最终人选，进行公示。公示完毕，职工没有意见，才让开大会宣布上岗。这是一点都不含糊的。
>
> （问：那现在呢？）
>
> 现在简单了，领导看上你了，你就上。
>
> （问：那领导在确定人选的时候，不考虑他的能力吗？）
>
> 也考虑，但不是最重要的。领导最看重的，是你听不听话，能不能替他管好这个摊子。

张书记还告诉我们：

> 以前，像我这样的领导很多，都是基层一路干上来的。分派任务给职工，职工说干不了，就当面去问，为什

么不能干？职工说这个那个，找各种理由。我挥手，让他停下，别扯这些！你看我怎么给你干。穿铁片，我一个小时穿八组，你也甭多了，一个上午，给我穿八组。

我也知道自己个头高，力气大，你一个女同志，确实不能按照我的标准来要求你。那我就按自己1/4的工作量给你。哎，没话说了，擦干眼泪开始干了。

（张德广，党委副书记兼工会主席，访谈编号：SLH091021）

从这些叙述我们可以看到，在过去，领导和职工基本上能打成一片，至少在劳动生产过程中，不存在严重的抵制和冲突。到了现在，管理层和一线的工人日益分裂为两个对立的阶层，二者只靠一纸合同维系着脆弱的劳资关系。领导只把职工当作雇工，职工对于企业也缺乏主人翁似的主动性。

这种关系，在2009年5月新机组的第一次大修中体现得淋漓尽致。本来，厂里计划利用这次大修的机会，让工人好好熟悉和学习一下新机组的新技术，就当是一次厂内的自我培训。但是，经过再三权衡和考虑，最后还是请了湖南的一家发电厂派人来维修。对于厂里的这个做法，有职工给出了两方面的分析意见。一方面有利益的考虑。因为主要厂领导都是湖南人，油水肯定要给自己人。这次大修，费用要好几百万元，也是一笔不小的收入。另一方面，更重要的是因为厂领导对职工不信任。这种不信任，既有职工年龄老化、技术落后的原因，也有怕职工趁机捣乱，在维修过程中动点小手脚的担心。一开始听到这个说法，我们颇为惊讶。对自己厂里的职工如此戒备，实在是件很夸张的事情。由此可以推测，管理层和工人的对立确实已经到了一个比较严重的地步。

第四节　从认同到强制

本章开始简要回顾了社会学关于劳动控制过程的研究。其中，布洛维关于工厂政体与国家、市场之间关系结构的概括，对我们的研究很有启发。根据我们的调查，京华电厂基本上处于"官僚专制"这个序列上，但又受到了市场的影响，强调效率、契约和利润。这导致其内部劳动控制过程呈现出一种与以往"典型单位制"① 时期颇为不同的管理模式。

一　劳动控制的连续统

有学者根据强制和协商所占比重的不同，把组织的领导方式分为四种类型。具体如图5-8所示。

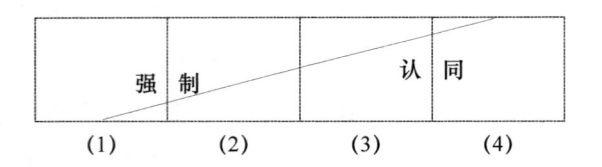

	强　制		认　同	
	(1)	(2)	(3)	(4)

图5-8　劳动控制的连续统

资料来源：宓小雄：《构建新的认同：市场转型期国有企业的劳动控制》，社会科学文献出版社2007年版，第32页。

根据强制程度的轻重，从左至右，依次可以区分出四种组织管理模式：剥削式专制、仁慈式专制、协商式霸权和参与式

---

① 田毅鹏：《"典型单位制"的起源和形成》，《吉林大学社会科学学报》2007年第4期。

民主。我们认为,这个理论模型是一个比较好的分析工具,可以用来阐释劳动过程控制的各种类型。

剥削式专制,是一种以强制为主、辅之以少量认同的劳动控制模式。工人缺乏必要的利益代表,国家也很少干涉工厂的内部管理。这是一种由资本家或者管理层独断统治的工厂体制。

仁慈式专制,还是以专制为主,但认同的成分有所增加。工人的基本权益有了保障,国家也开始尝试干预工厂的内部管理。但是,此时的劳动控制模式更多的还是受到市场自由竞争的影响,国家的力量相对薄弱,工人缺乏组织,在劳资互动中处于明显的弱势。

协商式霸权,以认同为主、以强制为辅,劳工的利益已经有了制度化的保护,工会组织强大,促使资方在劳动控制过程中更多地采用协商和谈判的形式争取工人的合作。

参与式民主,类似于布洛维所说的"集体式自我管理",劳动控制模式基本上以认同为主,辅之以少量的"少数服从多数"式的强制。

从历史的角度来看,以上四种模式分别对应于资本主义原始积累时期、竞争资本主义、垄断资本主义和理想的共产主义参与式民主。

二 从认同到强制:单位内部劳动控制模式的变迁

有学者认为,当前中国国有企业劳动控制的走向,是从仁慈式专制出发,向协商式霸权演进,① 即从图 5-8 中的 (2)

---

① 宓小雄:《构建新的认同:市场转型期国有企业的劳动控制》,社会科学文献出版社 2007 年版,第 32 页。

向（3）变化。按照这个说法，职工对单位的认同越来越多，管理层对工人的强制越来越小。

在我们看来，这个结论是有待进一步推敲和商榷的。京华电厂的实际劳动控制过程告诉我们，从改革初期到现在，这个变化的方向如果不说恰恰与上述判断相反，那么至少也是十分不一致的。在我们看来，前文这个劳动控制的连续统模型带有强烈的线性进化论特征，与当前中国国有企业的现实状况相去甚远。我们的调查发现，京华电厂的劳动控制，已经从原先以强烈的身份认同为基础的自愿性服从，发展到现在的以简单货币奖惩为特征的强制性专制。

三 国企内部劳动控制的一个解释框架

上面介绍的，基本上是一个普适性的分析框架。但在我们看来，要把这个框架应用于中国单位内部工作过程的解释，还需要做出一些细微的调整。当前中国工作单位内部的劳动控制过程，既有国家和市场的直接或间接干预，又带有很强的科层制官僚特征，[①] 同时，在决策过程中，工厂的管理层独断专行，几乎不用征求和考虑职工的意见。因此，我们认为，可以把中国单位内部的劳动控制过程，概括为霸权、官僚专制和市场专制的一个混合体。三者互相作用、交织成一个复杂的劳动控制模式。有学者认为，这是一种简单控制性的劳动关系，[②] 得到了国家及市场等多种力量的默认，同时，工会的

[①] 吴海琳：《中国组织认同的单位制传统与当代变迁》，《湖南师范大学社会科学报》2016年第6期。

[②] 佟新：《国有工业企业简单控制型的劳动关系分析》，《开放时代》2008年第5期。

作用和力量被瓦解，工人在劳动力市场中处于碎片化的状态。更有人认为：

> 在严重畸形的劳动力市场中，加之国家对市场化的不断推进和强化，资本取得了绝对的霸权，而这种市场霸权构成了工厂内部专制政体的基础保障。在这种市场霸权之下……资本则不仅牢固地确立其在工厂内部的专制政体，而且有能力对抗国家对于工厂内部政体的干预。市场霸权下的失序专制主义成为中国当前工厂政体的普遍特征。①

我们基本上认同上述观点，并且认为，在这样种劳动控制模式下，工人处于国家、市场和科层制官僚三重挤压下，地位正日益下降。这是中国国有企业单位内部劳动控制模式的基本现状。

周雪光和艾云在一篇讨论农村基层选举的文章中指出，"国家政策的演变导致了基层政府的任务环境发生重大的变化"，从而影响了村庄选举的实践形态。② 本书第四章在介绍京华电厂的市场转型过程时，也涉及这种关系模式。转型前后的对比与其说是一种变化，不如说这是一种结构性的延续：因为京华电厂的所谓市场转型，完全是在国家的推动下进行的。因此可以说，国家这只"看得见的手"，才是解释所有这一切变化的最主要的变量。只不过，国家强调的内容或者方式发生

---

① 陈彦勋：《市场霸权下的失序专制主义——农民工研究的一个视角》，《北京大学研究生学志》2009 年第 4 期。
② 周雪光、艾云：《多重逻辑下的制度变迁：一个分析框架》，《中国社会科学》2010 年第 4 期。

了改变,从以前的再分配到现在把市场作为配置资源的基础手段。这种关系有点类似齐美尔所说的"形式"或者帕森斯意义上的"模式变量",变化的是相对灵活的"内容",背后隐藏的稳定结构还是基本维持不变。

由此可见,在"权力维续"①和"渐进式改革"②的前提下,解释当下中国几乎任何社会问题必定离不开"国家"这个变量。寇古和赞德③对联邦德国和德意志民主共和国的两家蔡司厂(ZEISS)的技术创新能力进行了比较研究:两家工厂各方面的条件都十分相近,④唯一的区别,是一个处于资本主义市场经济,另一个处于社会主义计划经济。那么,社会主义的蔡司厂是否缺乏创新、在技术上落后于对手呢?对比两家工厂在第二次世界大战后申请专利的数量后发现,德意志民主共和国蔡司的创新能力并不比联邦德国蔡司厂逊色,甚至在某些领域还超越后者。不过社会主义蔡司厂的技术创新更加集中和专注,而资本主义蔡司厂则在更广泛的技术领域进行了专利申请和技术创新。在解释这一关键区别时,寇古和赞德指出,德意志民主共和国蔡司厂的科研受中央计划指令经济的影响更加专注,而联邦德国蔡司厂的研发则不断根据消费市场变化做出更加灵活的调整。

---

① 边燕杰、张文宏:《经济体制、社会网络与职业流动》,《中国社会科学》2001年第2期。

② 孙立平、王汉生、王思斌等:《改革以来中国社会结构的变迁》,《中国社会科学》1994年第2期。

③ Kogut B. and Zander U. , "Did Socialism Fail to Innovate? A Natural Experiment of the Two Zeiss Companies", *American Sociological Review*, 65 (4), 2000: 169-190.

④ 具有同样的历史遗产,属于同一品牌,拥有同样的生产技术,都是第二次世界大战后重建的等,几乎像一对孪生双胞胎。

这就不难理解为什么近年来国内有学者如此强调"国家"的作用。① 京华电厂的体制转型告诉我们，当国家政策强调仪式化的政治合法性时，厂里就可以放下生产，全员轮训；而当国家决定向市场转变，强调技术性的经营业绩时，效率机制就浮出水面，成为企业的首要目标。可见，组织面临的其他环境变量也应该成为我们解释单位内部权威关系结构变化时需要考虑的因素。基于上述认识，我们尝试着给出了分析框架（见图 5-9）。

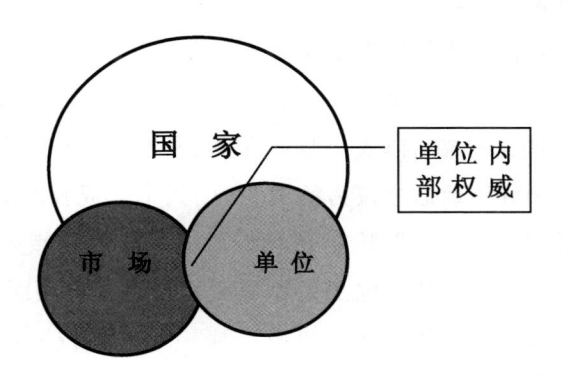

图 5-9 单位内部权威关系结构：一个简单的分析框架

---

① 冯仕政：《国家、市场与制度变迁——1981—2000 年南街村的集体化与政治化》，《社会学研究》2007 年第 2 期；沈原：《市场、阶级与社会——转型社会学的关键议题》，社会科学文献出版社 2007 年版；沈原：《又一个三十年？转型社会学视野下的社会建设》，《社会》2008 年第 3 期。

第六章　住房分配[*]

正如前文已经指出的那样,"单位"的一个基本特征,就是两种依赖性结构的组织化和制度化的整合:一方面是依仗利益和资源交换建立起来的权威结构;另一方面是强制性的行政权力命令造成的统治模式。即所谓的政权和财产权的合一、市场交易权力和行政命令权力的统一。[①] 其中,资源的交换和分配,是职工对"单位"产生依赖性关系的一个重要条件和基础前提,贯穿单位体制内部人际交往模式的方方面面。因此,通过资源分配的过程,我们可以窥探一个"单位"内部的深层权威关系结构。

---

[*] 本章部分内容,曾于2009年7月12日在华中科技大学第六届组织社会学实证研究工作坊"后单位制与社会结构"单元上宣读。会上很多老师和同学都提出了非常中肯的意见和很有价值的评论,他们是李路路、周雪光、李友梅、冯仕政、张文宏、王水雄、张兆曙、熊万胜等老师,以及贾文娟、张陈健、吕德文、练宏等同学。在此一并致谢。

[①] 李汉林、李路路:《资源与交换——中国单位组织中的依赖性结构》,《社会学研究》1999年第4期;李路路:《论"单位"研究》,《社会学研究》2002年第5期;李路路、李汉林:《单位组织中的资源获得》,《中国社会科学》1999年第6期;李路路、李汉林:《中国的单位组织:资源、权力与交换》(修订版),生活·读书·新知三联书店、生活书店出版有限公司2019年版;李路路、李汉林:《单位组织中的资源获取与行动方式》,《东南学术》2000年第2期。

第六章 住房分配

住房是职工福利的头等大事。对于"单位"内部的干部职工而言，住房作为一种基本的生存资源，不仅是"单位"提供的一种"特殊"① 福利，更为重要的是，其分配和调节，还意味着一种围绕规则制定和实施的结构博弈和政治游戏，用"八仙过海，各显神通"来形容，也毫不为过。本章将试图通过对京华电厂历次福利分房和集资建房过程的民族志描述，来透视和分析该"单位"内部权力和权威关系的变迁。最终目的，是为本书的中心论题，即揭示"单位"内部权威关系结构与制度转型和市场改革之间的复杂关系服务。

具体而言，本章将分以下几个部分来呈现和讨论京华电厂的住房分配。首先，简要回顾中国住房分配制度的历史演变情况，再具体到北京市的住房分配制度演化历史，希望从中梳理京华电厂历次分房的宏观背景。其次，我们关心的是，作为一个（相对而言的新）制度，历次，尤其是最近这次分房办法是如何制定和产生的；一旦固定下来，形成正式的书面红头文件，京华电厂的历次分房又是如何进行的；这个过程体现了怎样的权威关系模式。再次，制度的（意外）后果是什么；对"单位"内部的权力和权威关系结构又会产生哪些影响。最后，我们简要回顾京华电厂四十多年来的历次分房过程，结合大的社会背景和制度转型，从分房政治过程中挖掘、概括该"单位"内部权力和权威关系结构的变迁。在开始民族志描述之前，让我们先来看看与"单位"分房背后的宏观政策演变以及相关研究的情况。

---

① 这个特殊是就当下的时代背景和制度环境下而言的，在过去，要求"单位"提供住房，在很大程度上是一种理所应当的合理期待。

第一节 "最后的晚餐"？住房分配的系谱学

作为一种生活必需品，住房是一种极为特殊的物品。它既可以被作为一个私有物品来看待，同时也具有公共产品的性质。作为一种私有物品，它的意义在于，社会成员可以拥有自己住房的独立产权。作为公共物品，其提供者——政府则承担着使"居者有其屋"的责任。因此，不管从哪个方面来看，住房问题都是关乎社会稳定的一个关键因素。

一 中国城镇住房分配制度的历史演变

中华人民共和国成立以来，住房分配制度经历了几次大的调整和变革，特别是在改革开放四十多年的时间，政府一方面大力推进住房改革，把住房实物福利分配的方式改变为以按劳分配为主的货币工资分配方式；另一方面加紧宏观调控，积极促进房地产业和相关产业的发展。

按照大致的时间进程，中国的住房分配制度大致可以分为以下几个阶段。

第一个阶段从中华人民共和国成立到1978年，也就是计划经济体制下的住房政策。中华人民共和国成立后，国家确立了以公有制为基础的发展路线。在住房领域，政府把住房纳入福利的范畴，采取国家统筹统建、低租分配的制度。1949年8月12日《人民日报》"新华社信箱"发表《关于城市房产、房租的性质和作用政策》一文，为确立中华人民共和国成立后公私房产管理的基本方针奠定了基础。该文提出：

第六章 住房分配

由于接管国民党反动政府的房产和由于没收官僚资本家及罪大恶极的反革命分子私人所有的房产而来的人民民主国家的国有房产,它的所有权属于人民政府,属于人民,更明确地说,主要是以工人阶级领导的以工农联盟为基础的人民大众的公有财产,是带有社会主义性质的财产……应当把所有城市房屋看作社会的财产,加以监护。①

中华人民共和国成立之后,国家开始全面推行社会主义公有制改造。在住房领域,1956年1月,中共中央批转中央书记处第二办公室《关于目前城市私有房产基本情况及进行社会主义改造的意见》(以下简称《意见》)的指示提出,"对城市房屋私人占有制的社会主义改造,必须同国家的社会主义建设和国家对资本主义工商业的社会主义改造相适应"。《意见》还提出"经租房"的改造思路,"对城市房屋占有者用类似赎买的办法,即在一定时期内给以固定的租金,来逐步地改变他们的所有制"。② 在各种模式的公有制改造之下,1958年年底私房改造就基本结束了。1964年7月,政府正式宣布私人租赁性质的住房关系基本不再存在了。1956—1965年这十年间,据称有1亿平方米的私有住房被公有化。③ 到1978年,

---

① 《关于城市房产、房租的性质和作用政策》,《人民日报》1949年8月12日。
② 中央档案馆、中共中央文献研究室编:《中共中央文件选集(一九四九年十月——九六六年五月)》(第22册),人民出版社2013年版,第98页。
③ 张元端、张跃庆主编:《中国改革全书(1978—1991):房地产业改革卷》,大连出版社1992年版。

中国城镇住房中74.8%为公有化住房。①

这一时期,职工虽然不拥有房屋的产权,但可以极低的租金成本居住在采用实物分配的方式提供给职工的住房里。所以说,那时的住房供应和分配本身就带有非常浓厚的福利和保障色彩。由于成本昂贵,导致国家和各单位负担过重,对住房建设和维护的积极性一直很低迷,加之人口数量的急剧增长,使得人们的居住水平始终在低质量、重均等的状态下徘徊。②

到了20世纪70年代末80年代初,中国城镇住房出现了供给严重不足的问题。当时人均居住面积不到3.6平方米,住房困难的家庭(人均4平方米以下)或两家合住一套单元的不方便户与无房户等占城镇家庭总数的35.6%。③ 在这个背景下,住房分配制度改革进入了决策者的考虑范围。

第二个阶段从1978年到1999年,是从计划到市场的渐进式改革阶段。1978年以来,以邓小平同志关于住房制度改革的一系列谈话为起点,住房改革拉开了序幕。从理论上看,首先是通过20世纪80年代初期关于住房商品属性的讨论,确立了住房商品化思路。在实践上,城镇住房制度改革也从80年代的售房、提租试点和90年代初期房改的全面起步,进入到全面推进、建立与社会主义市场经济体制相适应的住房新制度的新阶段。

1988年2月,《国务院关于印发在全国城镇分期分批推行

---

① 侯淅珉、应红、张亚平:《为有广厦千万间——中国城镇住房制度的重大突破》,广西师范大学出版社1999年版。
② 边燕杰、[美]约翰·罗根、卢汉龙等:《"单位制"与住房商品化》,《社会学研究》1996年第1期。
③ 王育琨:《论我国城镇住房制度改革》,《经济研究》1992年第1期。

住房制度改革实施方案的通知》,提出住房改革的目标是实现住房商品化。另《国务院办公厅关于转发国务院住房制度改革领导小组鼓励职工购买公有旧住房意见的通知》,开始出售公有旧住房,为住房改革筹措资金。随后,国务院分别于1991年6月、1994年7月和1998年7月,陆续发布了《关于继续积极稳妥地进行城镇住房制度改革的通知》、《关于深化城镇住房制度改革的决定》和《关于进一步深化城镇住房制度改革加快住房建设的通知》(国发〔1998〕23号,以下简称《通知》),进一步要求停止住房实物分配,提出要建立与社会主义市场经济体制相适应的城镇住房制度,实现住房商品化、社会化,加快住房建设,改善居住条件满足城镇居民不断增长的住房需求。同时,强调要全面推行住房公积金制度,积极推进租金改革,加强经济适用住房的开发建设。其中尤以1998年《通知》最具标志性的意义:《通知》明确指出,从当年下半年开始停止住房实物分配,逐步实行住房分配货币化,全面推行和不断完善住房公积金制度。至此,中国的住房商品化正式拉开了序幕,走上了快速发展的阶段。

  不过,这阶段实行的是计划和市场同时并行的双轨制,所以说是一种渐进式改革。中国的经济体制改革总体上是遵循着渐进式的模式进行的,即所谓的"摸着石头过河"。单位体制作为一种基本的组织制度,并没有随着经济市场化的进行而消失,相反,在城镇社会的诸多方面,单位体制仍然存在并且在某些领域还发挥着基础性的作用。作为一种生活必需品,许多城镇职工的住房还是要依靠自己所在的工作单位来解决。即便是购买商品房也有很多是通过自己的工作单位团购。边燕杰等学者对"单位制"和住房商品化的研究就得出了这样的结论性发现：

> 工作单位作为社会再分配中的重要机制，在住房的拥有结构中发挥着不容忽视的作用……单位的规模大小、行政级别以及单位的经济性质等非市场要素仍旧是住房不平等的主要原因。①

第三个阶段是 2000 年至今，中国住房分配进入市场化、商品化和货币化时代。1998 年《通知》标志着中国彻底告别旧的福利分房制度，职工和企业之间的住房纽带被切断。由此，中国住房制度进入了全新的市场化时代。

2000 年，建设部印发《关于进一步深化国有企业住房制度改革加快解决职工住房问题的通知》，全面叫停了福利分房，各地方不得再以历史遗留问题为借口进行福利分房，至此，历时二十余年的住房制度改革走完了第一步。2003 年，全国首届房地产工作会议召开，会上第一次把房地产业提高到国民经济支柱产业的地位。同年 8 月，国务院下发的《关于促进房地产市场持续健康发展的通知》（国发〔2003〕18 号）指出，经济适用房由"住房供应主体"改为"具有保障性质的政策性商品住房"，而住房的供应主体被商品房所替代。

之后，中国房地产市场进入井喷式高速增长期。根据国家统计局发布的《2005 年城镇房屋概况统计公报》，②截至 2005

---

① 边燕杰、约翰·罗根、卢汉龙等：《"单位制"与住房商品化》，《社会学研究》1996 年第 1 期。
② 国家统计局，https：//www.stats.gov.cn/sj/tjgb/qttjgb/qgqttjgb/202302/t20230218_1913262.html。

年年底，全国城镇房屋建筑面积164.51亿平方米，全国城镇人均住宅建筑面积26.11平方米，全国城镇户均住宅建筑面积83.2平方米，户均成套住宅套数0.85套。其中，北京市的人均住宅建筑面积为32.86平方米，在全国处于前列。相比于改革之前的人均不到4平方米，住房改革不可谓成绩斐然。① 同时，政府也基本上退出了住房分配领域。

住房的货币化、商品化和市场化改革引发房价发生多轮上涨，导致中低收入者面临越来越大的住房困难。2007年以后，中国的住房制度改革重点从商品房市场延伸至保障性住房，保障性住房的体系建设初步完成，制度法规逐步完善，覆盖层次不断丰富。② 2007年8月13日，国务院办公厅发布《关于解决城市低收入家庭住房困难的若干意见》（国发〔2007〕24号），把对城市低收入家庭的住房保障正式提升为住房政策的主要内容。2010年1月10日国务院办公厅发布《国务院办公厅关于促进房地产市场平稳健康发展的通知》（国办发〔2010〕4号），提出要在2012年前为1540万户城市低收入家庭提供保障性住房。2013年12月2日，住房和城乡建设部、财政部、国家发展改革委发布《关于公共租赁住房和廉租住房并轨运行的通知》（建保〔2013〕178号），要求各地公共租赁住房和廉租住房并轨运行。2016年12月的中央经济工作会议首次提出，"房子是用来住的，不是用来炒的"，确立我

---

① 但是，国家统计局发布的《中国人口普查年鉴2020》显示，截至2020年11月1日，中国家庭户人均住房建筑面积达41.76平方米。其中北京为33.41平方米，位居倒数第三。参见https：//www.stats.gov.cn/sj/pcsj/rkpc/7rp/zk/index-ch.htm。

② 李国庆、钟庭军：《中国住房制度的历史演进与社会效应》，《社会学研究》2022年第4期。

国新阶段房地产市场发展的新思路与新目标。党的十九大报告再次明确强调,"坚持房子是用来住的、不是用来炒的定位,加快建立多主体供给、多渠道保障、租购并举的住房制度,让全体人民住有所居"。① 经过几十年的快速发展,虽然中国人均住房面积依然小于欧美日等主要发达国家,② 但不可否认的是,我们取得了实质性的长足进步。根据《中国人口普查年鉴2020》,中国家庭户人均居住面积达到41.76平方米,平均每户住房间数为3.2,平均每户居住面积达到111.18平方米,其中城市家庭人均居住面积为36.52平方米。③

但是,前文已经指出,作为一种生活必需品,住房同时兼具商品和福利的双重性质。在房地产市场高速发展,居民住房条件日益改善的同时,房价也绑上了火箭,急剧飙升,尤其是像北京这样的一线大城市,房价一路扶摇直上,很快就超出了居民的承受能力。

此外,在大力推进住房市场化的同时,政府也出台了一些保障性的住房政策,包括加快经济适用房和廉租房的建设,积

---

① 华西证券政策专题报告,2023年5月9日,《房地产政策历史回顾》,https://pdf.dfcfw.com/pdf/H301_AP202305101586440193_1.pdf;民生证券宏观专题报告,2021年3月15日,《起底历次房地产调控:背景、措施与效果》,https://pdf.dfcfw.com/pdf/H3_AP202103151472037194_1.pdf?1615839137000.pdf;任泽平,2012年3月8日,《房地产调控二十年:回顾、反思与抉择》,https://m.21jingji.com/article/20170308/herald/de05b5a62fa388f7d4dbaaf53418a36c.html。

② 上海易居房地产研究院,2020年11月,易居专题研究系列,《住房饱和度研究报告》,http://admin.fangchan.com/uploadfile/uploadfile/annex/3/2431/5fbca0224c19c.pdf。

③ 人民网,2022年8月10日,《人均41.76平方米,啥水平?》,http://finance.people.com.cn/n1/2022/0810/c1004-32499201.html;每日经济新闻,2022年6月27日,《最新数据:中国人均住房面积超41平方米 平均每户居住面积达111平方米》,https://finance.eastmoney.com/a/202206272425805376.html。

极推进棚户区改造等措施。但总体而言,赶不上房价上涨的步伐,对于大部分住房困难居民来说,基本上于事无补。

在这种情况下,一些地方和单位"逆势"而动,重启福利分房,有人甚至提出要进行"二次房改"。从"单位体制"的角度而言,迄今为止,中国的住房改革在很大程度上仍未绕开"单位"这个结。虽然住房分配的各个过程,包括土地征集、建房、售房和租房等一系列环节在表面上都带有强烈的市场色彩,但在实际操作过程中,单位的作用仍在发挥。① 尤其是那些因为历史原因造成职工住房困难的单位,更是想方设法,利用自己特殊的组织行动能力来获得"特批",从而不断把"末班车"的时间往后推。2007年第10期的《中国经济周刊》刊发了一篇题为《变相福利分房暗流涌动 两部委联手强推"差价缴个税"》的报道,指出"以取消福利分房为标志的房改已进行8年,但单位自建房并低价出售给内部职工的现象一直存在"。同年,《观察与思考》第6期也登载了一篇题为《福利分房:六年后卷土重来》的文章,对此前广州市允许驻穗单位和国有大中型企业自建住房,允许职工在货币、实物分房之中"二选一"的做法进行了跟踪报道。② 对此,建设部联合监察部、国土资源部于2006年8月发布《关于制止违规集资合作建房的通知》,严词叫停党政机关集资建房。但这也未能阻挡地方单位自建房的步伐,光是"叫停",显然不能从根本上解决住房分配制度存在的内在问题。

---

① 边燕杰、约翰·罗根、卢汉龙等:《"单位制"与住房商品化》,《社会学研究》1996年第1期。

② 新华网也进行了相关报道,参见http://news.xinhuanet.com/comments/2007-01/27/content_5659688.htm。

二 北京市城镇住房分配制度的历史演变

以上是中国住房分配制度演变的一个宏观背景框架,具体到各个地方和单位,情况又有差异。这个小节简要回顾一下北京市城镇住房分配制度的历史演变情况。

应该说,北京市的住房分配制度是和整个国家的政策走向密切联系在一起的,在某种程度上,是全国住房制度改革的一个集中缩影。不过,作为首都和中央单位的集中地,北京也表现出一些自身的特点。

1988年之前,北京的住房分配政策相对来说和国家的导向比较一致。1949年中华人民共和国成立后,北京市的住房供应与全国一样,实行"低工资、低租金、实物配给"的福利住房分配制度,政府依靠"单位",集中控制住房的供应。在这种高度集中的计划经济体制下,住房被纳入统一的国民经济和基本建设计划中,随着其他指令性项目,下达到各个"单位",具体由"单位"负责为自己的职工建设、分配和维护住房。于是,住房这样一种本应作为个人需求的物品,却成了"单位"不可推卸的责任,在很多时候,甚至是一种义务。由此导致的一个结果是,"单位"的行动能力(包括经济实力、行政级别、与上级政府和主管"单位"的讨价还价能力)在很大程度上决定了职工住房条件的好坏。在这个时期,北京的住房分配体制与整个国家的宏观框架基本保持一致。只是由于房屋产权隶属关系比较复杂,北京市的住房制度改革步伐相对要比全国慢上那么一两拍。

所以,直到1988年,北京市政府才启动优惠售房的试点工作,开始朝着市场化的方向迈进。这个过程一直持续到

1999年。其间，北京市的住房分配制度的核心内容，就是"以出售公房为重点，售、租、建并举"，以一种渐进的方式，逐步由高福利低租金的住房供给制，向住房商品化过渡。1999年9月，为了响应1998年《通知》号召，北京市委、市政府出台《北京市进一步深化城镇住房制度改革加快住房建设实施方案》，正式开始停止住房实物分配，改为以货币分配为主、以政府和单位补贴为辅的形式。这标志着，实行了40多年的住房实物分配制度，从此退出了历史舞台。

2000年至今，北京都坚持"以商品房为主体，兼有保障性住房"分配制度。从此，北京市的房地产市场开始高速发展。从一开始的"试探性"萌芽，到连续好几轮的"报复性"井喷，房价很快就蹿升到万元以上，并且一路领先，一直占据全国房价的前三名。老百姓享受居住水平提高的同时，也不得不承受高房价带来的种种痛苦。2001—2006年，北京市房屋销售价格指数分别为101.3%、100.3%、100.3%、103.7%、106.9%、108.8%，累计上涨22.9%。① 特别是2004年以来，房价更是进入非理性的飙升期。

2011年2月，北京市加大遏制房价过快上涨的政策力度，进一步加强房地产市场调控工作，② 出台了严格的限购政策，③

---

① 齐心：《北京住房制度改革：历程、成就与反思》，《北京规划建设》2008年第5期。

② 中央政府网站，2011年2月17日，《北京市关于贯彻落实国务院办公厅文件精神进一步加强本市房地产市场调控工作的通知》，https://www.gov.cn/gzdt/2011-02/17/content_1804772.htm。

③ 北京市住房和城乡建设委员会，2011年2月16日，《关于落实本市住房限购政策有关问题的通知》，https://zjw.beijing.gov.cn/bjjs/xxgk/ztzl/gycqzf/zcfg23/1750011/index.shtml。

并一直维持相对较紧的住房调控口径。此后北京市房价上涨趋势虽然没有得到有效控制，但居民住房条件和水平都有大幅提高。根据北京市住房和城乡建设委员会2022年8月发布的《北京住房和城乡建设发展白皮书》，北京市住房市场和住房保障两个体系更加健全，城镇居民人均住房建筑面积从2012年的29.26平方米提高到2020年的33.7平方米。① 2024年4月30日，在时隔13年后，北京首次放松了限购政策，允许符合一定条件的居民和家庭，在五环外新购买1套住房。②

  如前所述，考虑到收入水平和房价的飞速上涨，居民一下子难以承受如此巨额的消费负担。所以，自住房分配制度改革启动以来，北京市政府及各个单位一直在想方设法寻找政策的操作空间，解决住房困难居民的住房问题。比如，早在2000年12月，北京市出台《北京市城镇居民购买经济适用住房有关问题的暂行规定》，把经济适用房的建设和分配问题提上了日程。2001年8月，又出台《北京市城镇廉租住房管理试行办法》，为低收入家庭解决后顾之忧。

  除了出台这些保障性的住房制度，北京市政府还通过种种途径和办法"开小灶"。早在2001年，北京市就颁发《北京市进一步深化国有企业住房制度改革加快解决职工住房问题的指导意见》，决定给无房和住房未达标职工发放住房补贴。2003年年初，北京市总工会、市国土房管局、市房改办、市

---

① 北京市住房和城乡建设委员会，2022年8月，《北京住房和城乡建设发展白皮书》，https://zjw.beijing.gov.cn/bjjs/xxgk/zwdt/325891199/2022080511144750893.pdf。
② 中国新闻网，2024年5月1日，《时隔13年首次调整！北京限购新政对市场有何影响？》，https://m.chinanews.com/wap/detail/chs/zw/10209748.shtml。

财政局等7个部门联合发布《关于加快解决国有企业住房困难职工住房问题促进企业稳定的若干意见》,一口气推出八项优惠政策,为解决国有企业职工住房困难问题,鼓励企业自主建房大开方便之门。这八项政策又称"京八条",包括:①国企职工可申请廉租房;②支持国企自行组织危改;③企业可用自有土地集资建房;④搬迁企业应预留住房资金;⑤职工可卖公房购新房;⑥为住房困难职工提供房源;⑦住房困难职工购房可优先贷款;⑧有钱企业要发住房补贴。同年9月,北京市房改办又联合各部门发布《关于北京市机关事业单位职工住房补贴计发及有关纪律规定等问题的通知》和《关于北京市住房补贴资金管理有关问题的通知》,把无房和住房未达标职工的各机关企事业单位职工纳入住房补贴体系之中。对于国有企业的职工来说,"京八条",尤其是其中的第②③⑧条,以及前后一系列相关文件,等于是让他们在望而生畏的楼市前吃了一颗定心丸。或者说,政府把之前甩出去的包袱,重新又捡起来,只不过这次不是背回自己的肩上,而是交给企业去负担。①

国家坚持住房分配制度市场化的导向,地方政府出于自身利益的考虑,又纷纷出台各种"局部"对策,为辖区内的单位开小灶,这就是本章分析的京华电厂分房政治的双重背景。

三 从宏观政策到内部分配:分房的微观政治学

从以上分析可以看出,"单位"内部住房分配与国家的住

---

① 2007年2月8日,新华网刊登了一则新闻,题为《北京单位分房情况普遍 定向销售给本单位职工》,报道了北京铁路局自主集资建房的事件,并指出"采取类似做法的单位并不在少数"。参见 http://news.xinhuanet.com/house/2007-02/28/content_5781543.htm。

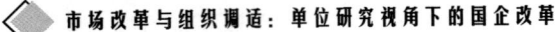

房制度改革过程是息息相关的。自从20世纪70年代末提出住房也要商品化的构想以来，城镇企事业单位对职工住房分配的改革进展缓慢，原因是过去几十年来国家在职工住房问题上欠账过多，许多职工仍存在住房困难的问题，至今仍是一个突出的社会问题。1998年《通知》决定自当年起停止住房实物分配，建立住房分配货币化制度，这是单位福利社会化的一个重要标志。当年，北京秋季举办了四次房展会，参展人数近30万人次，平均每30个北京人中就有1人参加，盛况空前，引起社会各界广泛关注。

随着房地产市场的蓬勃发展，房价迅速攀升，到了2009年年底，北京楼市正式进入"321"时代，即三环以内一平方米3万元，四五环2万元，五环以外1万元。在这种形势下，能否分到房子，是一件至关重要的大事。自己买商品房和单位分房，那简直就是天壤之别。前者意味着一辈子的积蓄投进去不算，还要背负巨额的住房贷款债务，故而有购房者忍不住感慨，一买房，就等于"一夜回到解放前"，下半辈子还要省吃俭用，做一个像蜗牛一样的房奴。如果是后者，那情况就完全不同了。即使不是完全的福利分房，职工也能以极为优惠的内部价买到户型、质量和地段都相对较好的房子。这个内部价，往往要比商品房交易的市场价低一大截。所以，对于普通职工来说，房子，如果不说是最重要的一种资源，也是日盼夜想、始终牵挂的一个心病。

这就不难理解，为什么中国，尤其是北京的住房改革至今仍未绕开"单位"这个结。虽然住房分配的各个过程，包括土地征集、建房、售房和租房等一系列环节在表面上都带有强烈的市场色彩，但在实际操作过程中，单位的作用仍在发挥。① 有些单位利用自己特殊的资源捕获和动员能力来获得"特批"，从而不断把"末班车"的时间往后推。一般这种活动都会被冠上"安居工程"之类的称号，表示领导不辞辛劳，多方奔走，为的就是为本单位的职工解决住房问题，这时，领导完全代表职工的利益。一旦申请得到批准，开始进入内部分配程序，管理层和职工之间就开始出现利益的分歧，最后产生正面冲突的情况也不在少数。在这个过程中，双方斗智斗勇，各显神通，经常能上演一出出精彩纷呈的博弈大戏。

正如本书在一开始就指出的那样，制度规范行为，② 结构形塑态度。在单位体制下，特殊的分配方式和制度安排导致国有企业内部领导和普通工人之间形成了一种独特的权威结构和博弈模式：领导利用再分配的权力和职位优势，占据着绝对的主导地位，③ 这在国企改革（放权让利）之后甚至更为明显；相反，普通工人（如果不考虑魏昂德所描述的积极分子和普通工人之间的内部分裂）只享有名义上的"主人"地位，在资源分配和管理决策上处于明显的弱势，只在利益严重受损的情况下，才会利用一些形式职能远大于实际效用的制度设施，如职代会、④ 工会或

---

① 边燕杰、约翰·罗根、卢汉龙等：《"单位制"与住房商品化》，《社会学研究》1996年第1期。

② 李汉林、渠敬东：《中国单位组织变迁过程中的失范效应》，世纪出版集团、上海人民出版社2005年版。

③ Zhao Minghua and Nichols Theo, "Management Control of Labour in State-owned Enterprises: Cases from the Textile Industry", *China Journal*, 36, 1996: 1–21.

④ Unger Jonathan and Chan Anita, "The Internal Politics of an Urban Chinese Work Community: A Case Study of Employee Influence on Decision-making at a State-Owned Factory", *China Journal*, 52, 2004: 1–24; 张静：《利益组织化单位：企业职代会案例研究》，中国社会科学出版社2001年版。

信访制度,① 或者伦理道德约束,如道义经济学和社会主义平均主义传统,② 来维护自己的权益。如前所述,在这种结构模式和制度背景下,单纯强调或偏重一方都会失之偏颇,妥当的做法,是在关注领导、管理层等"精英"活动的同时,重视普通行动者是如何在"单位"这一特殊组织的各种约束条件下有策略地行动的。只有这样,我们才能更加全面充分地把握"单位"这个"局部舞台"中的"控制辩证法"(dialectic of control)及其"意外后果"(unintended consequence)。③ 作为最重要的单位福利和再分配资源之一,住房的分配,不管是福利分房还是集资建房,无疑是这个"局部舞台"上利益博弈的焦点。

令人不解的是,对于这一至关重要的单位福利资源的分配过程,本应大力"深描",但就笔者目前能检索到的文献来看,相关的研究并不是很多。即使与单位分房相关,有很大一部分文献也是从宏观的国家决策层面出发,对整个住房改革的进程、形势、阻力和对策进行一般性的阐述,④ 或者

---

① 冯同庆:《中国工会解决拖欠劳动者工资的进展及问题分析——国家实体主导向劳动者与用人单位自协自治转变》,《北京市工会干部学院学报》2009年第3期;佟新:《企业工会:能动的行动者——以北京中外合资企业B有限公司工会实践为例》,《江苏行政学院学报》2005年第5期。

② 佟新:《延续的社会主义文化传统——一起国有企业工人集体行动的个案分析》,《社会学研究》2006年第1期。

③ 李猛、周飞舟、李康:《单位:制度化组织的内部机制》,《中国社会科学季刊》(中国香港)1996年秋季卷。

④ 戈国莲、赵四海:《我国城镇住房制度改革的背景和实践》,《社会主义研究》2004年第6期;赵四海:《中国城镇住房问题研究》,博士学位论文,华中师范大学,2003年。

是一些量化的统计分析,① 极少见到对于本书关注的单位内部分房过程的深入讨论。甚至就连专门论述"单位体制"或者国企内部分化与流动的研究,② 对于分房一事,也只是点到为止,或者一笔带过,甚至只字不提,鲜见详尽细致的分析和讨论。

尽管如此,从这些仅有的文献中,我们还是可以管窥一斑,来透视当前中国单位(及其内部)住房分配的若干特征。李斌和周红金通过对长沙市六个企事业单位的调查发现,住房改革前后,人们认为影响住房分配最重要的因素分别为:职务(63.2%/45.8%)、③ 关系(47.7%/5.4%)、学历(35%/22.7%)、工龄(6.1%/2.5%)、收入(8.3%/78.7%)。其中,对比最为明显的是"关系"和"收入";另外,"职务"的作用也在下降。④ 这似乎说明,住房分配正朝着"市场转型理论"⑤ 所预测的方向大步前进:人力资本(市场能力)作用加强,而社会资本影响降低,即"新传统主义"模型所强调的互惠"关系"则日渐式微。此外,在研究了西南内陆一个

---

① 卢淑华:《住房问题与社会学研究——北京市区居民的住房与房改心态》,《北京大学学报》(哲学社会科学版) 1997 年第 6 期;黄启臣:《国有企业职工住房制度的改革——广州重型机器厂职工住房调查研究》,《中山大学学报》(社会科学版) 1998 年第 4 期。

② 游正林:《内部分化与流动——一家国有企业的二十年》,社会科学文献出版社 2000 年版;游正林:《西厂劳工——国有企业干群关系研究(1979—2006)》,中国社会科学出版社 2007 年版;杨晓民、周翼虎:《中国单位制度》,中国经济出版社 1999 年版;刘建军:《单位中国——社会调控体系重构中的个人、组织与国家》,天津人民出版社 2000 年版。

③ 斜杠左边为改革前的数据,右边为改革后。

④ 李斌、周红金:《中国城市单位职工对住房制度改革结果的主观评价》,《湖南大学学报》(社会科学版) 2005 年第 3 期。

⑤ Nee Victor, "A Theory of Market Transition: From Redistribution to Markets in State Socialism", *American Sociological Review*, 54 (5), 1989: 663-681.

市场改革与组织调适：单位研究视角下的国企改革

城市国有酿酒厂的住房福利分配之后，安戈和陈佩华认为，普通职工还是可以通过一些制度化的渠道（如职工代表大会）来影响管理层的决策，从而维护自己的权益。① 再有，蔡禾的研究②也表明，由于种种的制度设计和客观因素，国有企业内部实际上存在严重的领导权威不足现象。这些似乎都在告诉我们，随着改革的进展，管理层的再分配权力得到了有效的约束，工人的地位和权力逐渐提高。

但是，情况远没有这么简单。李斌在另一项研究里部分推翻了自己的上述结论，转而认为"位置能力"③ 高（其中"职务"高低有着重要影响）的人可以获得更多的住房利益。④ 另外，黄启臣对广州重型机器厂的调查也发现，只有 16.6% 的工人认为改革之后住房分配"更加公平合理"，认为"更加不公平"的占 26.6%，"没有变化"的占 22.6%；而当被问及"谁在改革中受益"时，62.8% 的人认为是"总厂级管理人员"，15.1% 的人认为是"分厂管理人员"，认为是"车间管

---

① Unger Jonathan and Chan Anita, "The Internal Politics of an Urban Chinese Work Community: A Case Study of Employee Influence on Decision-making at a State-Owned Factory", *China Journal*, 52, 2004: 1 - 24.

② 蔡禾：《计划经济下国有企业的二重性组织特征及其转变》，《中山大学学报论丛》1996 年第 1 期；蔡禾：《论国有企业的权威问题——兼对安基·G. 沃达的讨论》，《社会学研究》1996 年第 6 期；蔡禾：《国有企业职工的改革观念研究》，《开放时代》1996 年第 5 期；蔡禾：《企业职工的权威意识及其对管理行为的影响——不同所有制之间的比较》，《中国社会科学》2001 年第 1 期。

③ 是指在中国体制的单位中，一个人因占据级别层级或权力体系中的位置，或因职工的自然属性而所处的序列，以及因所属的单位而获得的一种能力。他认为职工的"位置能力"受下列五个因素，即职工所在单位获取资源的能力、职工自身的职务、职业、政治面貌、从单位获得的收入的影响。位置能力的高低影响一个人获取经济物质资源的能力。

④ 李斌：《城市单位职工位置能力与获取住房利益关系的实证研究》，《中南大学学报》（社会科学版）2004 年第 2 期。

理人员"和"专业技术人员"的人分别占3.0%和6.0%，只有2.5%的人认为是"工人"。另外，对于住房面积的分配（领导远远大于职工），有将近一半（47.9%）的人认为"不公平"。①

如果说上述两项研究都存在样本局限的话，那么边燕杰和刘勇利用"五普"数据分析得出的结论则更加令人信服：拥有住房产权的比率从非精英到专业精英再到管理精英依次递减；在管理精英内部，党政机关负责人比企事业单位负责人更有优势。由此，他们认为，与倪志伟的"市场转型理论"相反，应该从"权力维续论"的视角来看待当代中国的社会转型。② 赵明华（音译）和尼克斯对河南三家国有纺织厂的实地调查也发现，"管理层的权力越来越大，直接决定工人的生产活动"。另外，经验告诉我们，即使是原有的制度约束还在（如职代会、工会、纪委），其实际作用也越来越让人怀疑，人们一般都把它们当作一种形式摆设，不会去跟制度认真计较。③

孰对孰错，暂且不论。我们感兴趣的问题在于，在这个过程中，管理层和普通职工之间是怎么互动和博弈的；双方是如何利用平衡各自所处的位置势差，扬长避短，维护自己的利益的；这个互动过程呈现的还是上述"新传统主义"的关系模式

---

① 黄启臣：《国有企业职工住房制度的改革——广州重型机器厂职工住房调查研究》，《中山大学学报》（社会科学版）1998年第4期。

② 边燕杰、刘勇利：《社会分层、住房产权与居住质量——对中国"五普"数据的分析》，《社会学研究》2005年第3期。

③ Zhao Minghua and Nichols Theo, "Management Control of Labour in State-Owned Enterprises: Cases from the Textile Industry", *China Journal*, 36, 1996: 1 - 21.

吗；或者，已经不再是庇护—依附关系，而是另外一种格局。

综上所述，尽管住房分配制度的宏观政策环境是向市场化和商品化迈进，但在政策的实际执行过程中，住房分配总是绕不过"单位体制"这个结。从横向比较来看，"单位"已经成为住房不平等的一个重要机制；具体到单位内部这个局部舞台，住房分配又是权力斗争和利益博弈的焦点所在。

下面，让我们来详细地介绍和分析京华电厂的历次分房过程。

第二节 从福利分房到集资建房：京厂的分房民族志

前文已经介绍过，作为一家电力生产企业，在产权上，京华电厂自始至终都是国家全民所有，加上中国电力行业的特殊性（如在价格上长时间实行"市场煤、计划电"），所以在生产经营和分配体制上，京华电厂长期处于政策性亏损状态，一直依靠政府财政补贴来维持运作。这也体现在该厂的管理口号上，内容十分有意思：外争政策，内强管理。说它有意思，是因为相比之下，内部管理是次要的，争取上级支持和照顾政策才是第一位。此外，从老厂的正门进去，第一眼就能看见墙上刷着集团公司一个老领导的题词：讲政治，服务首都，奉献社会；求生存，拓展市场，惠及职工。在这个题词中，政治又被放在首位。所以，这应该不是一种巧合。在我们看来，这在很大程度上体现了中国企业与欧美、日本企业的区别，可以算作中国企业的一个特色。

有趣的是，在调查中我们发现，京华电厂的历次分房过程，在很多方面也深深地打上了上述两个口号的烙印。尤其是第一个口号，用来概括最近一次分房过程，最合适不过。下面我们就相应地分两个方面来介绍京华电厂的分房故事。

一 京厂住房情况简史

如前所述，京华电厂是一个典型的"单位"，大部分职工都工作、生活在一个小社区里。在老厂，厂房和居住区连在一起，中间只有一墙之隔。后来职工人数增加，单位在厂区隔一条马路的西边和西北边各建了几栋塔楼，步行距离不超过5分钟。新厂搬迁后，生活区和生产区分离，公司买了两辆大巴车，供职工上下班通勤之用。所以，基本上，大多数职工还是生活在一个相对封闭的单位社区里。也有一些职工住在远离单位社区的地方，但住的房子大部分也是单位想办法帮忙获得的，这种情况属于少数。那些住在自有住房里的职工，更是个别情况。

前面提到，基于历史的原因，国家在工业化初期一直用道德感召要求广大工人做"革命的螺丝钉"，多奉献，少索取，所以造成历史欠账严重，在住房问题上表现得尤为明显，京华电厂也不例外。长期以来，由于燃料成本与供热价格严重倒挂，造成企业政策性亏损极为严重，已经累计亏损近2亿元，至2008年原厂供热结束，每年还将增加亏损几千万元。由于长期亏损，企业没有资金为职工建房，错过了房改前福利建房机会，造成大量职工无住房、现有住房条件差的局面。此外，由于职工收入较低，无力购置商品房，存在严重的住房困难。到2005年年底，公司共有员工1334人（含离退休员工464人），人均住房面积13.54平方米。同期，北京市的城镇居民人均住房使用面积为19.5平方米。① 京华电厂的人均住房面积只有北京市平均水平的69.43%。截至2009年，还有不少在厂里工作了十多年的职工一家三口住在不到50平方米的地下室里，另外，有部分中层干部也住在不到50平方米的老房子里。下面摘录了一个职工在1999年递交的要求分配住房的申请书，可以很好地说明该厂的住房紧张状况：

申请住房说明

尊敬的分房小组、各位领导：

我迫切申请单位给予分配住房，以解决目前所面临的种种生活上的困难。本人自结婚以来，开始申请住房至今，已有四年多的时间。婚前，因父母家住房山郊区，路途比较远，故住在厂内单身宿舍，有八年时间。婚后，因无分配住房，暂住在岳父母家。这期间，我努力克服生活

---

① 根据建设部的《2005年城镇房屋概况统计公报》，北京市2005年城镇人均住宅建筑面积为32.86平方米（http://www.stats.gov.cn/tjgb/qttjgb/qgqttjgb/t20060704_402334879.htm）。这个数据遭到了北京市统计局和国家统计局北京调查总队的质疑，后者联合发布的《关于2005年北京市城镇居民人均住房面积有关情况的说明》认为，截至2005年年底，北京人均住房面积为19.5平方米（http://news.xinhuanet.com/house/2006-07/10/content_4811389.htm）。为此，北京市统计局、国家统计局北京调查总队于7月7日在"北京统计信息网"做出有关情况说明，就2005年城镇居民人均住房面积的说明如下：……造成公布数据差异较大的原因：一是人均住房面积的口径不同，北京市统计局、国家统计局北京调查总队公布的数据是人均住房使用面积，建设部公布的是人均住房建筑面积，与统计部门测算的人均住房建筑面积25.9平方米仍有6.96平方米的差距。二是使用的人口数据不同，统计部门使用的人口为城镇建成区的常住人口，为1115万人，而建设部使用的人口是全市非农业户籍人口数，为880.2万人。根据统计真实、客观、可比的原则，统计部门公布的数据基本反映了城镇居民（包括外来人口）的住房平均水平。参见 http://www.bjstats.gov.cn/tjys/sjzd/200607/t20060710_45447.htm。暂不说哪个数据准确，我们都可以看到，京厂的人均住房面积远低于北京市的平均水平。

第六章 住房分配

上的种种困难，带着希望，祈盼着厂里能早日帮我解决住房困难问题。终于，盼到了厂里又要分配住房了，心里既高兴又焦急。因 1997 年厂里分房，出于种种原因，我未能实现愿望。故这次非常想将自己目前生活所遇困难，做翔实说明，以取得大家的理解与帮助。

首先，我申请住房的原因是，我和我的爱人目前都无分配住房。我本人的家庭情况是，自 1982 年 4 月参加工作，1987 年年底从部队复员后分配到本厂。母亲住在房山送变电公司家属宿舍，目前，我目前和我的弟弟生活在一起。我的父亲在 1994 年病故后，由于弟弟的工作单位是房山送变电公司，故将房产划为弟弟所有，我本人户口迁至厂内集体户口上。我爱人的工作单位是北京明德文化公司，属私营企业，效益不稳定，更谈不上解决住房问题。因此，我们婚后就暂住在岳父母家，已有四年多的时间了。住房状况为三居（小间）62 平方米，我爱人的哥哥由于户口仍在这里，故也同样占有一间房，经常回来住，照顾两位老人生活。我和我的爱人是在 1996 年 9 月结婚的，婚前，她曾离异，并带有一女（目前，在北京第 19 中学读初一年级）。我们结婚后因无房居住，暂住在左安门内八条建设部宿舍内，我爱人的父母家。岳父退休前为建设部测绘局高级工程师，故在分配住房时，得以分配到目前的三小间。退休后，岳父身体状况很差，患有老年性痴呆症、哮喘病、糖尿病，生活上需要有人护理。岳母身体状况基本可以，但视力高度近视，只能自己料理生活。所以，岳父的生活基本上是由我爱人的哥哥、我爱人和我轮流护理。后因病情加重，须整日有人护理。因此，家里在两年前,开始雇用保姆,这就给本来就显拥挤的住房,增添了新的麻烦,在生活上也同样带来诸多不便。这样一来,我们便经常搭临时床铺,解决睡觉问题,甚至于,实在没有办法,我只能经常睡在单位办公室。在这一点上,我绝对没有夸张。我和我的爱人生活得非常艰辛,既要照顾老人生活,带好小孩,又要维系好家中的关系,完成好单位的工作。而且,同样要忍受拥挤住房的痛苦。的确,我们两人都付出了许许多多,生活上的困难重重,也为我们出了许多的难题。我和我的爱人几次同她的哥哥商量,老人家是否可以到医院护理。可是,岳母始终不同意,她舍不得,不放心。我们只能把怨气和委屈,深深地埋在心底,默默地承受着,尽可能地多去理解、体谅。

就这样,日复一日地度过了四个春秋。生活在这种困境当中,不要说是在拥挤不堪的小小居室之中,就是宽敞明亮的"别墅",您又怎样去享受"温馨"呢?我们为此困惑,为此烦恼,甚至为此掉泪,但都无法解决所面临的困境。我们希望得到理解,更希望得到帮助。在生活上,我们不想有过高的要求,只盼望在我们步入中年的时候,能够拥有一个真正属于自己的"家"。以解后顾之忧患,能够使我们拿出更多的精力,去投入到本职工作中,在有生之年,能够为各自的岗位多做一点贡献。恳请领导能够重视我们所提出的困难,根据本人的情况,给予考虑,解决住房困难问题。万分感谢!

申请人:×××
(加盖印章)
一九九九年十一月五日

第六章　住房分配

但即使住房条件困难到这种地步，该职工还是没有分到房子。到 2003 年，才分到一个 48 平方米的小一居。① 京华电厂的住房紧张，由此可见一斑。为改善职工住房条件，公司几经努力，争取政府援助，先后盖了几栋职工宿舍。根据京华电厂两份厂志②的记载，在建厂初期，员工的住房主要集中在老厂东侧，即万寿寺东里。

此后历年的住房建设情况如下。1977 年，东里#6 楼和#8 楼投入使用。两个楼共有住房 116 套 6000 平方米。1979 年，#7 楼投入使用，有住房 60 套 3000 平方米。1979 年，为解决年轻员工婚后无房的困难，公司将老厂原西区北侧民用炉厂搬迁后留下的平房进行了改造，共解决了 60 户员工的住房问题，称为西平房。这些平房在 20 世纪 80 年代后期因兴建琉璃厂东里小区时陆续拆除。同年，将东里原采暖用的锅炉房改造成两层楼住房，解决了 8 户员工的住房困难。该房屋 2002 年用作其他用途，未继续作为住房。1980 年，东里#2 楼 18 套住房和#5 楼 2 套住房投入使用，面积 1100 平方米。1980 年，在东里建东平房 13 间，住 13 户。此房目前还在使用。1982 年，万寿寺东里#9 楼建成并投入使用，共 94 套住房（其中单居单元 58 套），面积为 4300 平方米。1984 年，在食堂东侧建设了 36 间平房，建筑面积 550 平方米，称为东大院。解决了 36 户无房员工的住房问题。目前，拆除 2 间，仍有 34 间再用。该房

---

① 该职工 2008 年为中层（安监保卫部副主任），但由于已经分到了房，所以这次集资建房没有他的份，要不然，按照这次分房办法，他可以分到一套 118 平方米的三室一厅。这是后话，暂且不表。

② 一份为 1987 年建厂十周年整理的；另一份是在新厂搬迁，改为有限公司的 2008 年整理的。

属于危房。1986年,公司与首都电力集团公司共同在老厂西侧和南侧兴建琉璃厂东里和万寿寺西里两个小区。琉璃厂东里共兴建3座17层的塔式宿舍楼,每座楼132套住房9900平方米。每座塔楼有1/3的住房归公司员工居住。1988年,#1塔楼投入使用。1989年,#2塔楼投入使用。1992年,#3塔楼投入使用。万寿寺西里共建设7座宿舍楼,都是六层楼。每座楼都建有半地下室。#4楼由公司员工居住。包括半地下室在内,#4楼共有住房105套6000平方米,1988年投入使用。1992年,万寿寺西里#6楼有18套住房投入使用,面积1100平方米。1995年,我公司又开始兴建万寿寺西里北院小区。该小区共建设三座宿舍楼,称为万寿寺西里#8—#10楼。三座楼均为6层,另有半地下室。1997年,#8楼建成并使用,共有84套住房6000平方米。#9楼2001年建成并使用,共有140套住房11000平方米。#10楼2002年建成并使用,共有60套住房5800平方米(#10楼半地下室为办公用房)。

1999年,公司在琉璃厂北里院内建成#4楼,为六层宿舍楼。该楼有48套住房4800平方米。2001年和2002年,分别建成万寿寺西里#9、#10号楼。

截至2009年年底,京华电厂共有住房建筑面积60855.71平方米,计876户,户均面积69.47平方米。此外,厂里还有一栋单身宿舍楼,建于1978年,在老厂办公楼的西侧。单宿楼为五层建筑,面积3900平方米。目前,只有四层和五层为厂内单身员工居住,一层到三层对外出租。简单统计一下,公司目前住房情况如表6-3所示。

其中,建筑面积70平方米以上的仅有197户,占职工总数的14.8%;不足70平方米以下住房552户,占职工总数

73.7%；50—70 平方米共计 195 户，50 平方米以下 357 户，无房户和住地下室及简易房的职工有 531 户。

表 6-3　　　　　　京华电厂历年住房建设情况

建成年代	楼号*	户数（户）	建筑面积（平方米）
1977	万寿寺东里#6 楼	60	3096.50
1977	万寿寺东里#8 楼	56	3841.70
1979	万寿寺东里#7 楼	60	3080.00
1980	万寿寺东里#2 楼、#5 楼	20	1670.00
1982	万寿寺东里#9 楼	94	4539.00
1988	万寿寺西里#4 楼	105	6340.60
1992	万寿寺西里#6 楼	18	1100.00
1997	万寿寺西里#8 楼	84	6164.60
1985	琉璃厂东里#1 塔	131	10159.70
1999	琉璃厂东里#4 楼	48	4922.61
2001	万寿寺西里#9 楼	140	9966.00
2002	万寿寺西里#10 楼	60	5975.00
合计	—	876	60855.71

注：*根据研究惯例，这里的地名做了虚拟化处理。另外，厂区东边大院里共有 47 间平房仍在使用中；多年来，由于员工调动，上述住房有个别单元已经不是由该公司员工居住。

由于住房困难，引起的矛盾较为突出。一是部分一居室住户随着子女年龄增长不能分居，两代同居一室的现象普遍存在。二是每年雨季防止地下室和平房被淹成为公司头等大事。即使提前防范，2004 年 7 月 10 日的一场暴雨，仍造成了住地下室和平房的几十户职工家进水，损失巨大。三是个别职工因为住房问题多次上访、给市长信箱反映住房困难。因为住房引发的最为极端的一个事件,是 2006 年有一女职工在工作岗位病故后,其家属以女儿大了与其父住一居不方便为由,要求企业给调为两居室住房,因公司没有房源无法解决,其家属停尸 47 天后才火化。按照公司党委书记在一次党政联席会①上的说法,"这给企业正常工作造成了很大的困难"。

二 外争政策:单位的组织动员和资源捕获

为了解决员工的住房困难,2005 年年初,公司职代会通过一项决议,把"改建工程、安居工程、人才工程"三大工程作为企业新的发展方向,决定在西厂区建设 6 万平方米员工宿舍,扭转居住困难的现状,改善员工的居住条件,解决员工的后顾之忧。同年 5 月,厂里成立安居工程办公室,开始向上级单位和政府争取立项,"外争政策"阶段正式启动。

一开始,厂里希望在新厂搬迁以后,老厂区仍归公司使用,故根据这个设想,拟定了一个老厂的控规调整方案,其中,安居工程是整个方案中的一个子项目,没想到上报之后遭到否决。市政府的批复意见是:老厂原址周边历史遗迹众多,加上有重要铁路干线经过,不宜做大规模的开发建设。所以,老厂区的土地要和新厂区进行置换,老厂主厂区由政府回收,纳入北京市整体规划,由市政府统一调控,初步计划作为公园绿地之用。这样,京华电厂的第一个方案破产。不过,好在上级政府没有彻底否决整个改建方案,其中的安居工程,还是被保留下来了。

后来,京华电厂把"安居工程"单独列出来,作为解决

---

① 时间为 2008 年 12 月 15 日,会议主题是国际金融危机下的企业经济分析。

第六章 住房分配

困难职工住房问题的一个项目,再次提交市政府审批。这次,厂里以老厂区东边大院的平房为题材,特意制作了一个宣传片,加入了2004年暴雨造成职工家里进水的画面,向市政府"叫苦"。从前面的统计表格可以看到,东边大院一共只有47间平房。现在只有极少数的退休职工在那里居住,大部分都对外出租了。这在某种程度上是一种"偷梁换柱"的做法。① 但是,不管怎样,这次却打动了市领导的心,申报方案获得原则性通过。

2006年3月,位于西北郊的新厂开工建设。按照公司与北京市政府达成的土地置换协议,用新厂的7.90公顷(约118.65亩)折换老厂10.99公顷(约155亩)中的相等部分,剩下约3公顷的土地,作为"安居工程"的建设用地。

2006年,公司抽调了骨干力量充实到安居办公室,加大了工作力度,使工程有了一定的进展。同年6月,京华电厂再次向市政府提出申请,要求帮助公司解决长期存在的住房、人员安置、企业亏损等问题。此外,还请出自己的上级单位——京华集团的总经理洪烨,给北京市主管领导写信,阐述京华电厂生存的困难,呼吁市政府给予政策上的支持。这次吁请起了作用,市政府指示规划部门再次对京华电厂的控规调整进行论证。2006年年底,主管规划的市领导给予批示,要求从整个万寿寺区域的规划出发,考虑京华电厂的建设方案。从此,安

---

① 后来,由于分配方案的不公平,一些职工组织起来,到厂里和上级单位反映情况。按照一个旁观职工的说法,"他们没抓住问题的实质。这次建房,最初不是为了给那些住平房的职工解决住房问题的吗,那就应该优先考虑这部分职工的需要。现在倒好,领导干部跑前头去了,把最好的挑走了"(杨立,安居办副主任,访谈编号:XSF090926)。当然,这是后话,暂且不表。

居工程开始有了实质性的进展。之后，厂里安居办的工作人员更是马不停蹄，到处奔走，据说是"鞋底和嘴皮子都磨破了好几层"，投入了极大的心血和精力，终于让安居工程一步步向前迈进。

2007年5月22日，京华电厂用地规划实施方案得到北京市政府批准，老厂西厂区规划为居住项目，规划面积约2.05公顷，建筑高度80米，容积率为3.0，总建筑面积约为6.15万平方米。西厂区住宅中15%—20%作为政府保障性住房，由京华电厂代建、政府收购的方式实施，其余部分解决京华电厂搬迁后531名职工无住房问题。同年6月20日和26日，分别取得市政府房改办、集团公司同意京华电厂集资建房申请的批复。同年7月12日，取得规划部门下发的规划意见书。同年7月28日，取得规划部门的钉桩成果。与原用地范围相比增加2500平方米，增加了7000多平方米建筑面积。同年11月30日，正式获得市发展改革委关于西区工程项目核准批复。2008年1月21日，西厂区住宅及配套项目设计方案通过市规委审定。

前面已经介绍过，1998年以后，国家开始启动住房分配制度的改革，明令禁止实物性质的住房分配，对于单位自筹的集资建房，也从默许到公开叫停。从京华电厂最近①一次的分房，可以看出单位在整个制度环境变迁下的组织行为策略。直到2001年，京华电厂还在进行福利分房，只是象征性地收取一些成本费。而在集资建房几乎绝迹的2008年前后，公司还能通过自己的能力争取到政府部门的支持和批准，中间的过程，应该十分精彩。让我

---

① 截至笔者调研时。

第六章 住房分配

们简单地来看一下京华电厂的动员能力和组织行为策略。

首先，在提交申请，争取市政府支持的时候，京华电厂用了一种类似于"要挟性撒娇"的策略。除了说明实际困难，在陈述理由时，京华电厂还列举出如下情况：

> 我们是一个建厂近30年的老厂……目前共有员工1334人，其中在职870人（含1988年市政府为提高供热能力在总厂内投资建设热水厂时招收的221名工人，现热水厂的资产和人员由我公司代管），离退休464人，人员负担较重。

这里，京华电厂强调的，是作为一个有着近三十年历史的老厂，企业现在面临的困难，很多都是历史遗留下来的，特别是人员严重冗余的现象。如果说这不是一种推卸责任的做法，那其中的目的，就是让市领导理解，电厂的困难不完全是自己造成的，在计划经济时代，政府也是企业管理的一个重要参与者。因此，政府现在不能甩手不管。另外，借机"撒娇"，用自己承担任务的特殊性争取同情：

> 由于长期担负着政治供热任务，历史亏损严重，职工欠账较多，存在着严重的住房困难。大量员工无住房，现有住房条件差，人均住房建筑面积只有13.54平方米，远低于北京市人均水平，无房户和住地下室及简易房的职工有531户。
>
> 作为公益性企业，我公司一直承担着首都核心地区中央和北京市重要部门及50多万居民的供热任务，供热面积1200多万平方米。长期以来，由于燃料成本与供热价

格严重倒挂，造成企业政策性亏损严重，目前已经累计亏损近 2 亿元。至 2008 年原厂供热结束，每年还将增加亏损几千万元。由于长期亏损，企业没有资金为职工建房，错过了房改前福利建房机会，造成大量职工无住房，现有住房条件差的局面。

既然电厂是公益性的企业，服务对象又这么重要，亏损也不是经营不善造成的，那么政府就责任来"弥补公益性企业的历史欠账，解决职工的住房困难"。还有：

> 按照国家定员标准，新建的万泉庄燃气热电厂只需员工 120 名左右，尚有 750 名（含热水厂 221 人）富余员工需要进行妥善安置。妥善安置富余员工是关系到职工队伍稳定、社会稳定的重大问题。我公司的住宅小区工程还将建设 0.88 万平方米商业、办公公共建筑，通过商业开发安置企业富余职工。因此，项目的建设是安置企业富余职工，减少社会矛盾，促进社会稳定的需要。

这也是一种隐性的"要挟"，意思是，政府要是不批准，电厂的富余职工就没法安置，电厂不敢保证到时候不会出现影响社会稳定的事件。

其次，除了"威逼"，还有"利诱"。前文已经说过，住房制度改革以来，北京市的房价一路飙升，远远超出一般工薪阶层的承受能力，对于低收入家庭来说，买房更是比登天还难。更甚者，房地产市场的繁荣带动了旧城改造和危房拆迁，许多老房被征用的家庭都被搬到郊区。在这种情况下，政府开始重视廉租房等保障性住房的建设。京华电厂正是利用这一契机，主动提出拿出自己安居工程中15%—20%的房子，作为政府的廉租房。据说，这还是北京市的第一个廉租房项目。不仅如此，京华电厂还提供土地，主动垫补前期建设的费用，还承担施工期间的质量监管。最后政府以回购的方式，只需支付建设成本，就完成了一个廉租房项目，实在是省心又省力，政府自然乐意。对于双方来说，结果是各取所需，皆大欢喜。

不过，单位自主集资建房，牵涉的部门众多，需要理顺的关系十分复杂，并不是简单的利益合作就可以一劳永逸地解决所有困难。对此，公司安居办在《2007年年度工作总结》中这么说：

2. 今年工作进展

由于涉及东厂区周边的单位影响，以及北京市整体的规划方案，再加上国务院的土地和住房政策的调整，今年规划部门对集资建房的申请和审批慎之又慎。虽然今年4月市政府相关领导提出关于"早研究京华电厂今后处置"的批示精神就上述论证方案没有通过市政府领导的批准，但我们没有气馁，继续做规委的工作，在5月又与规划设计院签订我公司规划论证工作，由规划设计院在上述的规划方案基础上，进一步对我公司及周边用地规划进行研究。此次规划以增强万寿寺地区历史文化特征，改善周边环境增设绿地。并以老厂及周边地区定位为以历史和现代为主的特色街区。目前该方案已经通过市政府领导的审批。

3. 多方集资建房的政策了解以及相关部门的沟通和

协调。

经与北京市建委房改办接触，目前北京市政府支持集资建房，① 在规划部门将我公司土地性质改变居住用地审批后，按照相关程序可办理售房手续。但相关手续较为复杂，其价格上也不是以成本价售房。

另外，我公司安居工程的建设还牵涉多个市政单位，我们先后与北京市燃气集团公司、北京自来水集团公司，讨论燃气管线、自来水管线进入西厂区路由和管线容量等事宜，并与市政所、通信局了解办事程序，为上述管线日后进入建房，打下良好基础。

为了协调上述关系，争取相关部门的首肯与合作，京华电厂安居办的工作人员，采取的是"死缠烂打"的方式，一天到晚，不见人影，都到外边去"跑"政策。有了解情况的职工告诉我们：

> 那真叫拿热脸贴冷屁股，求爷爷告奶奶的……领导忙，没时间，就带小凳子在领导门口候着，看领导不忙了，就赶紧抓住机会，进去说两句。
>
> （杨立，安居办副主任，访谈编号：YZX090601）

---

① 原文如此。实际上，宏观政策还没有走到公开鼓励单位自主集资建房的地步。考虑到这属于组织与环境的关系，已经超出本章的论述范围，故不再详述。需要指出的是，公司的领导层认为，这是特例，在北京市也应该算最后一家了。故当笔者谈及要撰文论述此次分房过程时，他们连忙摆手，说没有必要，我们不是典型，不值得研究。但是，需要说明的是，是不是典型，有没有代表性并不是本书关心的问题，我们关注的，是在这次住房分配过程中体现的单位内部权威关系的特征和模式。

第六章 住房分配

当然,在这种情况下,一切用得上的办法都值得一试。请级别更高的领导出面说情,自然很早就在安居办工作人员的考虑范围之内。前面提到的集团公司总经理洪烨,应该只是其中的一个。作为一个服务对象极为特殊的能源类企业,京华电厂经常接待北京市,甚至是中央的领导。20世纪八九十年代,国务院总理还多次到京华电厂视察、慰问。所以,对于京华电厂来说,可资调用的人脉关系,绝对不止集团公司总经理一人。由此可见,不动员所有可资利用的资源,要"摆平""理顺"如此繁杂的外部环境和关系,是不太可能的。

不管怎么说,随着市领导的批复,安居工程终于一锤定音,敲定下来了,"外争政策"取得阶段性进展,开始进入工程施工和内部分配。同时,内部分配也开始酝酿筹备。在2008年工作会议暨六届七次职代会上做工作报告时,公司总经理说:

> ……至此,我们的建房工作有了实质性的进展,这是对我们巨大的鼓舞和激励。目前,场地清理已基本完成,初步设计已经展开。为使集资建房分售房工作公正、合理、准确、有序地开展,我们对员工住房情况资料进行了详细的摸底、核实、排查等大量工作,制定了《内部集资建房、调房办法》,此次会议审议通过后,就将进入实际操作阶段。

一旦争取到政策,工程建设就开始以"中国速度"加快推进。2007年5月,公司"安居工程"得到北京市政府的批准,9月开始破土动工建设。此次集资建房的住宅建筑总面积

58965平方米，配套公建建筑面积28688平方米，可以解决公司490户无房或住地下室及简易房职工的住房问题。①

三 从福利分房到集资建房：京厂分房制度的变迁

根据本章第一小节的介绍，国家从宏观层面取消实物分房是在1998年，紧接着，北京市在1999年也响应中央的号召，开始逐步推进住房的货币化分配。但是，房价的节节攀升也给居民造成了很大的困难。因此，总有单位不顾大势，逆流而动，以各种形式为职工争取住房福利。作为北京市的一个基层生产单位，京华电厂的住房分配就是在这样一种明暗交织的双轨制下，经历了由福利分房到集资建房的变化。

1999年之前，京华电厂实行的是"单位建设、职工租住"的模式，住房全部由厂里②出资建设，职工以少到只有象征性意义的租金，租住厂里的住房。并且，住房的维护也由厂里负责。对此，1988年版的《厂志》是这么记载的：

三、房租、水电费现行标准

1. 房租标准

（1）向阳楼居室，每平方米0.10元为基数，按楼层计算，一楼、五楼每平方米0.10元，四楼0.11元，三楼0.13元，二楼0.12元。

---

① 需要说明的是，新建的490户住房并不是直接分配给那些无房或住地下室及简易房的职工，而是按照"先分序列，再排队打分"的办法，序列高、得分高的住新房，序列低、得分低的住那些得到新房、搬迁之后腾出来的老房。所以，整个过程分为分房和调房两个部分。具体的故事后文有更为详细的介绍。

② 确切地说，那个时候出钱的应该是总厂。因为当时的京华电厂，只是总厂的一个生产车间，财务不独立核算。

（2）向阴房，一楼、五楼每平方米 0.09 元，四楼 0.10 元，三楼 0.12 元，二楼 0.11 元。

（3）平房按每平方米 0.06—0.07 元收费。

2. 水费标准

1984 年后，按水表实际耗水量计价收费，每吨 0.12 元。

3. 电费标准

1982 年 7 月 1 日，本厂发电贴后，每户开始按实际耗电量计价，每度电 0.164 元。

四、家属宿舍的维护保养

1984 年，对家属宿舍楼进行粉刷、油漆，并对#6—#8号楼抗震加固，建立了玻璃损坏收费制度，每到雨季查漏补漏，保障职工住房安全。

也就是说，20 世纪 80 年代，在京华电厂，房租远远低于水电的费用。包括玻璃，都由厂里统一维护、保养。

这种纯福利的住房制度一直持续到 1999 年。当年，京华电厂从总厂剥离，被划归华北电管局管理，成为一个独立的核算单位。2000 年和 2001 年，京华电厂又分两次，建了 200 套住房。尽管国家和北京市政府三令五申，禁止再进行实物分配，对于这 200 套住房，厂里还是只象征性地收取了一些成本费。一套 86 平方米的房子，当时只需缴纳不到 6 万元，也就是每平方米不到 700 元，就可以参加排队选房。考虑到 2000 年北京市的商品房均价已经超过 5000 元，① 这个价格仍然带

---

① 当时的北京房价：商品房平均售价 2000 年为每平方米 4925 元，2001 年为 5051 元，2002 年为 4765 元，2003 年上半年是 4639 元，参见 2003 年 11 月 10 日《中国房地产报》。

有很强烈的福利分房色彩。

如果说 2000 年年初厂里还能顶住政策的压力，或者说政策环境相对来说还比较宽松的话，那么到 2006 年，在进行如此彻底的福利分房，已经超出政府的忍受范围。当然，也考虑到地价、物价、房价，以及自身经营状况①等实际情况，厂里放弃了福利分房，改为发动职工集资建房。但是，这里需要事先指出的是，尽管名称从福利分房变成了集资建房，但最后的内部购买价，与真正的市场价，相差好几倍，有些领导，折换了旧房之后，几乎不用贴多少钱，就可以住上新房。所以，名义上是集资建房，实际上，还是一种住房福利。

不管怎么说，安居工程算是批下来了，工程建设紧锣密鼓地开始了。截至 2009 年 6 月，#1 楼已经封顶，其他两栋也在抓紧建设当中。但是，关于内部分房、调房的故事，才刚刚开始上演。

第三节 内强管理：分配规则的制定

外部争取政策、安居工程立项批准的工作完成后，紧接着就进入内部分房、调房和购房的阶段。对于组织分析来说，决策是研究的一个难题。但是，作为一个资源分配（尤其是当被分配的东西是住房这样一种特殊的生存型资源的时候）的纲领性文件，"制度的产生"过程至关重要，从中我们能够比较清晰地揭示出领导层和职工之间的权力和权威关系结构。所

---

① 直到 2007 年，京华电厂才开始止亏为盈。也就是说，2006 年集资建房开工的时候，厂里还处于亏损的状态。

以，尽管在资料获得和后期分析等方面遇到种种困难，但我们还是试图从有限的资料和信息中，努力挖掘这种过程背后的种种"隐秘结构"。

本小节试图回答的，主要是"制度是如何形成的"这样一个发生学问题。我们将以京华电厂一次分房制度的产生过程为主线，结合过去的历次分房，从纵向的历史比较中揭示京华电厂内部权威关系结构的变迁。我们先来看看定稿后的分配规则，再回溯这个规则的制定过程。

一 制度不平等（1）：打分办法

根据公司一份题为《关于〈京华热电有限公司内部集资建房、购房办法〉① 的说明》② 的文件中介绍，"由于此次集资建房规模大，且新房分配后，还涉及旧房的调整，所以这次《办法》包含了三方面的内容：1. 员工内部集资建房、购房；2. 员工原住房的调整；3. 无房员工购房等"。这么一来，几乎涉及全厂所有干部、员工，还包括离退休人员。因此牵涉范围广，引发的利益矛盾多，故事自然也就精彩纷呈。以下是《办法》中关于打分的内容：

> 计分办法：
> 1. 工龄指参加工作时间（工龄计算方法执行国家劳动部门有关规定，以人力资源部在册统计为准）。每满1年按1.2分计算，双职工以计分人③为准。

---

① 以下简称《办法》。
② 以下简称《说明》。
③ 在笔者得到的《办法》文件里没有关于计分人含义的具体阐述。我们揣测，应该是这个意思：双职工以分数高的为准，两人中分数低的不参与分房、调房和购房。

2. 离退休人员计算工龄以其离退休时的整数年度为准。

3. 现从事特殊工种岗位工作，符合提前退休条件，且达到或超过提前退休年龄的员工，工龄分值计算截至达到提前退休条件的年份。

4. 停薪休长假期间工龄不计算分值。

5. 本公司双职工加8分。

6. 中级职称：加2分（双职工中以计分人为准）。

高级职称：加3分（双职工中以计分人为准）。

7. 本企业工龄每年加0.3分

（本企业工龄从1976年1月1日起按整年度计算）。

8. 现任中层正职：加5分。副职：加3分。

公司聘用的值长、车间专业工程师、主任师：加2分。

同为值长和副总工程师的，加6分。

9. 现任班长：加1分。

可以看出，对于最后的分数来说，由于大部分职工都有十几、二十几年的在岗时间，所以工龄占据了大头，这与李斌和周红金[①]的调查有出入，但符合他们对职务重要性的分析。杨美惠也分析过一份国企内部分房的打分办法：

1. 工龄超过20年，以及为厂里做出过突出贡献的，

---

① 李斌、周红金：《中国城市单位职工对住房制度改革结果的主观评价》，《湖南大学学报》（社会科学版）2005年第3期。

加 10 分。

2. 新中国成立前参加革命工作的，加 10 分。

3. 知识分子和科学技术人员，加 10 分。

4. 领取"独生子女证"的，加 10 分。

5. 省级劳模，加 10 分。

6. 没有其他住房来源的双职工，加 10 分。

7. 三代同堂，加 10 分。

8. 用现有住房交换新房的，加 10 分。

9. 家庭人均居住面积少于 5 平方米的，加 20 分。

10. 合法（男 28 岁/女 25 岁）登记，领了结婚证，需要新房结婚的，加 20 分。

11. 军属，加 5 分。

12. 男性职工，加 5 分。①

安戈和陈佩华调查了一家国有酒厂的历次分房过程，根据他们的描述，该酒厂 1994 年的打分办法如下：

分房标准主要有两个：

1. 工龄和职称；

2. 需要程度。

打分具体操作如下：

一、工龄

1. 关系户在其他单位的工龄每两年算 1 分；

---

① Yang Mayfair Mei-Hui, "The Gift Economy and State Power in China", *Comparative Studies in Society and History*, 31（1），1989：25-54.

2. 新来的领导如果不是自愿，而是由上级部门分配过来的，之前的工龄也算，每年计 1 分；

3. 下放和"上山下乡"：下放期间，一年算 1 分；

4. 参军：1 年算 1 分；

5. 上大学期间不计分；

6. 10 年以上工龄加 1 分；

二、职务

1. 高层领导加 4 分；

2. 中层干部加 2 分。①

这样，打分的结果是，40 年工龄的老工人可以得 41 分，比很多高层领导的得分都高。最后，党委书记排在第 21 位，厂长排第 30 位。需要指出的是，这份打分办法是职工代表大会逐项讨论通过的。讨论时主要依据的是"少数服从多数"和"道义经济学"（如老工人贡献多，这是他们应得的）的逻辑。

横向比较来看，这三份打分办法相差很大。除了工龄、贡献和实际困难，后者还强调"多重控制参数"② 和"身体政治"，③ 如计划生育、晚婚晚育、国防义务、政治忠诚等。相比，京华电厂这次分房的计分办法更为简洁，"参数"减少了

---

① Unger Jonathan and Chan Anita, "The Internal Politics of an Urban Chinese Work Community: A Case Study of Employee Influence on Decision-making at a State-Owned Factory", *China Journal*, 52, 2004: 1-24.

② 李猛、周飞舟、李康：《单位：制度化组织的内部机制》，《中国社会科学季刊》（中国香港）1996 年秋季卷。

③ Yang Mayfair Mei-Hui, "The Gift Economy and State Power in China", *Comparative Studies in Society and History*, 31 (1), 1989: 25-54.

第六章 住房分配

许多，且更加强调技术、年功和贡献。①

从纵向的历史对比来看，这次打分也体现了许多变化。根据 1988 年版《厂志》里关于住宅的章节里有如下内容：

> 二、住房分配原则及分配办法
>
> 新宿舍建成以后，分配原则是：既要按工龄长短排队，又要考虑实际困难。成立以经营管理副厂长为首的分房委员会，对申请要房的迁入户，要调查实际情况，根据讨论决定是否给房。对职工调房，根据分配原则，张榜公布。
>
> 1987 年，对分房办法进行改革，将原来的分配住房改为按分选房，规定职工的评分标准，职工根据自己所得分数值按顺序选房。

我们可以看到，与公司前几次分房办法相比，这次也更为简单。以 1987 年为界：之前，由于房源较少，分配办法"因人而异"，对每个申请住房的职工，都要仔细调查，根据"工龄优先、兼顾实际困难"的总体原则，由分房委员会讨论决定是否给予分配；之后，改为打分制，一直执行到 2002 年的分房。虽然每次打分办法都因具体情况而各有差异，但总体来说，相比这次，前几次要复杂许多。例如，20 世纪 80 年代，光工龄的计算就分好几种。那个时候，"大家庭"的氛围还很浓，所以，其中一次计算本企业工龄（以下简称"厂龄"）时还考虑到了进厂前的"革命"时间。比如，技术干部的厂龄

---

① 我们可以把工龄长短约略等同于对公司所做的贡献大小，且双职工的加分权重很高。

从大学算起。相应地,知识青年从下乡那年算起,复员军人的厂龄从入伍时算起。再以 2000 年分房①的打分办法为例,分基础分和附加分。基础得分 =（技术、普通工人）职务或（管理人员）职称分 + 工资级别分 + 工龄分 + 面积差额分。附加分的项目更多,包括学历、② 献血（同等条件下,区分献血的次数和量）、各种职业等级证书、奖励和荣誉、是否参加植树活动,都可以作为额外加分的项目。相比较而言,上述"非生产要素"这次不再纳入计分办法。这似乎说明,国有企业的"控制参数"在简化,分配标准也从以往强调仪式性因素和政治忠诚（表现为各种政治荣誉）,变为更加偏重技术、绩效。③ 这看上去似乎符合"市场转型理论"④的预测。

另外需要注意的是,这个打分办法带有很强的排外性质,本厂职工得到了额外的加分,即所谓的厂龄加分。这对于中间调入的职工是非常不利的。在某种意义上说,这是一种"单位分割"。不过,需要指出的是,大多数职工都是从参加工作开始,就一直在厂里待着,中间没有换过工作,最多也就是岗位的调动,因此,对于他们来说,算不算厂龄其实没有太多的实质性差异。吃亏的,是那些刚进厂不久的年轻大学生和新职工,此外,就是部分领导干部。一般来说,国企领导都是从系

---

① 分的是 2001 年建成的房子,即万寿寺西里#9 楼,共 140 套。
② 对于这次不考虑学历的原因,管理层的说法是,学历已经体现在职务和职称上,不能重复计算。
③ 这个判断,也在其他单位得到了验证。例如,某在京大型石化企业在 2009 年年底分房时,打分公式更简单:总分数 = 工龄分（含学龄）+ 职务、职称分（局级任职时间分）。
④ Nee Victor, "A Theory of Market Transition: From Redistribution to Markets in State Socialism", *American Sociological Review*, 54（5）, 1989: 663 – 681.

统内的其他部门调来的，属于"空降型"的"职业经理人"。京华电厂的几个主要负责人，包括总经理、总工程师、生产副厂长，属于"湖南帮"，都是近几年才调进来的。就连党委书记，也是1999年从总厂下派的。所以，这个排外条款对于这部分领导来说同样十分不利，但是，领导可以利用自己的权力，扭转这种劣势。

二 制度不平等（2）：先分类，后排序

如果说打分导致的不平等还可以让人接受，领导与普通职工的差距不至于被拉得太大，那么《办法》中的另一个规定，则彻底排除了职工在排队时"追上"领导的可能，从而在管理层和职工之间划下了一道不可逾越的鸿沟：

选购住房的顺序：

1. 员工按选购住房顺序，按"分"排队，依次进行选购。

2. 选购住房的顺序为：

（1）公司级领导；离退休前副处级以上干部。

（2）离休干部。

（3）中层管理人员（含已退二线和经本人申请已退二线的在职员工）、全国劳动模范。

（4）退休中层管理人员。

（5）公司在职、退休员工。

这个规定被职工形象地概括为"先分类、后排队"。在官方的说法里，"类"被叫作"序列"。《办法》把全体干部员

工分为5个序列，其中公司领导①为第1序列（班子成员，离退休前副处级以上干部，共13人）、第2序列（班子以外的副总，含同等级别的离退休领导，共10人）；中层干部为第3序列（含退休中层和全国劳动模范，共63人）；②第4序列是普通在职员工（共529人）；最后一个序列是退休的普通员工（共128人）。③职工们把最后两个序列称为"大部队"。

这里所谓的"先分类，后排队"，是指"类"高于"分"，你得的分再高，"序列"低，就只能待在队伍的后面，等着别人先选。例如，我双职工，工龄和厂龄都长，于是，有可能我的得分就超过中层干部。但因为我没有行政职务，只是一般的车间工人，那么你只能排在第4序列，等中层第3序列的最后一个选完了，才能轮到你。这么一排"序列"，普通职工就不可能"跑"到领导序列里去。④因为大门已经关上了，层与层之间的通道堵住了，结构分化以制度的形式被固定下来了。⑤图6-1很好地说明了以前和现在的巨大差别。

我们在访谈中发现，这是职工意见最大、看法最多的一条。在京华电厂，这么做是第一次。前面提到，到现在为止，还有一部分中层干部住在不到60平方米的小两居里。笔者实习所在部门的一个普通职工，住的却是102平方米的大两居。

---

① 包括前任李姓老总，虽然已经调到集团工作，但考虑到他在企业发展和这次集资建房的审批过程中厥功至伟，所以把他也放在第1序列，参与分房。

② 原为59人，后来增加4个具有高级职称的在职员工。

③ 这样，一共有743人参加这次分房、调房和购房。其中能住上新房的有490户，剩下的253户参加调房和无房购房。

④ 偶尔也有例外，比如全国劳模享受中层待遇。这涉及领导层的另一个博弈策略，后文另有论述。

⑤ 通过这个办法，领导成功地把上面提到的排外条款（厂龄计分）抵消了。

第六章　住房分配

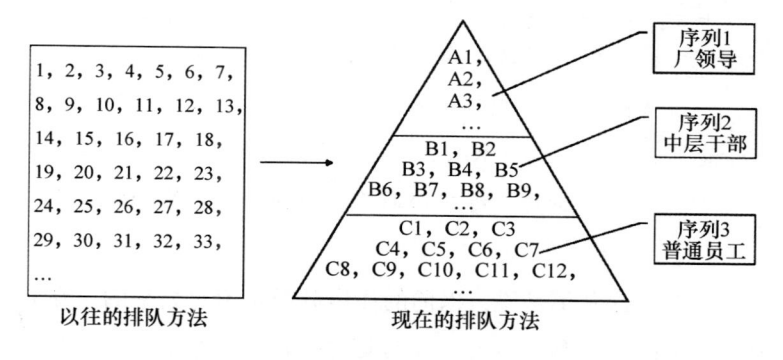

```
以往的排队方法：
1, 2, 3, 4, 5, 6, 7,
8, 9, 10, 11, 12, 13,
14, 15, 16, 17, 18,
19, 20, 21, 22, 23,
24, 25, 26, 27, 28,
29, 30, 31, 32, 33,
...

现在的排队方法（金字塔）：
A1, A2, A3, … —— 序列1 厂领导
B1, B2, B3, B4, B5, B6, B7, B8, B9, … —— 序列2 中层干部
C1, C2, C3, C4, C5, C6, C7, C8, C9, C10, C11, C12, … —— 序列3 普通员工
```

图 6-1　先分类，后排序

这只能说明，以前的历次分房，在规则制定上相对而言还比较公平。维护部的杨达师傅说：

> 问：那以前是怎么分的？
>
> 答：那个时候，不管领导职工，都按打分办法进行打分。分打完了，都扔一起排队。你领导工龄短，或者进厂时间没我长，哎，对不起，你排后头去，等我挑完了，才轮到你。
>
> 问：这种情况多吗？
>
> 答：什么情况？
>
> 问：就是职工排在领导前面，住比领导好的房子。
>
> 答：不少。9号楼和10号楼，就是2001年和2002年盖的，是厂里现在最新的房子，住的大部分就是职工。张强，你知道吧？就是那个安保部主任，副总师，① 刚刚退

---

① 副总工程师。

居二线，现在还住琉璃厂塔楼①里呢。

问：哦，那这次确实跟以前有点不一样……

答：可不?! 所以说啊，现在这世道，真是变喽。那些老职工，心里老不乐意了。可老百姓有什么办法呢，你说？

（杨达，维护部职工，访谈编号：XSF091017A）

当然，这并不是说，以前的住房分配是绝对公平的。在万寿寺西里的四栋住宅楼里，6号楼是1992年建成的，一共只有18户。由于外墙刷成白色，被职工称为"白楼"。白楼只有4层，隐藏在4号楼、8号楼和9号楼（均为20多层的塔楼）的后面，从街道上看，根本就看不到。这18户，都是大户型，户均面积都在90平方米以上，住的都是厂领导，包括现在已经退休了的厂级干部。建这栋白楼的时候，正当市场经济改革刚刚进入深水区，许多"票证"还在使用当中。一下子这么搞特殊化，职工也有意见。但是，由于只限厂领导，只是开了个小灶，职工的怨愤还没有像这次这么集中。

在我们看来，这次之所以闹得如此沸沸扬扬，在于厂里的做法等于是从形式上在管理层和职工之间硬生生地画了一条界线，在实际上造成了两个利益集团的对立。作为弱势群体，大部分职工只能在私下里窃窃议论，发泄自己的不满和怨恨。

从大体上看，京华电厂历史上具有标志性意义的几个时间点，又一次得到了显现。这里，这个时间点是2003年，也就

---

① 琉璃厂塔楼是1985年和首都电力集团合建的，都是小户型，很多单元朝向都不好。

是电厂划归京华集团的那一年。在此之前，住房分配制度相对而言还是比较公平的。有趣的是，这种从相对公平，到人为划定身份界限，扩大领导和职工之间不平等的做法，与薪酬分配的历史变化大体上保持一致。这就不免让人产生这样的联想：这不应该只是一种巧合；即使是巧合，其背后也隐藏着某种规律性的制度结构。

三　制度不平等（3）：差异化待遇

再有，《办法》里还有这么一项规定：

> 此次集资建房按 90、118、132、158 平方米四种户型设计。

意思是，普通职工的住房面积标准是 90 平方米，中层 118 平方米，副总 132 平方米，领导班子 158 平方米。需要说明的是，这个标准也是几经调整，最初是 90、120、150、180 平方米。可能是顾及职工的感受，觉得差距太大，最后才修改设计方案，减少了领导的户型面积。

这也是"单位体制"的一个残留特色。长期以来，国家对国有企业的管理都是行政化的：给每个单位拟定行政级别（通常就是一把手的级别），然后根据级别的高低，给予相应的权限、资源和待遇。企业干部和职工，不管是行政序列、政工口，还是技术队伍的，都有相应的级别，可以互相转化。级别不同，待遇（包括工资、奖金、福利、医疗、养老）也不一样，住房也不例外。

根据《在京中央和国家机关职工住房面积核定及未达标

超标处理办法》(国管房改字〔2000〕36号),各级行政和技术人员可以享受的住房待遇标准如表6-4所示。

表6-4　在京中央和国家机关职工住房面积　　　　　单位：平方米

职务级别		住房面积标准	控制面积标准
公务员	科级以下	60	70
	正副科级,25年(含)以上工龄的科员、办事员	70	80
	副处级	80	90
	处级	90	105
	副司(局)级	105	120
	司(局)级	120	140
机关工勤人员	技术工人中的初、中级工和25年以下工龄的普通工人	60	70
	技术工人中的高级工、技师和25年(含)以上工龄的初、中级工及普通工人	70	80
	技术工人的高级技师	80	90

相应地,北京市也出台了《关于北京市机关事业单位职工住房补贴计发及有关纪律规定等问题的通知》(京房改办字〔2003〕第078号),规定如表6-5所示。

在某种意义上,这种参照党政机关公务员序列,把企业的干部和职工按照职务高低进行级别认定,并根据级别确定待遇标准的做法,已经成为一种"惯习"。例如,一把手可以配备专车和司机,其他厂级领导只配专车不配司机。因业务关系出差,别的单位也会根据你的级别,来安排相应级别的人来接待，并由此确定接待的规格。对此，尽管政府出台了一系列相关政策，① 取消国有企业的行政级别，但一直收效甚微，相反，有时候甚至变本加厉，愈演愈烈。

表6-5　　北京市机关事业单位职工住房补贴标准　　单位：平方米

人员类别		住房补贴面积
职员	二级正	120
	二级副	105
	三级正	90
	三级副	80
	四级、25年（含）以上工龄的五级、六级职员	70
	五级、六级职员	60
专业技术人员	正高	105
	副高	90
	中级	70
	25年（含）以上工龄的初级师、士	70
	25年以下工龄的初级师、士	60
工勤人员	高级技师	80
	高级工、技师和25年（含）以上工龄的初、中级技术工人及普通工人	70
	25年以下工龄的初、中级技术工人及普通工人	60

例如，基层单位在实际操作中，一般都会把政府规定的

---

① 例如，2000年，国家经贸委发布了《国有大中型企业建立现代企业制度和加强管理的基本规范（试行）》，规定国有及国有控股大中型企业不再套用党政机关的行政级别，也不再比照党政机关干部的行政级别确定企业经营管理者的待遇，实行适应现代企业制度要求的企业经营管理者管理办法。参见 http://www.zaobao.com/stock/pages6/china281000.html。此外，2009年广州市人民政府出台了《进一步推动国有企业改革与发展的意见》，明确新任命的国企领导不再享有行政级别。参见 http：//www.enpctn.com.cn/ggsd/ShowArticle.asp？ArticleID=10726。

住房标准上调若干水平。如果严格按照上述标准，作为一个处级单位，京华电厂的总经理，最多也只能享受105平方米的住房待遇。但在这次集资建房，第1序列的领导却可以分到158平方米，严重超标。上面提到的某在京大型石化企业，也有类似情况，如表6-6所示。

表6-6　某在京大型石化企业职工参加住房配售的控制线（规定面积标准）　　单位：平方米

级 别	经济适用房控制线		商品房控制线
	国管局控制线	本次配售控制线	
正局级	120	140	160
副局级	105	120	140
正处级	90	105	120
副处级	80	90	105
科 级	70	80	90
一般职工	60	70	80

该企业规定，"经济适用住房、商品房及腾退住房同时作为房源供职工认购。所有房源按面积分为三种类型。一类住房：建筑面积在90平方米以下，主要面向一般职工；二类住房：建筑面积在90—140平方米，主要面向处级干部；三类住房：建筑面积在140平方米以上，主要面向局级干部"。另外，该企业还规定，经济适用住房严格按各职级人员标准配售，商品房和腾退住房可以放宽标准，在房源有富余的情况下，可跨级别认购。

可见，在层级之间划定制度界限，不是京华电厂的独创，很多单位都在从事类似的实践。甚至，我们还有理由认为，京华电厂只不过是依样画葫芦，仿效兄弟单位的做法而已。在某种意义上，这也是带有一定普遍性的做法。

四 制度不平等（4）：差价起付标准

此外，《办法》还规定：根据上述标准，不超过应得户型面积标准的，按 3598.50 元/平方米的成本价计价，超过部分按 6900 元/平方米的"市场价"① 计算。以普通职工为例，比如经过选房，最后你可以挑 118 平方米的房子（前提是前面的人选剩下的），那么其中的 90 平方米按 3598.50 元/平方米计算，超过的 18 平方米走"市场价"。但如果你是中层干部，同样选了 118 平方米的房子，那么你就比职工少交 12 万元多（18×6900 元）。如果加上旧房折价（1560 元/平方米，具体会有所浮动，由外聘的评估公司核价）部分的金额和平时的工资收入，② 中间的差距会更大。这也是职工意见较为集中的一个规定。一个职工这么告诉我们：

> 你啊，不明白这里边的道理。我跟你说，啊，这次跟以前不一样。这次是集资建房，不是福利分房。什么叫集资建房？就是把职工的钱集中起来，盖起了这房子，现在分配起来倒好，好处全让你领导给占了。凭什么？这不是

---

① 考虑到当时北京商品房的价格（二手房的价格每平方米也将近 2 万元），加上住房选址就在北京二环边上，这个所谓的"市场价"本身也带有很大的福利性质。

② 前文提到，现在京华电厂的薪酬大致分为四档：普通管理部门的职工一年 4 万元多，在往 5 万元靠，一线工人高一点，6 万元左右；中层 10 万元左右；副总十五六万元；班子成员采取年薪制，具体不可考。

等于光天化日的，伸手到职工口袋里掏钱嘛。你说是不是这个理儿？

(任忠，政工部工会主管，访谈编号：JRC081208)

但不管职工的意见有多大，经过职工代表大会的表决，分房办法还是通过了。最后的结果，是很多高层领导几乎不用怎么花钱，就可以住上大面积的新房，而普通职工则需要支付一大笔费用（二三十万元）才能住进新房，面积还比领导小很多。甚至，部分人连新房都住不上，只能住腾退出来的老房子。

五 九易其稿：制度的发生学逻辑

那么，这个包含了多重不平等的分房办法，是如何从酝酿、讨论、征求意见、反复修改，最后在职工代表大会上表决通过，上升为一种以集团决策形式出现的红头文件的呢？它的产生过程是个什么样子，形成逻辑又是什么？在这个小节里，我们就试图简单地回答这些问题。

前文提到，资源，尤其是住房这样一种重要资源的分配过程，是单位内部权威关系结构的集中体现。分配过程固然重要，但在我们看来，分配规则的制定，也就是制度的产生过程，同样也是窥探单位内部权威关系结构的一个重要窗口。在某种意义上，其甚至比分配，也就是制度的具体执行，来得更为重要。因为一旦制度被固定下来，接下来的分配就显得相对简单许多。遗憾的是，由于决策研究本身的难度，加上话题本身的敏感性，田野资料相对缺乏，我们这里只能对这个过程做一个简单的介绍和讨论。

第六章　住房分配

2008年2月2日，公司召开年度工作会议暨六届七次职工代表。在提交职代会表决之前，会议的主持人，党委副书记对《办法》的产生做了一个说明，其中提到了一点：

> 为了做好这次分房工作，公司成立了以田总为组长的安居工程领导小组和集资建房、购房工作委员会，至今日已经召开了5次团组长会议和2次职工代表分组会议，广泛征求、听取职工代表们的意见，并听取了离退休员工的意见，在各次会议上代表们共提出近百条意见和建议，为我们不断完善和修改"办法"提供了很大帮助。今天我们手中的《内部集资建房、购房办法》已经是第9稿了。

是不是真的改了9稿，召开了这么多次职工会议进行讨论，我们无从考证，不排除是领导层一种外交辞令的可能。撇开这个不说，这九易其稿的过程，就是这次分房办法制定过程的一个集中缩影。下面，我们就对这个过程做一个简单的介绍。

迪玛奇奥和鲍威尔在讨论组织趋同性现象时从"合法性"（legitimacy）的角度出发，指出有三个机制导致了制度的趋同。① 首先是强迫性（coercive）机制，即组织必须遵守政府制定的各种法律、法规和政策。上文提到的国家的各种政策和北京市相应出台的关于住房分配制度改革的一系列通知、意见和决定，是京华电厂内部住房分配的宏观背景。在住房分配由

---

① DiMaggio Paul and Powell Walter,"The Iron Cage Revisited: Institutional Isomorphism and Collective Rationality in Organizational Fields", *American Sociological Review*, 48（2），1983：147-160.

实物向货币化改革的大趋势下，京华电厂的内部分房大体上也体现了这种改革的方向。从1999年以前的纯福利分房，到2000年、2001年象征性的内部购房，再到这次明确地提集资建房，整个方向和大的宏观政策基本保持了一致，只是在一些细节，包括在执行的时间上，略有出入和延迟。关于这一点，前文已有较为详细的介绍，这里不再赘述。

其次是模仿（mimetic）机制，即各个组织模仿同领域中其他组织的结构和做法。这一点，在京华电厂制度分房办法的过程中体现得比较明显。例如，《办法》中被职工称为"先分类、后排队"的做法，也见于其他单位的分房过程，某大型石化企业在2009年年底也在内部开展分、调房工作，其方案中就规定：

> 1. 排队计分沿用过去机关办法，申请购房的职工，按照个人的工龄、职务等情况计分。
> 2. 计分公式：
> 总分数＝工龄分（含学龄）＋职务、职称分（局级任职时间分）
> 3. 分局级、处级和科级以下人员三个类别排序。

可见，厂领导是在横向参考了其他兄弟单位的做法之后，才敢大胆改革，启用这种"先分类、后排队"的做法。再有，在住房面积待遇和打分办法等方面，京华电厂也参考了其他单位的做法。其实，电厂在《说明》里也指出了这一点：

> 为了使《内部集资建房、购房办法》更加体现人性

第六章　住房分配

化、合理化、科学化，便于操作，我们先后征求了北京市房改办、国资委、海淀区土地局、房改办的意见，使办法更加规范化。

在很大程度上，这说明，这种做法带有一定的普遍性，并且得到了上级领导和相关部门的首肯，或者至少是默许。

此外，面对人员严重冗余的情况，厂里一直在筹划"减员增效"。为此，电厂领导考察了很多企业的做法，并请来一家曾经为首钢整体搬迁做过人员分流方案的公司咨询相关的细节问题。这也从另一个侧面说明，做决策之前，先"左顾右盼"，看看其他单位的做法，在京华电厂是一种惯例。

最后是社会规范（normative）机制，即组织的决策和行为还要考虑整个大社会的共享观念和一致的思维方式。在本章讨论的住房分配制度里，这里所说的社会规范，更多的是指某种不成文、非正式的规则、惯习和关系结构，类似于有些学者所说的"社会主义文化传统的延续"、① "道义经济学"和/或"传统体制依赖"。② 具体来说，就是对过去历次分房过程的"路径依赖"，包括职工以及领导自己对内部分房的习惯性期待，以及对住房分配必须由单位来解决的一种理所当然（taken-for-granted）的理解。③

---

① 佟新：《延续的社会主义文化传统——一起国有企业工人集体行动的个案分析》，《社会学研究》2006年第1期。

② 唐军：《生存资源剥夺与传统体制依赖：当代中国工人集体行动的逻辑——对河南省Z市Z厂兼并事件的个案研究》，《江苏社会科学》2006年第6期。

③ 李路路、李汉林：《中国的单位组织：资源、权力与交换》（修订版），生活·读书·新知三联书店、生活书店出版有限公司2019年版。

市场改革与组织调适：单位研究视角下的国企改革

　　仔细分析京华电厂这次分房办法的制定过程可以发现，《办法》的主体框架，主要是前两个机制（以政策导向为代表的强制性命令，以及通过四处请教、横向参照来模仿其他单位）在起作用，最后交由职工讨论，是一个相对固定、成型的意见征求稿。一旦进入公示和征求意见的阶段，意味着管理层已经完成了"沙盘推演"模拟，对一切可能出现的情况，都有充分的把握和自信。也就是说，领导是在控制了所有变量的情况下，才敢走出"集中决策"，进入"民主程序"，公布《办法》的草稿，放开了让职工进行讨论。这个时候，社会规范机制才开始发挥作用，成为职工理论和提意见的最大依据。

　　在访谈过程中，我们发现，无论是正式的会议记录，还是非正式的私下交流，《办法》的主要内容，基本上从一开始就已经定调了。包括职工意见最为集中的"先分类、后排序"和关于"差价起付标准"的规定，在所谓的九易其稿过程中，都没有得到调整。民主公示和意见征求的结果，都是一些相对来说无关紧要的小修小补。对此，有职工在感慨之后做出了一个高度概括：

　　　　我们实行的是集中民主制：先集中决策，再民主讨论。

　　　　（赵翔，政工部新闻中心采编，访谈编号：BW081208）

　　下面，我们就来看看《办法》都在哪些地方进行了修补。
1. 打分办法

　　比如除了工龄，职称加分做了修改。原来中级职称加 1 分，高级职称加 2 分，分别改为 2 分和 3 分。相应地，职务加分也往上做了调整。中层正职加 3 分，副职加 2 分，改为加 5 分，副职加 3 分。

同时，为了平衡职工的想法，增加工龄的计分。一开始，工龄每年算 1 分，后来增加到每年 1.2 分，也就是每个月 0.1 分。这可能是因为职工的工龄存在不满足年的情况。比如 28 年零 5 个月、32 年零 11 个月，为了公平，干脆精确到月份。另外，双职工的权重也往上做了调整，从原来的加 6 分，改为加 8 分。但是，需要说明的是，提高工龄计分同时也惠及领导干部，所以最后管理层的分数是双重叠加的。

之所以说打分办法的修改是在细枝末节上做文章，是因为不管调整后你的得分增加（或减少）多少，即使超过领导，你也越不过事先已经设定好的"序列"线。换句话说，分数多少改变不了你的"类别"。对于职工而言，调整打分办法的意义，就在于平衡相互比较可能产生的不公平感。例如，调整前我感觉自己不应该排在某某某的后面，于是我去反映意见，领导根据类似情况的比例，做出了有利于我的决定，最终我的分数提高了，"如愿以偿"地排到某某某的前面，尽管排名的顺序，只是变化那么几位而已。

2. 购房的价格和付款方式

一开始的规定是，不管你现在有没有单位分配的住房，都一律按照每平方米 4600 元的内部价格向厂里购买，得到了新房之后，原有住房由厂里收回。① 这么一来，为了住上新房，职工最少也需要支付十几万元，户型最大的（158 平方米），

---

① 当然，如果无法承受这个价格，职工也可以选择不参加分房、调房。这样就一切照旧，不用多花一分钱。

则要将近75万元。考虑到职工的收入普遍不高,① 厂里采取置换的办法,极大地减轻了职工的负担。具体做法是,请第三方公司对职工原有住房进行估价,估算后的款项,可以抵偿新房的房价。举例来说,一个职工原来住在半地下室,经核价公司估算,这间56平方米的地下室值13万元。经打分排队,该职工可以分到腾退出来一间位于四层,面积为86平方米的大两居。按照4600元/平方米的价格,新分住房总价39.6万元。调整前,该职工需全部负担这近40万元,调整后为26.6万元。加上公积金,最后只需实付13万元多一点,就可以搬进新分住房。

另外,由于这次是集资建房,安居工程需要筹集前期建设资金,除了厂里预先垫付一部分,还需要职工支付预付款。一开始,预付款是按照置换后总房价的40%确定的,分两次缴纳。首次支付,职工8万元,中层10万元,厂级领导15万元。后来职工向分房委员会提意见,说一下子拿不出这么多钱来,中层平时收入多,拿出10万元问题不大,职工就很困难。所以首付标准应该和工资收入呈比例。考虑到这些实际情况,厂里采纳了职工的意见,最后这个标准调整为职工6万元,中层和厂级领导不变。

3. 增加若干补充协议

为了能够在这次分房中多占点好处,厂里的部分职工个个跟孙悟空似的,变得极为"神通广大",各种招数,层出不穷。例如,为了多分一套房子,有双职工临时办理离婚手续。或者,在厂外已经买了商品房的,想办法开证明,装作自己还没有住房。还有,家属在其他单位享受到分房的,也拿出了无

---

① 参见第三章关于京华电厂收入分配情况的介绍。

房证明。作为厂领导，全厂1000多名职工，不可能一一了解情况。但是，有了解情况的职工会打小报告，为领导提供信息。一旦得到举报，领导就会四处调查取证，查明真相。当然，也有出于各种原因，无法得到证实的。对于这种情况，经职工反映和管理层讨论，厂里在《京华热电有限公司集资建房预售合同》（以下简称《合同》）里增加了若干补充协议，作为一种法律约束，一旦日后"东窗事发"，就可以按照相应的协议，追究当事人的法律责任。例如，其中一份补充协议就是关于职工家属在其他单位享受住房补贴的：

《已享受住房补贴》承诺书

  本人_____系京华电厂_____员工，爱人_____系_____员工。

  我自愿参加公司集资建房，同时依照北京市关于参加集资建房职工不能有两套住房的相关政策，按照公司《集资建房、调房办法》的规定，在我本人挑选住房后的20日内，将我爱人在其单位领取的全部住房补贴退还原单位，并向京华电厂分房委员会提供我爱人所在单位房管部门、财务部门和总经理工作部联合出具的住房补贴退款证明和退款财务凭证。

  如本人未兑现上述承诺，公司可取消我参加集资建房的资格，并收回我本人已挑选的住房。

承诺人：
二〇〇九年 月 日

此外，还有为了专门约束新员工的补充协议：

进厂工作不足八年人员集资建房、调房附加合同

甲方：京华电厂

乙方：＿＿＿＿＿＿＿＿＿＿

为保证实现公司集资建房的目的，提高员工工作积极性，促进公司生产经营和发展，切实做到公开、公平、公正、合理，避免在集资建房、调房工作结束后出现人才和房屋流失问题，凡2000年房改后参加工作的员工需签订本附加合同。

1. 经审定，乙方满足参加甲方内部集资建房、调房条件，甲方允许乙方参加本次内部集资建房、调房。

2. 乙方在本次内部集资建房、调房中获得甲方提供的住房后，不满8年不得以个人原因提出辞职、调离（含开除），否则乙方须按照北京市房屋管理的有关政策，向甲方缴纳土地出让金。不能缴纳土地出让金的，甲方有权收回分给乙方的住房，同时乙方需补交房租（一居室每月1000元，两居室每月1500元）。

3. 以人力资源部记录的参加工作时间做为计算依据。

4. 乙方调房后的房产证暂由甲方代保管至工作时间满8年后。

5. 乙方工作时间满8年后，甲方向乙方提供房产证，本合同同时终止。

6. 乙方完全自愿签订本附加合同，承诺完全按合同条款执行。

甲方：京华电厂

乙方：＿＿＿＿＿＿

二〇〇九年　月　日

第六章 住房分配

类似的，还有针对单身未婚员工的补充协议，目的是防止单身员工日后在厂内找对象，结婚后拥有两套住房的现象。对于在农村拥有住房的职工，也出台了相应的补充协议，规定在农村已经拥有住房的，不能参加此次分房。

总的来说，上述调整，在很大程度上都是为了减轻职工的负担，是为了职工利益来考虑的，即是维护公司的利益，也是合情合理的。但是，一旦涉及制度的基本框架，管理层的立场就变得"强硬"起来。

按照党委副书记的《说明》，厂里召开了"5次团组长会议和两次职工代表分组会议，广泛征求、听取职工代表们的意见"。但在职工的眼里，所谓的职工代表，其实都是领导利益的代表。说起厂里的职代会，一些职工这么告诉我们：

问：这个《办法》没有经过厂里的民主投票表决？比如职代会……

答：什么？职代会？有啊，但你得看职工代表都是些什么人，他们都代表谁了。

问：您觉得他们代表谁？

答：他们代表谁？他们就代表他们自己。

（夏雨，人资部社保中心科员，访谈编号：QR091211）

有两种人可以当职工代表：一种是听话的，一种是不会说话的。听话的，就是傀儡，不管领导说什么，都举手同意。不会说话的，就是开了会，不会向职工传达，有意见，也不会提。

（杨达，维护部职工，访谈编号：XSF091207）

> 你啊，去看看那些代表都是什么人。我告诉你，40%是领导，职工占60%。这60%里，大部分也都是有职务的，最小也是班组长。
>
> （赵振华，计划营销部文秘，访谈编号：RZX091230）

职工的说法，在官方文件里也得到了部分的验证。在公司一届一次会员（职工）代表大会①的《代表资格审查报告》（草案）里，我们看到了这样一组数据：

> 这次选出的60名代表，具有广泛的群众性和代表性。其中，中层及以上干部24名，占代表总数的40%；工人、一般管理人员36名，占代表总数的60%；其中：先进模范人物49名，占代表总数的82%；女职工代表8名，占代表总数的13%；党员代表49名，占代表总数的80%；中专以上文化的35名，占代表总数的58%；35岁以下青年代表7名，占代表总数的11%；少数民族代表2名，占代表总数的3%。

其中，先进模范人物、党员占据了绝大多数。这部分人，可以大略地看作魏昂德所说的"积极分子"。那么，非先进模范人物和非党员由谁来代表？在魏昂德的描述里，积极分子和普通工人是对立的，而且积极分子只占少数，他们如何能够代表全体职工呢?！领导干部就更不用说了，就这份分房办法来

---

① 会议召开时间是2009年1月。2008年年底，京华电厂改制，实行公司化经营，这是更名为京华热电有限公司之后召开的第一次职工代表大会，故是名。

说,他们是既得利益集团,不可能提反对意见。再有,该份审查报告里没有提到退休职工,而退休职工恰恰是对分房办法意见最大的一个群体。根据会上下发的代表名单,赵振华的说法也得到了证实。表6-7和表6-8仅列举部分代表①的情况。

表6-7　　　　2008年工作会议暨六届七次职代会
检修代表团代表名单

序号*	职代会任职	性别	部门	职务
25	团长	男	检修公司	支部书记兼分会主席
26	副团长	男	检修公司	经理
27	成员	男	热工自动班	班长
28	成员	男	政治工作部	党委书记
29	成员	男	检修公司	专职工程师
30	成员	男	仪表班	班长
31	成员	男	保护试验班	班长
32	成员	男	配电班	检修工
33	成员	男	电机班	组长
34	成员	男	配电班	检修工
35	成员	男	辅机二班	班长
36	成员	男	前驰汽修	组长
37	成员	男	焊工班	高压焊工

注:*前面还有两个代表,分别为运行和检修代表团,故序号不是从1开始计数。另外,姓名省略。

这样的职代会,如何代表职工的利益?就连厂里的工会主席,对此也颇有微词:

---

① 由于人数太多,这里就不一一列举代表名单及部门、职务等信息。

> 现在的职代会,跟以前没法比。不管什么文件,一表决就全票通过。偶尔有人弃权的,也只是零星少数,影响不了最终结果。
>
> (张德广,党委副书记兼工会主席,访谈编号:SLH091222)

最终,《办法》提交职代会表决的时候,只有一人弃权,① 其余全部通过。

就这样,分房办法通过了两次职代会的表决,正式确定下来,作为这次分房、调房的纲领性文件。

表6-8　　2009年一届一次(职工)代表大会
管理代表团代表名单

序号	职代会任职	性别	部门	职务
35	团长	男	政治工作部	主任
36	副团长	男	管理支部	支部书记兼分会主席
37	成员	男	总经理工作部	主任
38	成员	男	总经理工作部	总经理
39	成员	男	综合产业部	会计师
40	成员	男	安居办	退二线
41	成员	女	人力资源部	主任
42	成员	男	物资供应公司	物资统计
43	成员	女	财务资产部	主任
44	成员	男	政治工作部	工会干事
45	成员	男	生产技术部	专工
46	成员	女	筹建处	土建专工

---

① 就是上面提到的维护部职工杨达,此人心地正直,敢说敢做。

续表

序号	职代会任职	性别	部门	职务
47	成员	女	安监保卫部	生产消防工程师
48	成员	男	总经理工作部	副总经理

第四节　结构博弈：分房办法的制度实践

经过"精心组织、周密部署"，分房过程有条不紊地展开，2008年先后公布了两榜分房名单，到2009年3月中旬，最后一榜名单公布，4月下旬开始进入实质性的现场选房、调房工作。截至2010年3月，分房工作全部结束。接下来，就等着工程完工，搬迁新居了。但是，关于此次分房的议论却还在进行，在实习期间，笔者在去食堂的路上、走廊上、办公室、开会前后都能听到职工在讨论这件事——人们似乎还意犹未尽。这让笔者觉得，中间还有很多东西可挖。

一　领导层的管理手段：合法性的建构逻辑

虽然我们看到，最终的分配方案呈现一边倒的现象，领导获得了绝对的利益优势，但是，他们也不是肆无忌惮、独断专行的，而是通过各种手段和策略，才能将有利于自己的分配方案合法化。从文本到实践，纸上的制度要进入具体行动，如何保持分房过程符合《办法》的规定，不至于过分偏差，脱离厂里的控制范围，是管理层的工作重心。

前面已经提到，国有企业体制改革的总体方向，是放权让利，赋予管理层更多的自由和更大的权力，激励他们创造更多的利润。在这个大的趋势和背景下，在国企内部，管理层在资源再分配领域的权力得到空前的强化。于是，一个问题就很自然地产生了：既然手中握有尚方宝剑，管理层为何还搞那么多"花里胡哨"的"形式民主"。这个问题的答案，还要从合法性的角度来回答。

所谓合法性机制，就是那些诱使或迫使组织采纳具有合法性的组织结构和行为的观念力量。① 这种观念力量既可以是正式的法律、法规和政策，也可以是人们广为接受的社会规范和行为期待。就京华电厂的分房事件来说，正式的制度约束和非正式的社会期待同时对管理层产生压力，使得厂领导不敢随心所欲地恣意妄为。下面，我们就来具体地看看管理层是如何在各种条件的约束下，建构分房制度的合法性的。

厂里每周一早上召开周例行早会，笔者旁听过几次。其中有几次，分管工会工作的张姓党委副书记反复专门强调，"安居工程"事关重大，领导干部要以身作则，带头不议论、不传播小道消息。一次，职工中有人议论，新建的房子里，有几套最好的留给了政府的某几个领导。② 职工对此意见很大："我们出钱集资建的房，凭什么白送给人家？"经调查，这个消息是一个中层干部首先散布的。为此，张书记在早会上进行了不点名的公开批评，并做了解释和澄清，说那是子虚乌有的消息，完全不足信。

可见，管理层对于舆论还是颇为顾忌的。那么，他们是如何在这种"不利"环境下争取自己的利益的呢？根据调查所

---

① 周雪光：《组织社会学十讲》，社会科学文献出版社2003年版。
② 其实指的就是给北京市政府盖的廉租房项目。在不知详情的情况下，一些职工开始任意想象，最后变成了职工心中的"腐败行为"。

得的材料，我们初步概括出如下几个合法性的建构逻辑。

1. 程序到位，注重仪式

上文从《说明》里引用的几段话，从中我们可以看到，为了做到"公平、公正、透明、合理"，领导们可谓是煞费苦心，在程序和仪式上做足了文章，让人感觉他们确实是代表全体职工的利益，先人后己。先后召开"5次团组长会议"和"2次职工代表分组会议"，征集了"近百条意见和建议"，九易其稿，最终形成了《办法》。

另外，一份题为《安居工程实施情况汇报》① 的文件称，这次集资建房"是为了弥补企业历史欠账，解决职工住房困难"，同时也是"安置企业富余职工，减少社会矛盾，促进社会和谐、稳定的需要"。进入实质性分房的时候，正赶上"科学发展观"学习。于是，管理层把"安居工程"和贯彻学习"科学发展观"挂靠起来，并以此作为一项重要的学习成果。此外，政工部的纪委办公室也在新厂区的办公楼进门大厅里挂上了一个意见箱，让职工监督、检举违规事件。

2. 选代表和形式民主：全国劳模享受中层待遇

厂里有一个一直工作在生产一线的普通职工，2005年被评为全国劳动模范。此次分房，《办法》明文指出，他可以享受中层待遇。但这种情况仅此一个，其他的模范人物，比如北京市经济技术创新标兵、首都"五一劳动奖章"获得者，都无缘特殊待遇。对于管理层而言，这个代表意义非凡：我是有上升通道的，是你自己不够格，那我也没办法。

有一个普通职工，厂龄15年，一直在政工系统做宣传工

---

① 以下简称《汇报》。

作。现在和老婆孩子 3 人还住在地下室,这次打分排队,他排在最后一个序列,在他后面的是那些刚进来才几年的大学生。他告诉笔者这么一件事:

> 一次在安居工地,他碰到公司的党委书记。后者问他,这次你能分到什么样的房子?他如实回答:要是能分到 70 平方米的两居,搬到地上,就很好了。书记一拍他的肩膀,说了一句:你怎么混的啊?他当时听了觉得特别窝心:什么叫作我怎么混的?我的工作岗位①决定了我不可能在技术和职称上有太多的提升余地。再加上宣传工作的作用不好评价,但也不是可有可无。你做得好,那领导就说,既然你干得顺手,那就接着干吧。所以我干了十几年,还在这个岗位待着。你说这样我怎么往上混?!
>
> (赵翔,政工部新闻中心采编,访谈编号:BW091208)

全国劳动模范就那么一个,剩下大部分普通职工,只能乖乖地待在最后一个序列。

3. 有组织的不负责任:"控制"职代会,虚化决策主体

调查过程中,有职工反映,所谓的职代会讨论通过,其实也只是形式民主。他压低声音,略带不满地反问:什么职代会,你看看里面都是些什么人?能代表我们职工吗?前面已经略微提及的公司 2009 年工作会议暨一届一次职代会的代表名单,共 107 人,除了主席团 13 人(都是领导班子成员),剩下 94 人里,大多是部门主管;基层职工代表里,多数也是班长、值长,只

---

① 新闻记者,负责公司内网和厂报的新闻采编。

第六章　住房分配

有少数几个是值班员（全国劳模）、司炉、维护员等普通工人。这样的代表团，本身就是分房《办法》"偏袒"和"保护"的对象，表决时自然会出现"全票通过"的皆大欢喜结果。

但是，就是这样一个代表性令人怀疑的职代会，其通过的决议，却成了领导搪塞职工意见的挡箭牌：《办法》不是我一个人拍板的，是职代会通过的，你找我也没有用。在这种情况下，职工找不到投诉的对象，对话主体缺失，结果只能是有气无处发，除非能再次组织召开职代会重新表决，但这几乎是不可能的。我们常说的集体领导制最后成了"一人决策、集体负责"，可能就是这种机制的极端表现。

4. 改革作为一种话语霸权

公司领导班子里的一个副总告诉笔者：

> 这次分房子比较特殊，① 福利分房时代早就过去了。这次集资建房，也是政府考虑到我们厂的特殊情况，才特批的。
>
> ……
>
> 职工是思想还停留在过去那种"大锅饭"的阶段。什么东西都平均分配？（笑了几声）什么年代了？现在是市场经济时代，我们要突出差异，这样才能形成一种激励机制。
>
> ……
>
> 对厂里贡献大的，我们就多给。如果还像以前那样论

---

① 他自始至终都在强调这种特殊性，说我们公司的情况没有代表性，不值得研究。

资排辈，企业就没有活力，市场竞争力也就无从谈起。

……

我们就是要通过这次分房给职工一个信号：我们要改革，以后要靠本事吃饭。

这位副总的话里透出了一种很强烈且浓厚的改革逻辑：不改革、照老样子做事情，就不行甚至不对。但是，问题在于，我们能说还沉浸在"单位意识"①里的职工要求公平就不对吗？②改革与平等是两个对立的概念？显然，这种逻辑是站不住脚的。这位副总还说：

……我没有参与分房的具体工作，前期跑项目是我参与做的，分房的时候我在外边出差，他们做的决定，给了我一个 150 多平方米的，这个户型也就那么几套，我也没挑，他们给我挑的……

（张立斌，主管经营的副总经理，访谈编号：GLH090521）

第 1 序列配套的房子，自然是最好的，没有必要再挑选。笔者了解到，这位副总在南郊已经有一套自有住房，但这次还分给他一套，而且是户型最好、最大的。

5. 再分配权力的强化

前面已经提到过，国有企业改革，在很大程度上是放权让利，赋予管理层更大的权力和决策自由。另外，在产权形式

---

① 于显洋：《单位意识的社会学分析》，《社会学研究》1991 年第 5 期。
② 职工其实也不奢求绝对的平均分配，而是这次分房的不平等层次太多，层层叠加，才让人不满。

上，改革之后的国有企业，已经成了一种"新单位制",① 传统的由外部化管理的、以再分配为主的全民所有制，逐渐变成了以内部化管理为主的特定单位或行业集团所有制。这造成当前的组织成员对单位产生一种新的利益依赖关系,② 即从对国家的依附，到对单位的依赖。

在这种制度体系下，职工越发缺乏与管理层讨价还价的结构和制度支持，即使学者强调最多的"永久性就业"，现在也无法赋予职工太多的能力去约束管理层的决策。在京华电厂，集体合同五年一签，你不主动辞职，公司不会无故开除你，但你要走人，公司高兴还来不及呢，绝对不会挽留你，因为厂里本身就苦于冗员过多。

二 普通职工的行动策略

至此，我们已经看到，如果仅以这次分房过程来看，京华电厂的管理层和普通职工之间存在很大的不平等，一切都是领导说了算，管理层成了"独断的家长"。那么，是否普通职工就逆来顺受，听任摆布呢？笔者发现，情况也不完全是这样，职工也有各种"弱者的武器"。③

1. 当面对质：分房现场的安全保卫和新厂办公室的闹事风波

2009 年 5 月 18 日，老厂分房现场，人声鼎沸，热闹非

---

① 刘平、王汉生、张笑会：《变动的单位制与体制内的分化——以限制介入性大型国有企业为例》，《社会学研究》2008 年第 3 期。
② 吴晓刚：《从人身依附到利益依赖：一项关于中国单位组织的研究》，硕士学位论文，北京大学，1994 年。
③ [美]詹姆斯·C.斯科特：《弱者的武器》，何江穗、张敏、郑广怀译，凤凰出版传媒集团、译林出版社 2007 年版。

凡。经过厂里主管分房工作的政工部李姓主任的批准，笔者一早赶到现场，观察分房的具体程序和过程。上午 8:30 正式开始，主任不到 8 点就到了，"如临大敌"。① 笔者看到现场有好几个保安，并且听到主任跟他们说：

> 一会有几个退休的人要来，情绪可能会比较激动，你们给我看好了，不要影响其他工作。

听罢，笔者也提高了警惕，随时等待"闹事者"的到来。奇怪的是，整个上午平安无事，没有出现主任预期的不好情况。倒是有一个在职的职工，签合同时不断嘀咕，见主任过来，就上前理论了几句：

> 同样是地下室，面积一样，也属于同一栋楼，为什么于浩家折价 15 万元，我的才 13 万元？

李主任拿眼睛一扫他，不紧不慢地说：

> 这是厂里的决定，经过职代会讨论通过了的，你有意见找厂里反映去，跟我说没用……你可以选择不签。②

那人听罢，闭上嘴，啥也没说，哆嗦着在合同上签了字，然后闷头就走了。对于这些在职的人来说：

---

① 一位职工告诉我们，主任对这些工作其实都轻车熟路了，新厂拆迁就是他一手完成的。
② 见上面关于"有组织的不负责任"的分析。

第六章 住房分配

你的饭碗在人家手里,有什么不满的,嘴上说说就行了,真要扑腾,不值当,也扑腾不起来。今天你不签这个合同,代表你就放弃了分房的权利,下回什么时候能有这样的机会,那可就难说了。

(杨立,安居办副主任,访谈编号:YZX090518)

一个职工在一边这么悄悄跟笔者说。

临近中午,上午的一批快结束了,现场安静了许多。另外一个人对我说:

这是好的了。前几天,几个退休的职工闹到新厂去了,堵在书记的办公室里,大声吵嚷,嘴里有什么难听的话说什么……估计你没见过那种架势。(笔者问:那后来呢,怎么解决的?)后来?领导班子开会,开了好几次呢,上门去做思想工作,按家按户地做工作,后来也就没事了,不了了之了。

(张子嘉,生技部信息中心网络维护员,访谈编号:ZJZ090518)

退休职工之所以意见这么大,除了他们在"序列"上被排在最后面,还有一个规定让他们很不理解:在同一"序列"里,在职的和退休的按2∶1的比例排队。也就是说,在职的排两个,中间插一个退休的。厂里的考虑是,"在职的对公司现在的贡献更大,退休的都靠在职的养着呢"。可退休的职工有意见:凭什么说我们的贡献就不大,我们干革命的时候,你们还在娘胎里呢!

2. 权力势差的威慑：我找"爷爷奶奶"告状去

由于地处首都，而且是首都的核心地带，职工一直有一种生活在皇城根的优越感。用他们自己的话来讲：

> 国资委溜达过去也就几分钟的事，广场也不远，他们（指公司领导）不敢太过分。
>
> （杨达，维护部职工，访谈编号：XSF091207）

有人形象地把这个比喻为祖孙三代人的关系：爸爸妈妈（父母官）要是做得太过分，忍无可忍，孩子可以找爷爷奶奶（中央部门）告状去。所以，京官难当，道理就在这里。

当然，不仅只是耍耍嘴皮子、逞逞口舌之能，有部分职工还真组织起来，到上面去"捅娄子"去了。前面提到，如果按照群体划分，这次分房意见最大的，是退休职工。一方面，他们被排在最后一个"序列"；另一方面，就在同一个"序列"里，他们也得按照2：1的比例来排队，即在职的职工排两个，插一个退休职工。作为企业的边缘弱势群体，有部分退休职工本来就因为各方面的待遇（如养老金、退休金、医疗保险）问题对厂里心怀怨愤，正好，借着这次分房的机会，发泄出来了。

一开始，他们找到了集团公司，集团公司派人下来了解情况，被厂里给"抚平"了。于是，他们直接去找市政府。市政府以"这不是我们直接管辖"为理由，推卸责任，把职工的意见搪塞过去了。

不过，不管最后的结果是什么，职工的这种上访思想和行为，对于管理层来说，确实能够产生一种无形和有形的约束。

3. 阿 Q 精神：知足常乐

也有人选了一种退隐忍让的方式：我不跟别人比，只要自己比过去有改善，就行了。如果都这么想，那就什么问题都没有，大家相安无事。因为这次分房，一半以上的职工可以住进新房，剩下的，也可以大幅度地改善现在的居住条件：窝在地下室的可以上来透气、晒太阳，单身宿舍的可以分到一个 50 平方米的一居室，原来 60 平方米的小两居，可以搬到 90 平方米的大两居。反正这次蛋糕大，人人有份，且水涨船高，大家都得到了好处。

不管怎样，分房工作还是顺利完成了，虽说"不患寡而患不均"，但与"外边"每平方米动辄一万多元甚至上两万元的商品房相比，京华电厂的职工都是幸运的。连刚进厂不到 3 年的大学生，也分到了一居室，而且是在二环边上，这样的"便宜"，北京城已经所剩无几了。这一顿"最后的晚餐"，中间虽然偶有"小插曲"，但大家都吃得都还开心。肚子饱了，餐桌上的不愉快也就很快忘在脑后了。问题是：如果蛋糕不再变大，张开的嘴又越来越多呢？分配公平，依然是一个绕不开的话题。

第五节　住房分配、制度切割与新传统主义

至此，关于京华电厂这次分房的故事就暂时告一段落。接下来，我们来简单地来分析和总结一下这次分房过程中体现出来的权威关系结构。

要回答这个问题，我们首先要弄明白，如果说现在的国有

企业还延续着"单位制"的传统,那么在组织制度、结构及其现实运作机制和逻辑上,它在多大程度上保留了"典型单位制"的特征?如果说我们现在看到的所谓"单位"已经"形同质异",只是披上"单位"的外衣,其实质已经成了另外一种东西,那么,我们就要梳理它在多大程度上是市场或者改革的一套逻辑。

向市场经济转型,意味着体制和制度也随之发生相应的调整和变迁。在"政企分开"和培育独立市场主体的基本目标下,典型单位组织——国有企业经历了从扩大自主权到建立现代企业制度的一系列改革。同时,制度环境也发生了众多改变,更多地强调企业的市场能力,而"单位"原本承担的其他功能,比如行政控制和社会福利,逐渐淡出人们的注意范围。但是,"单位"作为一个资源再分配的主体,其地位和性质在很大程度上仍保留着传统社会主义体制的种种烙印。与此相伴的,是管理层权力的强化和职工地位的下降,那么,"单位"(组织)内部的权力结构与行为方式又发生了什么样的变化?

前面已经提到,一种秉承新制度主义视角的研究认为,制度环境的改变必然带来单位内部权力结构与行为方式的变化,为此有学者分别提出"去组织化的专制主义政体"[1] 和"层化结构"[2] 的解释,强调单位组织的解体或单位组织的改变;另

---

[1] Lee Ching Kwan, "From Organized Dependence to Disorganized Despotism: Changing Labour Regimes in Chinese Factories", *China Quarterly*, 157, 1999: 44 - 71.

[2] 刘平、王汉生、张笑会:《变动的单位制与体制内的分化——以限制介入性大型国有企业为例》,《社会学研究》2008 年第 3 期。

第六章 住房分配

一种则接续当初批评魏昂德的历史—文化视角,① 认为基于中国人自我行动的逻辑,虽然制度环境发生了变化,但庇护主义和派系结构并存的基本格局仍然没有发生变化。②

我们的调查发现,如果说魏昂德的"新传统主义"解释提供了一种工人影响管理层决策的非正式途径,那么在京华电厂,这种途径已经被层层制度化的结构切断,领导和职工日益分裂为一种"对抗式联盟":③ 对抗,是因为二者在利益分配和价值取向上存在冲突(如果不是根本对立的话);联盟,是由于他们都依赖单位获取各种资源。

就在开始写作的前一天,笔者照常去厂里"上班",其间"不经意"地问一个"同事":有没有存在私下里找领导"活动",经过争取、反映之后排名上升的情况?得到的回答是:没有意义了,重要的是你所在的"序列"。同一个"序列"的,排名差几位,没有实质性的区别。可见,在重重不平等的制度切割下,"新传统主义"模型所描述的"庇护—依赖"关系和"有原则的特殊主义"在很大程度上已经失去了原有的组织基础和生存土壤。

---

① Bruce J. Dickson, "What Explains Chinese Political Behavior? The Debate over Structure and Culture", *Comparative Politics*, 25(1), 1992: 103-118.
② 汪和建:《自我行动的逻辑:理解"新传统主义"与中国单位组织的真实的社会建构》,《社会》2006年第3期。
③ 平萍:《制度转型中的国有企业:产权形式的变化与车间政治的转变——关于国有企业研究的社会学述评》,《社会学研究》1999年第3期。

第七章　重返单位研究

21世纪以来，随着改革开放的深入，中国基本实现了从计划体制的再分配经济，向社会主义市场经济的转变。在这个过程中，社会结构也发生了巨大的变化。由此引出一系列问题，即当前中国城市社会的基层秩序是个什么样子，与改革开放以前相比有什么不同。应该承认，现有的研究大多集中在宏观的社会层次（如社会分层和社会结构）上，组织层次的研究分析相对不足，而基层秩序的研究大多以社区为对象，却忽略了组织，特别是单位这一中国城市最主要的社会结构要素。正是在这样一个基本的实践背景下，我们顺应学界"重返单位"研究的呼吁，[1] 把目光瞄准了市场转型与单位内部权威关系变迁这个研究主题。

在开篇第一章我们就提到，单位体制的实质，是将行政性的命令权力和交换性的财产权力结合起来的独特组织化工具，

---

[1] 田毅鹏等：《重回单位研究——中外单位研究回视与展望》，社会科学文献出版社2015年版；王庆明：《单位化治理的转型与变异：重访新传统主义理论》，《社会科学辑刊》2016年第2期；田毅鹏、王丽丽：《转型期"单位意识"的批判及其转换》，《山东社会科学》2017年第5期；田毅鹏：《"单位研究"70年》，《社会科学战线》2021年第2期。

其核心，就是围绕资源再分配形成的权力和权威关系。简单地说，就是组织决策意义上"谁说了算"的问题。本书紧紧围绕这个主题，在前面六个章节里，先是梳理了"单位"研究的历史脉络，从中明确本书的研究问题，然后对本书的调查对象做了一个全景式的民族志描述。此基础上，我们从组织与环境的关系这样一个视角出发，介绍京华电厂的体制改革过程。接下来的两章分别对该厂的一个基础管理制度（劳动纪律）和一次资源（再）分配过程（内部分房）进行了"深描"。本章将对前面所有章节进行一个总结和讨论，并尝试提出全书的基本结论及解释框架。

第一节　结构性差序格局：一个初步结论的提出

一　概念的缘起

回到本书的主题：单位内部的权力和权威关系现在究竟是个什么样子。在田野调查和后期讨论的基础上，我们认为，可以用"结构性差序格局"这个概念来尝试性地概括京华电厂内部的权威关系结构。这个概念的提出，主要来自以下两方面的启发。

从田野调查的角度来说，在第六章讨论分房政治时介绍过，对于京华电厂的职工来说，最近这次内部分房的最大不平等，就是"先分类、后排序"。按照京华电厂的官方说法，这个类别被称为"序列"。在这个框架性原则的基础上，厂里设计了种种不平等的制度安排，使职工通过与领导的私人关系在分房过程中为自己牟利的做法变得基本不可能，因为类别归属大于得分高低。这种制度性的利益切割方式,在管理层和普通职工之间画下了一道深深的界线,来固定管理层与职工之间的待遇差异。第五章讨论劳动纪律时,我们也看到了类似的制度性结构:京华电厂的内部劳动控制过程,既有国家和市场的直接或间接干预,又带有很强的科层制官僚特征;在决策过程中,工厂的管理层独断专行,职工几乎没有任何发言权。由此,我们认为,可以把中国单位内部的劳动控制过程,概括为霸权、官僚专制和市场专制的一个混合体,三者互相作用、交织成一个复杂的劳动控制模式。田野发现告诉我们,京华电厂内部的资源分配,在很大程度上是围绕着一个个"利益小团体"展开的,并且,团体与团体之间,在权力占有上,呈现出一种"中心—边缘"的等级秩序。

在理论渊源上,有学者曾以与"乡土中国"相对应的"单位中国"来概括中国城市社会的基本特征,① 还有其他学者提出一些概念,② 如"单位分割"、③"集团因素"④ 和"区隔主义"等。⑤ 这就很自然地让人想起了费孝通先生在《乡土中国》里提出的那个著名的概念——差序格局。也有学者直接引用这个概念,来分析单位运行中的"差序格局",认为"尽管中国的许多机构披着现代社会组织形式的外衣,但在机

---

① 刘建军:《单位中国——社会调控体系重构中的个人、组织与国家》,天津人民出版社2000年版。
② 当然,这些概念都是一种宏观层面的理论概括,与本书关注的组织内部结构过程并不一致。
③ 冯仕政:《单位分割与集体抗争》,《社会学研究》2006年第3期。
④ 王天夫、王丰:《中国城市收入分配中的集团因素:1986—1995》,《社会学研究》2005年第3期。
⑤ 王天夫、李博柏:《平等主义国家理想与区隔主义官僚体系:一个社会分层结构的新模型》,《社会》2008年第5期。

构内部真正运行的'潜规则'还是'差序格局'的'圈子':'圈子'内部的关系和'圈子'之间的关系"。①

"单位"对于中国城市社会如此重要,整个中国的政治和社会体制,几乎都是围绕着"单位"这样一个组织形式建立起来的,就像农村的乡土社会是以人情关系网络为核心秩序结构一样,那么,是否可以用一个与"差序格局"类似的概念,来描述、概括城市中国的社会结构特征呢?但是,就像我们在下面将要介绍的那样,京华电厂的内部权威关系,与费孝通先生所描述的那种格局模式,又存在很多不一样的地方。因此,本书尝试性地建构一个新的概念,用"结构性差序格局"② 来描述和概括京华电厂在市场转型背景下的内部权威关系。

二 差序格局:一个概念辨析

在《乡土中国》一书中,费孝通先生是在与西方社会的比较中提出"差序格局"这一著名的概念的:

> 西洋的社会有些像我们在田里捆柴,几根稻草束成一把,几把束成一捆,几捆束成一挑。每一根柴在整个挑里都是属于一定的捆、扎、把。每一根柴也可以找到同把、同扎、同捆的柴,分扎得清楚不会乱的。在社会,这些单位就是团体……我们不妨称之为团体格局。

---

① 马戎:《"差序格局"——中国传统社会结构和中国人行为的解读》,《北京大学学报》(哲学社会科学版)2007年第2期。

② 这是学界常用的一种概念构造方法,即用语文上的偏正结构,把两个(矛盾)概念糅合在一起,形成一个新的概念。类似的概念如魏昂德的"有原则的特殊主义"、李沛良的"工具性差序格局"、李静君的"去组织化的专制主义"、周雪光的"关系产权"和"逆向软约束"等。

市场改革与组织调适：单位研究视角下的国企改革

我们的社会结构本身和西洋的格局是不相同的，我们的格局不是一捆一捆扎清楚的柴，而是好像把一块石头丢在水面上所发生的一圈圈推出去的波纹。每个人都是他社会影响所推出去的圈子的中心。被圈子的波纹所推及的就发生联系。每个人在某一时间某一地点所动用的圈子是不一定相同的。①

不难发现，费孝通先生是用一种散文式的笔触形象地描述了中国传统社会的基本特征，即以"己"为中心的亲疏远近关系。这不是一个严格意义上的概念界定。奇怪的是，在之后的几十年里，学界，包括费孝通先生本人，都没有对这个概念本身的内涵和外延做出进一步的辨析。少有的例外，是李沛良先生提出的"工具性差序格局"概念。按照作者自己的解释，这个概念包含五个方面的含义：①社会联系是自我中心式的，即围绕着个人而建立起来；②人们建立关系时考虑的主要是有实利可图，所以亲属和非亲属都可以被纳入格局之中；③从中心的格局向外，格局中成员的工具性价值逐级递减；④中心成员常要加强与其他成员之间的亲密关系；⑤关系越亲密，就越有可能被中心成员用来实现其实利目标。② 这是对"差序格局"概念之内涵的一个比较清晰的挖掘。

再往后，有学者从资源分配的角度出发，认为"差序格局"是中国传统社会分配稀缺资源的一个主要机制，其实质，不仅是一种社会关系的格局，或是一种伦理道德的模式，同时

---

① 费孝通：《乡土中国》，北京大学出版社2012年版。
② 转引自孙立平《现代化与社会转型》，北京大学出版社2005年版。

更是一种对社会中的稀缺资源进行配置的工具,具体又可分为血缘和地缘两种途径。① 近来,有学者提出一个颇为新颖的看法,认为有关差序格局的学术话语中存在一个误区,"多数学者都只看到'差'而忽略了'序'",但在实质上,"差序格局是个立体的结构,包含有纵向的刚性的等级化的'序',也包含有横向的弹性的以自我为中心的'差'"。②

总结上述的各种讨论,我们看到,可以从以下几个方面来理解"差序格局"的内涵:①中国人的社会资源是如何控制、交换与分配的;②我们不能只解读了其中的"差",也就是以个体为中心的向外扩出去的亲疏远近的横向关系圈;③重视其社会结构的一面,即以"序"为特征的纵向等级观念。③

三 从差序格局到结构性差序格局

与魏昂德的看法类似,孙立平认为,计划经济体制的建立对中国的稀缺资源配置制度产生了根本性的影响,即用社会主义的再分配经济体制取代了"差序格局"中以血缘和地缘为基础的配置制度。在这种全新的资源分配方式下,人们不得不重新组织人与人之间的关系,这种关系的典型,就是"庇护主义"。④ 在本质上,魏昂德强调的"新传统主义"是共产党

---

① 孙立平:《"关系"、社会关系与社会结构》,《社会学研究》1996年第5期。
② 阎云翔:《差序格局与中国文化的等级观》,《社会学研究》2006年第4期。
③ 翟学伟:《再论"差序格局"的贡献、局限与理论遗产》,《中国社会科学》2009年第3期。
④ 孙立平:《"关系"、社会关系与社会结构》,《社会学研究》1996年第5期。

社会独特制度结构的一个"意外后果",计划经济的资源再分配制度,在实践中却变成了以领导和积极分子之间的"有原则的特殊主义"为特征的"任人唯亲"和"工具性互惠关系"。因此,在某种意义上,"新传统主义"和"差序格局"一样,都强调人际关系网络在资源配置中的重要作用。只是,这种工具性的人际关系网络是在独特的结构背景下产生的,与费孝通先生所说的,"差序格局"本身就是乡土中国的基本社会结构是有区别的。

诚如我们在前文所极力想要表达的那样,改革开放和市场转型,对单位的外部环境和内部结构都造成了极大的影响:如果说以往的利益交换是围绕着魏昂德所说的非正式的"庇护—依附"关系展开的话,那么,现在单位内部的资源分配更多地体现为一种权力占有多寡的"结构性差序格局"。

我们认为,至少在资源分配、等级结构、关系网络和亲疏远近这几个方面,"结构性差序格局"与"差序格局"之间具有内在的一致性,但又存在相互区别的地方。具体来说,在资源分配上,"差序格局"依据的标准是血缘和地缘的亲疏远近,"结构性差序格局"则是根据权力占有的"中心—边缘"意义上的远近来确定资源分配的好坏与多寡;在等级结构上,"差序格局"是指道德伦理意义上的尊卑纲纪,"结构性差序格局"则是指科层等级制意义上的职位大小差异;在关系网络的亲疏远近上,"差序格局"是以"自我"为中心,由"己"向外一圈一圈推开而来的横向波纹状同心圆,"结构性差序格局"则强调纵向的以"小团体"为中心的,由上到下的"特殊主义"待遇差异。

也就是说,"结构性差序格局"的核心是权力分配的"小团体主义",更多的是通过一些正式组织制度的安排和设计,来建构一种以"差异"为基础的"秩序"。这种"差异化的秩序"是通过制度切割和权力的小团体化运作来实现的,一旦进入到某个"小团体"(如中层干部),那么不管平时的工作业绩如何,你都能享受到相应的级别待遇。因此,"结构性差序格局"在某种意义上是非理性的。另外,在这种权威关系结构里,权力的运作带有很强的人际关系特征。要想进入某个"小团体",或者在"等级化的小团体主义"中实现上升,单位成员必须琢磨领导的意图,围绕领导下达的中心任务,做出一定的成绩。因此,与魏昂德强调的"政治忠诚"的原则不同的是,市场转型背景下的单位组织,在人事考核和提拔时,更为重视的是业绩和资源获得方面的能力。相同的是,一旦得到晋升,资源分配和福利待遇则与上述能力无甚关系,而是按照等级的大小和职位的高低来确定各自的标准。

因此,在上述意义上,"结构性差序格局"在一定程度上打通了个人—团体的二元对立:身处城市这样一个相对现代的语境,与乡土社会纯粹以"自我"为中心相比,"单位"内部是以权力占有多少为标准,按照"小团体主义"来分配各种稀缺资源。

当然,需要强调的是,本书的"结构性差序格局"和费先生的"差序格局"还是有很大区别的。费孝通先生的对象是20世纪三四十年代的中国农村社会,而本书的田野基础是市场转型背景下的城市基层单位。

第二节　与已有模型和概念的比较

以往关于"单位"内部权威关系模式的研究有很多，下面我们就选择其中几个具有代表性的分析模型，来和"结构性差序格局"做一个简单的比较，以进一步澄清这个概念。

一　结构性差序格局与新传统主义

虽然我们一再强调和提醒自己，以"新传统主义"模型作为"单位"研究的起点会带来诸多风险，田野调查也发现传统体制下的京华电厂与魏昂德的描述多有出入，但是这里，我们还是把"结构性差序格局"和"新传统主义"模型做一个简单的比较，尽管这种比较不一定十分合适。

首先，分析层次不同。"新传统主义"模型是对单位内部人际关系，尤其是基层领导（车间主任、班组长）和普通工人（主要是少数积极分子）之间关系结构的一种描述。"结构性差序格局"的分析层次是正式的组织制度和相对独立的利益团体，虽然在权力的实际运作过程上，两种存在某些共通之处。

其次，侧重的内容不同。"新传统主义"模型讲的是一种人际关系模式，"结构性差序格局"则强调结构性的制度安排，但并不抹杀人际关系。一个职工可能在私下里和某位领导的关系很好，甚至沾点亲、带点故，但这种关系左右不了厂里的制度安排，达不到魏昂德所说的那种施恩回报的程度。

再次，退一步讲，即使"任人唯亲"依旧存在于今天的单位，那么它运作的"原则"和逻辑也发生了变化：以前是政治忠诚，现在则侧重业绩和资源获得。当然，前面也提到，这并不是说意识形态的标准就不重要了，只是在新的市场环境下，光有政治忠诚显然是不够的。

最后，"庇护—依附"关系在很大程度上是一种隐性的非正式模式，"结构性差序格局"却是摆得上台面的正式制度。另外，前者是流变性的（fluid），会根据参与主体的改变而变化；后者则是一种相对稳定的组织结构，即以权力占有为基础而建立的"差异化秩序"。

二 结构性差序格局与派系结构

与魏昂德一样，李猛等学者强调制度设计带来的"意外后果"，不过，后者反对把领导看成"铁板一块"，而是更加关注领导与领导之间的冲突、矛盾和对立，以及由此导致的单位组织内部上下延伸、平行断裂的"派系结构"。

"结构性差序格局"讲的是科层制意义上的职位"小团体"，每个"小团体"的内部虽然也有分化，但不影响它们各自成为一个相对独立的利益团体。此外，"派系结构"更多的是一种非正式的权力斗争导致的"意外后果"，而"结构性差序格局"则是正式组织制度设计出来的"差异化秩序结构"，且在很大程度上消除非正式人际关系网络影响资源分配的可能性。这一点，在京华电厂的住房分配过程中体现得尤为明显。"幕后活动"只能提高排队的名次，却改变不了一个人的"序列"归属。在这里，制度大于关系，权力压倒一切。

三 结构性差序格局与去组织化的专制主义

在李静君看来，现在国有企业内部权威关系结构的主要特征，就是工厂对工人实行公开强制性的劳动控制、经济处罚和严格的管理；过去的庇护关系和派系结构不复存在；工厂内部的权力结构是经理层与工人之间的普遍对立。这种变化可以用从"有组织依赖到无组织的专制"来概括。她认为，国企改制对工人利益造成了制度性侵蚀，改制包含着一系列对工人的严厉措施，如集体下岗、丧失福利、恶化的工作条件等。工人在丧失国家有效保护的同时，因为没有自己的组织，逐渐成为市场和专制管理的受害者，因此，这是一种"去组织化的专制主义"政体。

可见，李静君的发现与本书的结论有很多相似之处，比如用简单的物质刺激和经济奖惩来取代过去以强烈身份认同为基础的管理方式；经理层与工人之间的普遍对立；等等。但是，她提出的"去组织化"主要针对的是处于弱势群体的工人。本书的调查也发现，在面对种种不平等待遇时，京华电厂的工人基本上毫无办法，只能逆来顺受，他们缺乏组织起来进行集体抗争的制度保障。在这一点上，本书的调查印证了李静君的发现。此外，本书强调的是，领导和工人之间的对立和在资源分配上的不平等，在很大程度上是一种"有组织""有意识"的制度设计，以及由此导致的在权力占有和资源分配过程中出现的一种制度化的不平等结构。

另外，李静君的研究对象是处于市场化程度相对较高的广东地区的一些中小国有企业，而本书调查的则是垄断行业的国企单位组织。

四 结构性差序格局与层化结构

无独有偶，王汉生等学者通过对所谓的限制介入性大型国有企业的调查,发现在所谓的"新单位制"内部,资源从国家的社会化占有转到单位化占有,从而导致工人从对国家的依赖变为对单位的依赖。其内部结构也发生了一些变化。从所有制结构来说,企业由原来的"一企一制"转变为"一企两制",即由国有制转变为国有和非国有两种产权制度共同存在,并对其实行不同的管理体制和分配体制。就单位内部的政治结构而言,已经由原来的以政治忠诚为基础的派系结构转变为以效率差别为基础的层化结构。

  该研究的一个重要发现,在于看到同一个企业内部存在"两种体制"的现象,即体制内的正式职工和体制外的临时合同工。两种编制,收入和待遇差别很大。在他们看来,这种制度安排的一个结果,是原先的"积极分子"和"普通职工"之间的对立,现在变成了体制内外的两个职工群体之间的矛盾。此外,企业内部收入的等级化和人事任免标准的效率化和理性化,也使得该厂出现了与我们的调查发现十分类似的结构分化现象。

  但是,与"层化结构"相比,"结构性差序格局"还是存在很多不同之处。首先,前者只强调了科层制的职位(position)差异带来的纵向结构分化,而本书同时还关注正式制度与非正式的人际关系网络之间的互动,只不过,在很多情况下,制度大于关系,权力包揽一切。其次,"层化结构"是一种科层制的组织架构设计导致的分化结果,而本书强调的是一些基础性(如劳动纪律)和一些动态性(如分房办法)制度安排带来的不平等。这种制度化的不平等有时候不一定沿着科层制的职位界限出现(如全国劳模享受中层待遇),但却可以基本界定"小团体"的大致轮廓。

总之,"结构性差序格局"是一个强调有组织的"差异化秩序"的概念,在人际关系、等级格局和资源配置上与"差序格局"在内涵上保持一致。此外,它的核心是,根据权力占有的多寡程度来进行相应的资源分配的一种制度化机制,与以往关于单位内部权威关系模式的分析模型存在这样或那样的差别。本书认为,"结构性差序格局"基本可以概括京华电厂在市场转型背景下的内部权威关系结构。最后,需要说明的是,这仅仅是一个尝试性的概括,在内涵和外延的界定上都需要在今后的研究中进一步打磨和斟酌。

第三节 一个结构,两种逻辑:"单位"vs. 市场

改革开放四十多年,面对改革带来的种种问题,人们不仅要问:这个国家到底怎么了?为什么你觉得它不该退避的地方,它偏却不在;你觉得它不该出现的地方,它却好端端地站在那里稳如泰山呢?此外,我们还要仔细思考这种种的"该"与"不该":要依据何等标准,何种原则,我们才能够判断国家在与不在的范围和义务?又要用什么模型和方法去解释它的在与不在?

对于本书的研究主题,上述讨论同样适用。无论在什么时候,我们身处其中的这个体制都是一个混合体。改革开放之前的"典型单位制"时期,它既注重资源分配的平均主义,同时也强调在行政命令上的绝对等级权威;改革开放之后的今天,一方面上至领导下至职工,都大张旗鼓地在市场转型的大浪中冲锋陷阵,另一方面,又对"大锅饭"时期的"社会主

义传统"恋恋不舍，希望退守到以往不愁吃穿的"单位"时代。这导致的一个典型后果，就是"单位"和市场两种对立逻辑的奇怪并存。

当然，我们的分析不能就此止步。至少，我们应该说明，在哪些方面，其中一种逻辑以何种方式占据了主导地位，或者，如果找不出一个主导的逻辑，也应该去解释，这两种看似相互矛盾的机制，是如何以一种表面上相安无事的方式共存的。

一 劳动纪律的两套话语

从前文对劳动纪律的讨论可以看到，不管是日常性的管理制度，还是突发性的恶性事件，京华电厂始终处于"单位"和市场两种逻辑机制的共同作用之下。我们分别来做一个简单的讨论。

在基本的车间轮班制度和组织结构安排上，由于企业生产性质的关系变化并不是很大。上述两套话语体系互相交织、奇怪并存的现象，主要体现在体制改革之后采取的经济考核制度上。厂里每个月都对全厂的生产、安全和经营管理进行较为细致的考评，并根据相应的标准，做出具体的考核办法。其中既有奖励，也有处罚。随着改革的深入，奖惩的力度也在逐渐加大。从第五章的介绍来看，这种考核方式相对来说还是很公平的。如果从组织技术目标的角度来看，这对于公司提升业绩，改善效率，是十分有效的。公司的管理层，是经济考核制度的主要推手。这是市场化改革的内在要求，体现了公司提高效率、迈向市场，建立现代企业制度的诉求。

对于这种单纯以物质刺激和金钱惩罚的管理模式，工人的反应却让人,至少是管理层很意外。安全生产,本是电力企业职工的一个常识;很多工作,更是一种岗位本职,职工做了,是应该的本分。稍微多做一点,是为了满足内心的某种情感道德需要,因为职工把单位当作自己的家,为家里做事,理所应当,何须领导"虚情假意"地给我奖励和表扬?!可见,从职工的角度来考虑问题,这种从"单位认同"到市场激励的管理模式,其实是一种倒退。惩罚也一样。很多时候,职工是因为"连坐"制度而受累被罚的,并不代表职工没有做好自己的本职工作。长此以往,职工心里就会产生抵触情绪。

再来看运行部发生的那起事故。从管理层的角度来看,这种处理方式代表了一种"杀鸡儆猴"的态度:厂领导就是要通过这次事件,让职工明白,对于平时态度懒散、工作拖拉的人,一定毫不留情,严惩不贷。这显然是一种市场的话语逻辑。但是在另一个方面,职工的想法就没有那么"先进",人们坚信,国有企业,尤其是处于垄断地位的电力口,随便开除职工是"违法"的。这种想法明显带有强烈的"单位"铁饭碗色彩:工人的这个工作不是厂领导给的,工人是国家的人,厂领导没有权力随便让人下岗。

这里,我们大概可以把管理层的做法看作市场话语的代表,而部分职工的部分想法,则代表了"单位"的话语体系。

二 住房分配的两种逻辑

同样,在京华电厂的分房过程中,我们大致也可以看到,其中有两套逻辑或者说话语体系在博弈:一是"单位"的策略,二是改革或者市场化的治理逻辑。对于职工来说,传统单位体制下的福利分配,是天经地义的(taken-for-granted),有难同当,有福共享,既然有了资源,就要按照公平、公正、公开的原则来分配。对于职工来说,"社会主义文化传统的延续"① 就是一个颠扑不破的真理,即使现在到处都搞市场化改革,但该单位在各个方面都很特殊,一直就靠国家养着,也没见厂领导出多少力,凭什么就要按照领导的想法来分?但在领导层看来,原来的平均主义已经过时,现在什么都讲效率、市场,要用"精细化管理"和"闭环管理"来替代以前的大锅饭、磨洋工;职工的思想落后了,要改变,用绩效、薪酬,包括各种福利来拉开职工的收入差距,激发人们的积极性和主动性,这样企业才能往前走,才有出路。

当然,我们不能简单地把职工的行动策略说成是"单位"的逻辑,而领导层的治理手段就是改革或者市场的一套话语,这两套逻辑和话语体系是相互交织,拧在一起的。比如,我们可以在上文看到,《办法》九易其稿,很多条款和规定的修改,都是考虑职工的利益,平衡各方关系的结果(工龄加分权重增加、双职工加分很高、厂龄额外加分等)。再有,管理层采取的一系列"民主"程序和形式(征求意见、召开职代会、让全国劳模享受中层待遇等),也在很大程度上体现了"单位"的逻辑。同时,另外一些做法,则在用改革和市场话语来稀释、淡化"单位"的逻辑。比如,"先分类,后排序";简化计分办法,以前考虑的学历、献血、各种职业等级证书、奖励和荣誉,这次不再作为计分的标准;加大工龄权重的同时,增加职务的加分分值;户型按"序列"分类,突出等级,

---

① 佟新:《延续的社会主义文化传统——一起国有企业工人集体行动的个案分析》,《社会学研究》2006 年第 1 期。

强调结构差异；最明显的，是把改革作为一种话语霸权，来解释一系列不平等的合法性；等等。与领导层的"全盘考虑、左右权衡"相比较，职工的想法似乎更为"单纯"，大体上可以用"单位"的逻辑来概括。这两套逻辑和话语体系互相交织，构成了领导和职工之间利益博弈的一条主线。

三 两种资源，不同逻辑

令人惊讶的是，这两种水火不容的话语体系，竟然在同一个单位、同一个时间点上如此"相安无事"地并存着，至少，我们没有看到二者产生正面的激烈冲突。职工也只是在私下里议论一番，或者偶尔发发牢骚。我们认为，在目前的语境下，市场的逻辑在大多数情况下占据了主导的地位。

当然，也有"单位"逻辑"反客为主"的情况发生。这里，让我们先对单位内部被分配的资源类型做一个简单地区分。一是仪式性资源，如各种（精神）奖励、荣誉和评优等象征意义大于实际作用的资源；二是实质性资源，如某个实权职位、奖金、住房、有利于职业发展的培训和进修机会等稀缺资源。大概地区分一下，我们可以看到，在仪式性资源的分配上，"单位"的逻辑占主导地位；相反，在实质性资源的配置上，市场逻辑则当仁不让地"稳坐钓鱼台"。前者的一个例子，是每年的党内评优，类似于优秀党员、优秀通讯员、优秀党支部之类的奖项，很多时候采取的是一种"轮轴转"，或者人际平衡的原则：去年你评了，今年不管你表现再出色，还是得"让"给其他同志。另外，厂里组织的一些文体活动，如演讲、诗朗诵、趣味运动会，也会设置一些奖项，大多人人有份，皆大欢喜。此外，"单位"色彩还体现在尚未退化的一些单位功能上，如道德模范评选、为灾区捐款捐物、承担维护政治稳定的职能等。

相反，在一些实质性资源的争夺上，比如第六章介绍的住房分房，以及岗位级别评定，每个人都会削尖脑袋往前冲。此时，评选和分配的标准，往往带有很浓厚的市场导向和效率色彩。因为公司要利用这些有限的稀缺资源，最大限度地激励职工的积极性，把全厂的人力都集中到实现企业的主要目标上来。

至于为何两种看似矛盾的逻辑和机制能够在同一时间、同一单位内部相安无事，其中的原因，大概在于整个宏观外部环境就是由各种相互矛盾、冲突的话语系统混杂而成的。对于这样一种混合体制，研究者的任务，就是要分清在哪些情况、哪些场合，哪种逻辑在起主要作用，并且要时刻关注二者之间的复杂关系，根据不同的语境和前提条件，来分析不同的逻辑和机制。

不管是否喜欢，"在看得见的将来，这个看来都难受的体制还是会歪歪斜斜地向前走"，[①] 而我们的工作，就是要密切关注其走向和变化，并适时地给出合理的分析和解释。这个任务很艰巨，也很庞大，本书只是一种探索性的尝试。

第四节　一些附带的讨论

一　"单位"的历史困境：仪式 vs. 技术

与传统经济学（只）关注效率机制，把组织当作一个追

[①] 吴晓波：《激荡三十年——中国企业 1978—2008》，中信出版集团股份有限公司 2008 年版。

求结果最优的理性系统不同的是,组织分析的新制度主义学派强调组织的合法性机制,认为组织是"嵌入"在情境之中的,因此不仅要追求效益的最大化,还要受制于制度环境,导致组织的许多制度、行为和内部结构不是以效率为目的,而是受合法性机制的驱动,为了组织的生存和发展,做出一些看上去与效率和绩效毫无关系的举动。在合法性的逻辑驱使下,组织会更加重视一些"非理性"的仪式和制度建设,从而成为一种"制度化的组织"。

我们在调查过程中也发现,作为一个典型的单位组织,京华电厂的很多制度和活动都与其最初设计的技术目标和专业职能毫无干系。比如,为了响应上级部门的号召,厂里甚至可以让全体职工脱产去参加政治学习,时间最长的达三个月之久。直到今天,意识形态控制都是该厂党政领导的一个主要工作内容。"讲政治,服务首都;重业绩,共谋发展"一直是京华电厂的企业口号。我们可以简单地把政治对应于仪式,业绩对应于技术,那么,体制改革前后,二者的关系确实发生了一些实质性的变化。

改革之前,政治学习可以压倒生产任务,成为京华电厂的首要目标,至少在形式上,我们能看到全厂动员、人人"讲政治"的壮观场面。当然,基本的生产还是要保证的,所以采取轮训的方式,留下一部分职工继续生产。但是,应该承认的是,这种全员式的政治学习,对于厂里的生产,肯定是会产生影响的,有时候,这种影响还是决定性的。受"讲政治"影响最大的是厂里的经验业绩。传统体制下的京华电厂,可以只管生产、不问经营。即使在发生巨额亏损的情况下,也能在"预算软约束"的保障下,照常运转,职工工资照发不误。没钱买燃料,总厂和国家计委出面会解决;机器大修需要资金,也找总厂和上级部门要。可以说，那时的京华电厂，只需闭门发电，不用考虑与外界的关系。

改革之后，经营业绩成了国家和上级单位强调的一个重点，并将此作为考核厂领导的主要指标。京华电厂由此经历了从单讲前者，到二者同时强调的痛苦转型。说是二者有机结合，其实对于向市场转型的京华电厂来说，面临的主要任务，就是学会经营企业和抓业绩管理。对于厂领导而言，"讲政治"是驾轻就熟的一个工作，"重业绩"却是完全陌生的新任务。于是，在巨大的经营压力下，企业管理的重点发生了转移：从原来的政治忠诚，到现在的内部强调业绩、外部强调资源获取。如果说传统的单位内部管理是根据魏昂德所说的"有原则的特殊主义"，那么在现在的京华电厂，这种原则已经从"政治忠诚"变成了"业绩"和"资源获取"。经营业绩如此重要，以至于只要企业能够实现盈利，就算发生重大人身伤害事故，都可以暂时放到一边。①

不过，这种变化不完全是倪志伟早期意义上的"市场转型"，②而是他在后期修正的"路径依赖"。③因为京华电厂的市场转型是不彻底的，与很多单位和部门，尤其是政府方面的主管机构，还存在着无法割舍的联系。因此，仪式性政治依然保留了下来：政治学习、党风廉政建设、道德模范评选、为地震灾区捐款等与企业经营效益没有直接联系的活动，也是京华电厂日常工作的一个重要面向。

---

① 详见第五章关于劳动纪律的讨论。

② Nee Victor, "A Theory of Market Transition: From Redistribution to Markets in State Socialism", *American Sociological Review*, 54 (5), 1989: 663–681.

③ Nee Victor and Cao Yang, "Path Dependent Societal Transformation: Stratification in Hybrid Mixed Economies", *Theory and Society*, 28 (6), 1999: 799–834.

因此，作为一种有自身独特之处的组织，"单位"也和一般意义上的组织一样，受仪式/技术这一关系之间张力的困扰，只不过，与"非单位"的组织相比，京华电厂感受到的困惑可能更深、更频繁。我们认为，在不同的时期，组织会强调不同的侧面。要真像该厂原党委书记说的那样，把二者有机地统一起来，二者都要保，两个效益都要去创造，在实践中应该是一个比较困难的工作。

二 多重逻辑，还是一个机制？

对于这样一个过渡型的混合体制，其中起主导作用的，究竟是多重逻辑，还是只有一个独立的机制——这是研究者必须考虑的一个基本问题。有些学者认为，不同的层级具有不同的逻辑，[①] 也有论者强调模型的简约性，寄希望于找到一个普遍适用的分析模型，[②] 但是，就像本书第一章所提到的那样，一个较为稳妥的策略，还是扎进田野，多纠缠细节，从中寻找一些微观的机制或者逻辑。也许，等有了一定数量的"类型概念"和微观机制之后，我们才能积累足够的素材，去搭建更具普适性的理论模型。

第五节 未来研究方向

虽然有将近两年时间的调查和研究，但本书还是留下来很

---

① 周雪光、艾云：《多重逻辑下的制度变迁：一个分析框架》，《中国社会科学》2010 年第 4 期。

② 赵鼎新：《集体行动、搭便车理论与形式社会学方法》，《社会学研究》2006 年第 1 期。

多的遗憾和不足。我们认为，在今后的工作中，研究者可以从以下几个方面来推进"单位"研究的深入。

第一，对于一个"单位"内部的基本组织制度和事件的分析，本书还存在很多欠缺。例如，本书只是分别对劳动纪律和住房分配这样一个制度和一种资源的分配进行了较为详细的介绍和讨论，那么其他的组织制度和资源又是什么情况呢？收入分配、考评和奖励、党群工作、人事制度、福利分配、招聘和内部晋升等，是否也存在像本书一样的机制和逻辑？还是不同的制度有不同的逻辑，不同的资源是按照不同的标准进行分配的？这些，都是今后的研究需要进一步补充和完善的。

第二，应该加强组织之间的比较研究。无论是限制介入性的大型垄断国企、被抛向市场的中小国有企业，还是政府机关、事业单位、教育科研机构和医院，甚至还要包括非政府组织、私营企业、外资企业和民间宗法团体，都应该进入研究者的分析视野。一方面我们要加强不同类型单位之间的比较研究，另一方面也要把单位和上面提到的其他组织形式进行对比分析，只有这样，我们才能对"单位"有一个比较全面、系统的认识，并以此为坐标，来分析其他组织制度类型。

第三，应该加强对组织与环境之间关系的关注和研究，尤其是市场转型与单位内部组织结构和人际关系变迁之间的密切联系。[①] 本书在这个方面做了一些初步的尝试，但尚显粗浅，不够深入、系统。

第四，由于是探索性的研究，本书存在线索过多，主题不

[①] 苗大雷、王修晓：《项目制替代单位制了吗？——当代中国国家治理体制的比较研究》，《社会学评论》2021年第4期。

集中的弊病。今后的研究，应该进一步细化，比如专门针对某一个组织制度，或者某一种资源分配过程，进行更加细致、深入的分析。

第五，正如李猛等学者指出的那样，应该加强对"单位"的"长期动态学"研究。本书调查时，调查对象只有三十年的历史，无法验证魏昂德讨论的计划经济期间的情况，如有可能，未来的研究应该在田野的选点上，有意识地选择一些历史更长的单位，把历史分析和社会学研究结合起来，这样才能得出更有说服力、更加丰富的研究成果。

第六，应该注重对以往研究文献的阅读和整理，在今后的研究中，更加自觉地把自己工作建立在前人研究的基础上，加强学术研究的积累。如若不然，则会陷入"自说自话"的泥潭，于学术积累毫无裨益。

第七，应该承认，现有的研究大多集中在宏观的社会层次上，组织层次的研究分析明显不足；而针对基层秩序的研究大多以社区为对象，却忽略了城市基层正式组织，也就是本书所说的"单位"这一最主要的社会结构要素之一。

第八，应该像"挽起袖子"来，深入"单位"变革的实践现场，多积累第一手的田野资料，丰富"单位"的比较研究。目前的情况来看，最为缺乏的，是详细、系统、深入的田野案例。

附　　录

主要访谈对象情况汇总

编号	姓名	性别	年龄	职务/工种	访谈编号	文中位置（页）
1	陈立志	男	56	党委副书记	GHY091228	126
2	杜涛	男	63	退休职工	WRM090926	186
					WRM091107	122
3	任兰	女	32	政工部宣传干事	YC091107	118
4	任忠	男	49	政工部工会主管	JRC081208	250
5	夏雨	男	52	人资部社保中心科员	QR091211	259
6	杨达	男	53	维护部职工	XSF090926	185
					XSF091017A	244
					XSF091123	187
					XSF091207	259、272
					XSF091017	39
7	杨立	男	46	安居办副主任	YZX090518	271
					YZX090601	230
					XSF090926	225
8	张德广	男	54	党委副书记兼工会主席	SLH091021	169、189
					SLH091222	121、122、262

续表

编号	姓名	性别	年龄	职务/工种	访谈编号	文中位置（页）
9	张佳	女	26	生技部信息中心网络维护员	YC091107	119
10	张立斌	男	42	主管经营的副总经理	GLH090521	268
11	张强	男	46	运行乙值值长	DY090926	185
12	张子嘉	男	37	总经理助理	ZJZ090112	172
13	赵翔	男	38	政工部新闻中心采编	BW081208	254
14	赵振华	男	45	计划营销部文秘	RZX091230	260

注：遵循惯例，为保护研究对象隐私，表中姓名、职务及工种等信息，均做了匿名化处理。

参考文献

一 中文文献

边燕杰、刘勇利:《社会分层、住房产权与居住质量——对中国"五普"数据的分析》,《社会学研究》2005年第3期。

边燕杰、[美]约翰·罗根、卢汉龙等:《"单位制"与住房商品化》,《社会学研究》1996年第1期。

边燕杰、张文宏:《经济体制、社会网络与职业流动》,《中国社会科学》2001年第2期。

蔡禾:《国有企业职工的改革观念研究》,《开放时代》1996年第5期。

蔡禾:《计划经济下国有企业的二重性组织特征及其转变》,《中山大学学报论丛》1996年第1期。

蔡禾:《论国有企业的权威问题——兼对安基·G.沃达的讨论》,《社会学研究》1996年第6期。

蔡禾:《企业职工的权威意识及其对管理行为的影响——不同所有制之间的比较》,《中国社会科学》2001年第1期。

曹锦清、陈中亚:《走出"理想"城堡——中国"单位"现象研究》,海天出版社1997年版。

柴彦威、刘志林、沈洁:《中国城市单位制度的变化及其影响》,《干旱区地理》2008年第2期。

柴彦威、塔娜、毛子丹:《单位视角下的中国城市空间重构》,《现代城市研究》2011年第3期。

柴彦威、刘天宝、塔娜等:《中国城市单位制研究的一个新框架》,《人文地理》2013年第4期。

陈彦勋:《市场霸权下的失序专制主义——农民工研究的一个视角》,《北京大学研究生学志》2009年第4期。

费孝通:《乡土中国》,北京大学出版社2012年版。

冯仕政:《单位分割与集体抗争》,《社会学研究》2006年第3期。

冯仕政:《国家、市场与制度变迁——1981—2000年南街村的集体化与政治化》,《社会学研究》2007年第2期。

冯同庆:《中国工会解决拖欠劳动者工资的进展及问题分析——国家实体主导向劳动者与用人单位自协自洽转变》,《北京市工会干部学院学报》2009年第3期。

戈国莲、赵四海:《我国城镇住房制度改革的背景和实践》,《社会主义研究》2004年第6期。

郭于华:《转型社会学的新议程——孙立平"社会断裂三部曲"的社会学述评》,《社会学研究》2006年第6期。

韩毓海:《五百年来谁著史:1500年以来的中国与世界》,九州出版社2009年版。

侯淅珉、应红、张亚平:《为有广厦千万间——中国城镇住房制度的重大突破》,广西师范大学出版社1999年版。

华尔德:《共产党社会的新传统主义——中国工业中的工作环境和权力结构》,龚小夏译,中国香港牛津大学出版社1996年版。

黄启臣：《国有企业职工住房制度的改革——广州重型机器厂职工住房调查研究》，《中山大学学报》（社会科学版）1998年第4期。

黄宗智：《华北的小农经济与社会变迁》，广西师范大学出版社2023年版。

焦长权：《从分税制到项目制：制度演进和组织机制》，《社会》2019年第6期。

李斌：《城市单位职工位置能力与获取住房利益关系的实证研究》，《中南大学学报》（社会科学版）2004年第2期。

李斌、周红金：《中国城市单位职工对住房制度改革结果的主观评价》，《湖南大学学报》（社会科学版）2005年第3期。

李锃金：《车间政治与下岗名单的确定——以东北的两家国有工厂为例》，《社会学研究》2003年第6期。

李国庆、钟庭军：《中国住房制度的历史演进与社会效应》，《社会学研究》2022年第4期。

李汉林：《变迁中的中国单位制度　回顾中的思考》，《社会》2008年第3期。

李汉林：《单位：中国社会的窗口》，《书摘》2004年第12期。

李汉林、李路路：《单位成员的满意度和相对剥夺感——单位组织中依赖结构的主观层面》，《社会学研究》2000年第2期。

李汉林、李路路：《资源与交换——中国单位组织中的依赖性结构》，《社会学研究》1999年第4期。

李汉林、渠敬东：《中国单位组织变迁过程中的失范效应》，世纪出版集团、上海人民出版社2005年版。

李汉林：《意识形态：人的社会化以及组织与制度变迁的过

程———一种对文献的综述与思考》，《河南社会科学》2007年第3期。

李汉林：《中国单位社会：议论、思考与研究》，世纪出版集团、上海人民出版社2004年版。

李汉林：《中国单位现象与城市社区的整合机制》，《社会学研究》1993年第5期。

李汉林：《转型社会中的整合与控制——关于中国单位制度变迁的思考》，《吉林大学社会科学学报》2007年第4期。

李静君：《中国工人阶级的转型政治》，载李友梅、孙立平、沈原主编《当代中国社会分层：理论与实证》（转型与发展第一辑），社会科学文献出版社2006年版。

李路路：《"单位制"的变迁与研究》，《吉林大学社会科学学报》2013年第1期。

李路路、李汉林：《单位组织中的资源获得》，《中国社会科学》1999年第6期。

李路路、李汉林：《单位组织中的资源获取与行动方式》，《东南学术》2000年第2期。

李路路、李汉林：《中国的单位组织：资源、权力与交换》（修订版），生活·读书·新知三联书店、生活书店出版有限公司2019年版。

李路路：《论"单位"研究》，《社会学研究》2002年第5期。

李路路、苗大雷、王修晓：《市场转型与"单位"变迁 再论"单位"研究》，《社会》2009年第4期。

李路路、王修晓、苗大雷：《"新传统主义"及其后——"单位制"的视角与分析》，《吉林大学社会科学学报》2009年第6期。

李猛、周飞舟、李康：《单位：制度化组织的内部机制》，《中国社会科学季刊》（中国香港）1996年秋季卷。

刘爱玉：《国有企业制度变革过程中工人的行动选择——一项关于无集体行动的经验研究》，《社会学研究》2003年第6期。

刘爱玉：《适应、依赖与机会结构——社会转型过程中的国企工人》，《江苏行政学院学报》2005年第4期。

刘爱玉、王培杰：《下岗、失业工人的行动选择分析：以厦门市调查为例》，《中共福建省委党校学报》2005年第4期。

刘爱玉：《选择：国企变革与工人生存行动》，社会科学文献出版社2005年版。

刘爱玉：《制度变革过程中工人阶级的内部分化与认同差异》，《中共福建省委党校学报》2004年第6期。

刘建军：《单位中国——社会调控体系重构中的个人、组织与国家》，天津人民出版社2000年版。

刘精明、李路路：《阶层化：居住空间、生活方式、社会交往与社会认同——我国城镇社会阶层化问题的实证研究》，《社会学研究》2005年第3期。

刘平、王汉生、张笑会：《变动的单位制与体制内的分化——以限制介入性大型国有企业为例》，《社会学研究》2008年第3期。

刘求实：《中国单位体制下的党政关系》，《二十一世纪》2002年第2期。

卢淑华：《住房问题与社会学研究——北京市区居民的住房与房改心态》，《北京大学学报》（哲学社会科学版）1997年第6期。

路风:《单位:一种特殊的社会组织形式》,《中国社会科学》1989年第1期。

路风:《中国单位体制的起源和形成》,《中国社会科学季刊》(中国香港)1993年第5期。

马戎:《"差序格局"——中国传统社会结构和中国人行为的解读》,《北京大学学报》(哲学社会科学版)2007年第2期。

宓小雄:《构建新的认同:市场转型期国有企业的劳动控制》,社会科学文献出版社2007年版。

苗大雷、李路路、王修晓:《事业单位的制度运行与国家基层治理——基于M学院中层干部竞聘上岗实践的分析》,《社会学评论》2015年第3期。

苗大雷、王修晓:《项目制替代单位制了吗?——当代中国国家治理体制的比较研究》,《社会学评论》2021年第4期。

彭玉生:《社会科学中的因果分析》,《社会学研究》2011年第3期。

平萍:《制度转型中的国有企业:产权形式的变化与车间政治的转变——关于国有企业研究的社会学述评》,《社会学研究》1999年第3期。

齐心:《北京住房制度改革:历程、成就与反思》,《北京规划建设》2008年第5期。

丘海雄:《改革开放后中国国营企业内部的互惠关系》,《中山大学学报论丛》1993年第Z1、Z2期。

渠敬东:《项目制:一种新的国家治理体制》,《中国社会科学》2012年第5期。

沈原:《"强干预"与"弱干预":社会学干预方法的两条途

径》,《社会学研究》2006 年第 5 期。

沈原:《市场、阶级与社会:转型社会学的关键议题》,社会科学文献出版社 2007 年版。

沈原:《又一个三十年？转型社会学视野下的社会建设》,《社会》2008 年第 3 期。

孙立平:《从工厂透视社会》,《中国书评》(中国香港) 1995 年第 1 期。

孙立平:《"关系"、社会关系与社会结构》,《社会学研究》1996 年第 5 期。

孙立平:《迈向实践的社会学》,《江海学刊》2002 年第 3 期。

孙立平:《实践社会学与市场转型过程分析》,《中国社会科学》2002 年第 5 期。

孙立平、王汉生、王思斌等:《改革以来中国社会结构的变迁》,《中国社会科学》1994 年第 2 期。

孙立平:《现代化与社会转型》,北京大学出版社 2005 年版。

孙立平:《总体性资本与转型期精英形成》,《浙江学刊》2002 年第 3 期。

谭深:《城市"单位保障"的形成及特点》,《社会学研究》1991 年第 5 期。

唐军:《生存资源剥夺与传统体制依赖:当代中国工人集体行动的逻辑——对河南省 Z 市 Z 厂兼并事件的个案研究》,《江苏社会科学》2006 年第 6 期。

田毅鹏:《"单位研究":既要回望,更要开新》,《北京日报》2015 年 11 月 2 日第 20 版。

田毅鹏:《"单位研究"70 年》,《社会科学战线》2021 年第 2 期。

田毅鹏：《单位制度变迁与集体认同的重构》，《江海学刊》2007年第1期。

田毅鹏等：《重回单位研究——中外单位研究回视与展望》，社会科学文献出版社2015年版。

田毅鹏：《"典型单位制"的起源和形成》，《吉林大学社会科学学报》2007年第4期。

田毅鹏：《"典型单位制"对东北老工业基地社区发展的制约》，《吉林大学社会科学学报》2004年第4期。

田毅鹏、吕方：《单位社会的终结及其社会风险》，《吉林大学社会科学学报》2009年第6期。

田毅鹏、漆思：《"单位社会"的终结——东北老工业基地"典型单位制"背景下的社区建设》，社会科学文献出版社2005年版。

田毅鹏、王丽丽：《单位的"隐形在场"与基层社会治理——以"后单位社会"为背景》，《中国特色社会主义研究》2017年第2期。

田毅鹏、王丽丽：《转型期"单位意识"的批判及其转换》，《山东社会科学》2017年第5期。

佟新：《国有工业企业简单控制型的劳动关系分析》，《开放时代》2008年第5期。

佟新：《企业工会：能动的行动者——以北京中外合资企业B有限公司工会实践为例》，《江苏行政学院学报》2005年第5期。

佟新：《延续的社会主义文化传统——一起国有企业工人集体行动的个案分析》，《社会学研究》2006年第1期。

涂肇庆、林益民主编《改革开放与中国社会》，中国香港牛津大学出版社 1999 年版。

汪和建：《自我行动的逻辑：理解"新传统主义"与中国单位组织的真实的社会建构》，《社会》2006 年第 3 期。

王春枝：《燃油发电：鼓励与限制的尴尬》，《中国石油石化》2005 年第 4 期。

王沪宁：《从单位到社会：社会调控体系的再造》，《公共行政与人力资源》1995 年第 1 期。

王沪宁：《社会资源总量与社会调控：中国意义》，《复旦学报》（社会科学版）1990 年第 4 期。

王庆明：《单位化治理的转型与变异：重访新传统主义理论》，《社会科学辑刊》2016 年第 2 期。

王天夫、李博柏：《平等主义国家理想与区隔主义官僚体系：一个社会分层结构的新模型》，《社会》2008 年第 5 期。

王天夫、王丰：《中国城市收入分配中的集团因素：1986—1995》，《社会学研究》2005 年第 3 期。

王育琨：《论我国城镇住房制度改革》，《经济研究》1992 年第 1 期。

吴海琳：《中国组织认同的单位制传统与当代变迁》，《湖南师范大学社会科学报》2016 年第 6 期。

吴晓波：《激荡三十年——中国企业 1978—2008》，中信出版集团股份有限公司 2008 年版。

吴晓刚：《从人身依附到利益依赖：一项关于中国单位组织的研究》，硕士学位论文，北京大学，1994 年。

阎云翔：《差序格局与中国文化的等级观》，《社会学研究》2006 年第 4 期。

杨晓民、周翼虎：《中国单位制度》，中国经济出版社 1999

年版。

游正林：《内部分化与流动——一家国有企业的二十年》，社会科学文献出版社 2000 年版。

游正林：《西厂劳工——国有企业干群关系研究（1979—2006）》，中国社会科学出版社 2007 年版。

于显洋：《单位意识的社会学分析》，《社会学研究》1991 年第 5 期。

余红、刘欣：《单位与代际地位流动：单位制在衰落吗？》，《社会学研究》2004 年第 6 期。

翟学伟：《再论"差序格局"的贡献、局限与理论遗产》，《中国社会科学》2009 年第 3 期。

张静：《利益组织化单位：企业职代会案例研究》，中国社会科学出版社 2001 年版。

张元端、张跃庆主编：《中国改革全书（1978—1991）：房地产业改革卷》，大连出版社 1992 年版。

赵鼎新：《集体行动、搭便车理论与形式社会学方法》，《社会学研究》2006 年第 1 期。

赵四海：《中国城镇住房问题研究》，博士学位论文，华中师范大学，2003 年。

赵文词：《五代美国社会学者对中国国家与社会关系的研究》，载涂肇庆、林益民主编《改革开放与中国社会》，中国香港牛津大学出版社 1999 年版。

折晓叶、陈婴婴：《项目制的分级运作机制和治理逻辑——对"项目进村"案例的社会学分析》，《中国社会科学》2011 年第 4 期。

中央档案馆、中共中央文献研究室编：《中共中央文件选集

（一九四九年十月——一九六六年五月）》（第 22 册），人民出版社 2013 年版，第 98 页。

周飞舟：《财政资金的专项化及其问题　兼论项目治国》，《社会》2012 年第 1 期。

周雪光、艾云：《多重逻辑下的制度变迁：一个分析框架》，《中国社会科学》2010 年第 4 期。

周雪光：《西方社会学关于中国组织与制度变迁研究状况述评》，《社会学研究》1999 年第 4 期。

周雪光：《项目制：一个"控制权"理论视角》，《开放时代》2015 年第 2 期。

周雪光、赵伟：《英文文献中的中国组织现象研究》，《社会学研究》2009 年第 6 期。

周雪光：《组织社会学十讲》，社会科学文献出版社 2003 年版。

［德］卡尔·马克思：《资本论》（第一卷），人民出版社 2004 年版。

［德］马克斯·韦伯著，约翰内斯·温克尔曼整理：《经济与社会》（上卷），林荣远译，商务印书馆 1997 年版。

［法］埃米尔·涂尔干：《社会分工论》，渠东译，生活·读书·新知三联书店 2000 年版。

［美］彼得·M.布劳：《社会生活中的交换与权力》，李国武译，商务印书馆 2012 年版。

［美］布鲁斯：《社会主义的所有制与政治体制》，郑秉文、乔仁毅等译，华夏出版社 1989 年版。

［美］华尔德：《共产党社会的新传统主义——中国工业中的工作环境和权力结构》，龚小夏译，中国香港牛津大学出版

社1996年版。

［美］吉尔·伊亚尔、伊万·塞勒尼、艾莉诺·汤斯利:《无须资本家打造资本主义——后共产主义中欧的阶级形成和精英斗争》，吕鹏、吕佳龄译，社会科学文献出版社2008年版。

［美］麦克·布洛维:《公共社会学》，沈原等译，社会科学文献出版社2007年版。

［美］詹姆斯·C.斯科特:《农民的道义经济学：东南亚的反叛与生存》，程立显、刘建等译，译林出版社2001年版。

［美］詹姆斯·C.斯科特:《弱者的武器》，何江穗、张敏、郑广怀译，凤凰出版传媒集团、译林出版社2007年版。

二 英文文献

Bian Yanjie, *Work and Inequality in Urban China*, N. Y.: State University of New York Press, 1994.

Bian Yanjie, "Work-Unit Structure and Status Attainment: A Study of Work-Unit Status in Urban China", Dissertation, The State University of New York at Albany, 1990.

Bjorklund E. M., "The DANWEI: Socio-spatial Characteristics of Work Units in China's Urban Society", *Economic Geography*, 62 (1), 1986: 19 - 29.

Blecher Marc J. and White Gordon, *Micropolitics in Contemporary China: A Technical Unit during and after the Cultural Revolution*, New York: M. E. Sharpe, 1979.

Blecher Marc, "Review of Communist Neo-traditionalism: Work and Authority in Chinese Industry", *Pacific Affairs*, 60 (4),

1988: 657 –659.

Braverman Harry, *Labor and Monopoly Capital*, New York: Monthly Review Press, 1974.

Bruce J. Dickson, "What Explains Chinese Political Behavior? The Debate over Structure and Culture", *Comparative Politics*, 25 (1), 1992: 103 –118.

Burawoy M. and Lukács J., *The Radiant Past : Ideology and Reality in Hungary's Road to Capitalism*, University of Chicago Press, 1992.

Burawoy Michael, *Manufacturing Consent : Changes in the Labor Process under Monopoly Capitalism*, University of Chicago Press, 1981.

Burawoy Michael, *The Politics of Production : Factory Regimes under Capitalism and Socialism*, Verso Books, 1985.

Chen Feng, "Industrial Restructuring and Workers' Resistance in China", *Modern China*, 29 (2), 2003: 237 –262.

Chen Feng, "Subsistence Crises, Managerial Corruption and Labour Protests in China", *China Journal*, 44, 2000: 41 –63.

Chirot Daniel, "Review of Communist Neo-traditionalism: Work and Authority in Chinese Industry", *Journal of Asian Studies*, 47 (1), 1988: 134 –135.

Cliff, Tom, "Post-Socialist Aspirations in Neo – Danwei", *China Journal*, 73, 2015: 1324 –1347.

Cole R. E. and Walder A. G., "Structural Diffusion: The Politics of Participative Work Structures in China, Japan, Sweden and the United States", Center for Research on Social Organization,

University of Michigan Ann Arbor, MI, 1981.

Cole Robert E. and Walder Andrew G., "Structural Diffusion: The Politics of Participative Work Structures in China, Japan, Sweden and the United States", Center for Research on Social Organization, University of Michigan Ann Arbor, MI, 1981.

Blecher Marc J. and White Gordon, *Micropolitics in Contemporary China: A Technical Unit during and after the Cultural Revolution*, New York: M. E. Sharpe, 1979.

Henderson Gail and Cohen Myron S., *The Chinese Hospital: A Socialist Work Unit*, New Haven: Yale University Press, 1984.

Dahl Robert, "The Concept of Power", *Behavioral Science*, 2 (3), 1957: 201 – 215.

Davis Deborah and Lu Hanlong eds., *The Consumer Revolution in Urban China*, University of California Press, 2000.

Davis Deborah, "Patrons and Clients in Chinese Industry", *Modern China*, 14 (4), 1988: 487 – 497.

DiMaggio Paul and Powell Walter, "The Iron Cage Revisited: Institutional Isomorphism and Collective Rationality in Organizational Fields", *American Sociological Review*, 48 (2), 1983: 147 – 160.

Dittmer Lowell and Xiaobo Lu, "Personal Politics in the Chinese Danwei under Reform", *Asian Survey*, 36 (3), 1996: 246 – 267.

Francis Corinna-Barbara, "Paradoxes of Power and Dependence in the Chinese Workplace", Dissertation, Columbia University, 1993.

Francis Corinna-Barbara, "Reproduction of *Danwei* Institutional Features in the Context of China's Market Economy: The Case of Haidian District's High-Tech Sector", *China Quarterly*, 147, 1996: 839–859.

Goldman Paul, "Review of Communist Neo-traditionalism: Work and Authority in Chinese Industry", *Social Forces*, 68 (2), 1989: 672–674.

Harding Harry, *Organizing China : The Problem of Bureaucracy, 1949–1976*, Stanford: Stanford University Press, 1981.

Henderson Gail and Cohen Myron S., *The Chinese Hospital : A Socialist Work Unit*, New Haven: Yale University Press, 1984.

Hirschman Albert, *Exit, Voice and Loyalty : Responses to Decline in Firms, Organizations, and States*, New Haven: Yale University Press, 1985.

Hough Jerry F., *The Soviet Union and Social Science Theory*, Russian Research Center Studies, Cambridge: Harvard University Press, 1977.

Kennedy Scott, "The Stone Group: State Client or Market Pathbreaker?", *China Quarterly*, 152, 1997: 746–777.

Kogut B. and Zander U., "Did Socialism Fail to Innovate? A Natural Experiment of the Two Zeiss Companies", *American Sociological Review*, 65 (4), 2000: 169–190.

Kornai Janos, "Resource-constrained Versus Demand-constrained Systems", *Econometrica*, 47 (4), 1979: 801–819.

Kornai Janos, *Economics of Shortage*, Amsterdam: North-Holland, 1980.

Kornai Janos, "The Soft Budget Constraint", *Kyklos*, 39 (1), 1986: 3–30.

Lee Ching Kwan, *Against the Law: Labor Protests in China's Rustbelt and Sunbelt*, Berkeley: University of California Press, 2007.

Lee Ching Kwan, "Engendering the Worlds of Labor: Women Workers, Labor Markets, and Production Politics in the South China Economic Miracle", *American Sociological Review*, 60 (3), 1995: 378–397.

Lee Ching Kwan, "Familial Hegemony: Gender and Production Politics on Hong Kong's Electronics Shopfloor", *Gender and Society*, 7 (4), 1993: 529–547.

Lee Ching Kwan, "From Organized Dependence to Disorganized Despotism: Changing Labour Regimes in Chinese Factories", *China Quarterly*, 157, 1999: 44–71.

Lee Ching Kwan, "Review of The Making of the Chinese Industrial Workplace: State, Revolution, and Labor Management by Mark W. Frazier", *American Journal of Sociology*, 109 (1), 2003: 230–231.

Lee Ching Kwan, "The Labor Politics of Market Socialism: Collective Inaction and Class Experiences among State Workers in Guangzhou", *Modern China*, 24 (1), 1998: 3–33.

Lee Ching Kwan, "The 'Revenge of History': Collective Memories and Labor Protests in Northeastern China", *Ethnography*, 1 (2), 2000: 217–237.

Lee Ching Kwan, *Working in China Ethnographies of Labor and*

Workplace Transformations, New York; London: Routledge, 2007.

Lieberthal K. and Oksenberg M., *Policy Making in China : Leaders, Structures, and Processes*, Princeton: Princeton University Press, 1988.

Lu Xiaobo and Perry Elizabeth J., *Danwei : The Changing Chinese Workplace in Historical and Comparative Perspective*, New York: Routledge, 1997.

Madsen Richard, *Morality and Power in a Chinese Village*, Berkeley, CA: University of California Press, 1984.

Nathan Andrew J. and Tsai Kellee S., "Factionalism: A New Institutionalist Restatement", *China Journal*, 34, 1995: 157 – 192.

Nathan Andrew J., *Chinese Democracy*, Berkley, CA: University of California Press, 1985.

Nee Victor and Cao Yang, "Path Dependent Societal Transformation: Stratification in Hybrid Mixed Economies", *Theory and Society*, 28 (6), 1999: 799 – 834.

Nee Victor and Peck James, *China's Uninterrupted Revolution : From 1840 to the Present*, New York: Pantheon Books, 1975.

Nee Victor, "A Theory of Market Transition: From Redistribution to Markets in State Socialism", *American Sociological Review*, 54 (5), 1989: 663 – 681.

O'Brien Kevin J. and Yanhua Deng, "The Reach of the State: Work Units, Family Ties and 'Harmonious Demolition'", *China Journal*, 74, 2015: 1 – 17.

Perry Elizabeth J. , "Shanghai's Strike Wave of 1957", *China Quarterly*, 137, 1994: 1 – 27.

Perry Elizabeth J. , "State and Society in Contemporary China", *World Politics : A Quarterly Journal of International Relations*, 41 (4), 1989: 579 – 591.

Pye Lucian, *The Spirit of Chinese Politics*, Cambridge, Mass. : MIT Press, 1968.

Schurmann Franz, *Ideology and Organization in Communist China*, Berkley, CA: University of California Press, 1968.

Shue Vivienne, *The Reach of the State : Sketches of the Chinese Body Politics*, Stanford: Stanford University Press, 1988.

Solinger Dorothy J. , "The Chinese Work Unit and Transient Labor in the Transition from Socialism", *Modern China*, 21 (2), 1995: 155 – 183.

Soloman Richard H. , *Mao's Revolution and the Chinese Political Culture*, Berkeley, CA: University of California Press, 1971.

Stark David, "Rethinking Internal Labor Markets: New Insights from a Comparative Perspective", *American Sociological Review*, 51 (4), 1986: 492 – 504.

Taylor Frederick Winslow, *Scientific Management*, Westport, Conn. : Greedwood Press, 1972.

Tomba, Luigi, *The Government Next Door : Neighborhood Politics in Urban China*, Ithaca and London: Cornell University Press, 2014.

Unger Jonathan and Chan Anita, "The Internal Politics of an Urban Chinese Work Community: A Case Study of Employee Influence on Decision-making at a State-Owned Factory", *China Journal*, 52, 2004: 1 – 24.

Unger Jonathan, "Review of Communist Neo-traditionalism: Work and Authority in Chinese Industry", *Australian Journal of Chinese Affairs*, 17, 1987: 153 – 156.

Walder Andrew G., *Communist Neo-traditionalism: Work and Authority in Chinese Industry*, Berkeley CA: University of California Press, 1986.

Walder Andrew G., "Organized Dependency and Cultures of Authority in Chinese Industry", *Journal of Asian Studies*, 43 (1), 1983: 51 – 76.

Wei-Arthus Huiying, "A Study of Authority and Relations in Chinese Governmental Agencies and Institutional Work Units: Neo-patrimonialism in Urban Work Units", *Chinese Studies*, Vol. 10, Lewiston, N. Y. : Edwin Mellen Press, 2000.

White Gordon, "Review of Communist Neo-traditionalism: Work and Authority in Chinese Industry", *American Journal of Sociology*, 94 (4), 1989: 886 – 888.

Womack Brantly, "Review Essay: Transfigured Community: Neo-traditionalism and Work Unit Socialism in China", *China Quarterly*, 126, 1991: 313 – 332.

Wu Xiaogang, "Work Units and Income Inequality: The Effect of Market Transition in Urban China", *Social Forces*, 80 (3), 2002: 1069 – 1099.

Yang Mayfair Mei-hui, "Between State and Society: The Construction of Corporateness in a Chinese Socialist Factory", *Aus-*

tralian Journal of Chinese Affairs, 22, 1989: 31 – 60.

Yang Mayfair Mei-Hui, "The Gift Economy and State Power in China", *Comparative Studies in Society and History*, 31 (1), 1989: 25 – 54.

Yang Mayfair Mei-hui, "The Modernity of Power in the Chinese Socialist Order", *Cultural Anthropology*, 3 (4), 1988: 408 – 427.

Yeh Wen-Hsin, "Corporate Space, Communal Time: Everyday Life in Shanghai's Bank of China", *American Historical Review*, 100 (1), 1995: 97 – 122.

Zhao Minghua and Nichols Theo, "Management Control of Labour in State-Owned Enterprises: Cases from the Textile Industry", *China Journal*, 36, 1996: 1 – 21.

后　记

　　没想到后记的写作竟然比论文本身还要艰难。这源于三年前写完硕士学位论文后碰到的一个尴尬境遇：同学们普遍对我论文的内容不感兴趣，却一致认同后记是全文最出彩的部分。我始终都对自己的学术能力缺乏必要的信心，故一直以来羞于写作，不敢表达，总怕贻笑大方。直至现在，洋洋二十余万字的堆砌，不仅丝毫没有填充我的心虚，反而更加惶恐忐忑。难道我要重蹈覆辙，用短短的一篇后记，来笨拙地掩饰和弥补这篇论文的苍白和无力？好在，与三年前枯燥抽象的理论思辨相比，这次至少有鲜活的生活事件和精彩纷呈的故事，读起来不至于那么无聊乏味。

　　同样是在三年前，路路老师看完我那干巴巴的纠结文字之后宽容地说：说得确实有点道理，但你至少要给我一个证明。今天，我以这篇依然充满痛苦和挣扎的文字作为一个交代，勉强算是对三年前那些恍惚呓语的"实证"。

　　如要更好地实现三年前的未竟之事业，最好的策略是回到自己熟悉的日常生活世界，做点"家乡社会学"。一直以来，我也总想为自己的出生背景做点什么，甚至于在初窥"社会学的想象力"后不止一次感慨,我的家庭和成长过程,就是乡土中国之现代转型及增量改革的一个鲜活范本。后来选择本书研究的单位体制这个并不十分熟悉的城市议题,不得不说是一个意外和偶然。三年前,我用一个充满浓郁后现代味道的比喻,把人类的文明埋汰成一串零乱的脚印;三年后,变了的是眼界和心境,不变的是内心始终充满的感激。三年前,我用一句"It takes a village to raise a child"来形容帮助我的人如此之多。三年后的今天,这个"村子"的规模又扩大了不少。

　　首先要感谢的,当然是路路老师。李老师对我的帮助和影响无法估量,天资迟钝的我需要再花很长时间才能慢慢消化。论文中浸含的心血不需多说,无数次多则半天、少则个把小时的讨论,把我一步步引上学术的正途:小到如何做文献综述、怎么分析田野资料,大到研究思路的把握和最终结论的斟酌,老师都手把手地教导、启发我这个愚笨学生。连田野点的选择和进入,老师都亲自出面,帮我扫清障碍、铺平道路。要没有老师的前期铺垫,我的田野调查肯定会更加坎坷。老师治学严谨,有教无类,即使在行政杂务缠身的情况下,也会每有空闲就打电话叫我们去办公室交流,往往一讨论就是好几个小时。多少次,老师不到七点就打来电话询问论文进展。我跟苗大雷说,作为学生,我们都不及老师勤奋。跟随老师三年,总觉没有学到皮毛。这篇论文是我照葫芦画瓢的一个习作,不成样子,遗憾之处,留待日后再做增补。

　　感谢我博士论文答辩委员会的诸位师长。刘世定老师是我的答辩委员会主席,他关于单位特殊性的一系列追问,帮我澄清了好几个百思不得其解的困惑。刘老师是我一直敬重的学界前辈，任何问题经他一说，就立即有了意义（make sense）。邱泽奇老师同时还是我的校外评审专家，他关于组织内部两种力量角逐的思考以及针对"结构性差序格局"的发问，都给了我很大的启发。吴忠民老师临危挂帅，解了我的燃眉之急。他关于国有企业非市场性行为的提问，给我论文今后的修改和完善指明了一个很好的方向。刘少杰老师也是我的评审专家，他关于仪式性资源和"单位社会"消解的点评、提问，促使我更深入地思考如何提升论文的研究意义以及更加深入挖掘组织内部的分配机制。

感谢参加我论文开题和评审的几位老师。刘精明和于显洋两位老师在论文开题时给我提出了宝贵意见。来京五年，刘老师一直对我关爱有加，在找工作最困难时期，帮我联系做博士后，心中感谢不多表述。于老师还是我的评审专家，一直强调组织社会学要加强对正式组织的关注，我这篇论文算是对他这个呼吁的一个响应。渠敬东老师因临时有事没能参加我的论文答辩，颇为遗憾。他对后学的关心和鼓励，让我能够鼓起勇气把自己的东西拿出来接受批评。同样作为我的评审专家，王水雄老师的严谨、勤奋和独到眼光也让我受益匪浅。

感谢学术共同体里众多老师无私慷慨的帮助和提携。周雪光老师发来他关于英文文献对中国组织现象研究的综述文章，及他关于中国乡镇选举的最新工作论文，对我论文中方法论论证及研究问题的定位和校正助益颇多。在我写作最为困难期间，周老师耐心指点，解惑释疑，告诉我中国的组织社会学大有可为，鼓励我继续努力。边燕杰老师早年对"单位"社会的分析极为全面，他热心地为我提供寻找他博士学位论文的文献信息。吴晓刚老师不远千里，从香港寄来他的硕士学位论文及最近几篇关于"单位"研究的工作论文，帮助后学之心切切。魏昂德（Andrew G. Walder）教授耐心地回复我的邮件，并在北京大学社会学系的一次学术会议上当面给了我若干宝贵的建议。但由于研究兴趣的转移，他目前不再关注"单位"的当代转型，这不能不说是一种遗憾和惋惜。赵文词（Richard Madsen）教授也为我阅读他的著作提供了有益的信息和指点。孙立平老师发来他早年关于《共产党社会的新传统主义》一书的书评《从工厂透视社会》，对我的文献综述帮助很大。硕士期间我每周都去清华旁听孙老师的《发展社会学》，感叹于他对社会现象的敏锐洞察及充沛且深刻的社会学想象力。在人大上暑期课程期间，赵鼎新老师在其课堂上给我的论文选题提了很多宝贵的意见。刘新老师的暑期课程也带给我很多启发，他关于海外民族志的洞见让我的眼界开阔了不少。感谢裴蓉老师帮我联系到京华电厂这个宝贵的田野。

感谢我的硕士导师林克雷老师，人大五年始终如沐春风，每次与林老师聊谈，总是收获满满。他的宽容、豁达与人文关怀，始终是学生为之向往的精神彼岸。周秋良老师亦师亦友，他的敏锐和随性，也是我欣赏并希望学习的一种境界。胡鸿保老师对我一如既往地关心，全都包含在他送我的一摞摞书里。

感谢学院教务办姚卫平老师，三年来给她添了不少麻烦，每次她都回以和善的微笑，让我在紧张、苦闷之余能稍得放松。感谢朱正强和刘铎两位师兄，他们对我关心和帮助颇多，一起在保定租房和做田野调查的经历至今如在眼前。这几年我对资本市场和宏观经济的关注，也得益于他们的启发和引导。

后 记

在论文写作和求职过程中，黄俏师姐耐心地解答我一个又一个琐碎的问题。作为"单位研究"团队的一员，苗大雷时常能给我带来一些新的灵感和启发，我们一起交流阅读心得和田野调查的体会，互相修改论文草稿，共同努力、进步。还有秦广强、曾叶沁和陆瑶的帮助，都是我三年博士生涯的美好回忆。

感谢2007级博士班陈为智、马国栋、杜涛、明世法、阮明阳、周俊山、车士义、宋雷鸣、魏智慧、吴宝晶、任兰兰和范西莹等同学，三年来不仅有智识的启发和切磋，更有友谊和伙伴之间的支持互助。还有2005级硕士班李兴、张争鹏、胡伟、王辉、詹俏荣、李占江、胡天敏、李瑞昌、马吉英、丁姿、彭素洁、张丽华、梁青艳、唐茜茜、唐丽娜、肖一帆、王昕等同学，有了他们，北京这个偌大的城市才显得这么亲切和让人难舍。

感谢京华电厂的领导和"同事"们。社会科学研究总是时刻充满各种伦理的纠结。对于田野调查而言，访谈对象是研究工作的一个关键支撑。但我在这里却无法用他们的真实姓名来逐一表达我由衷的感谢。张总热情地接待并安排我进厂实（diao）习（cha），不断给我提供各种帮助和便利。没有他的理解和大力支持，整个调查将颗粒无收。一年多来，我和办公室"同事"结下了深厚的友情。在调查告一段落后，有段时间我在学校整理调查资料，多日不去"上班"，他们颇觉不惯，总觉得屋里少了一个人，忍不住打电话问我什么时候去。同办公室的汪师傅和赵哥是我的两个关键报导人（key informant）。汪师傅带着我熟悉部门各项业务和仪器设备，每有机会总是想着叫上我一起下到各个车间采访和调研。安居工程建设期间，也常常主动带我到工地现场和职工家中做访谈。汪师傅是老北京人儿，跟着他在厂里食堂午饭，没几次我就爱上浓香四溢的地道卤煮。赵哥待人真诚，特别能够换位思考，总是设身处地站在他人立场上考虑问题。他始终知无不言言无不尽，甚至主动替我开拓思路，不断提醒和建议我应该往哪些个方向再追问下去。他积极帮我拓展访谈对象，一有机会就介绍新的同事和朋友给我认识。只要我提要求，他总是第一时间帮我联系和约访谈对象。还有杨师傅，每次约他出来访谈，总是为我考虑，不让我多花钱，好几次都争着买单，说"你一个学生，我怎么能让你请我吃饭呢？"有一次，他专门从木樨地骑大半个小时的电瓶车到人大，接受我的"采访"。末了吃饭还不肯下馆子，坚持"就在食堂随便吃点就行"。2010年春节，听说我留校写论文，还热情邀请我去他家过年做客。曹工与我年龄相仿，多次耗时费力来到人大校园接受我的访谈，分享她作为一个应届毕业没多久的大学生在国企工作的感受和思考。陈书记、张主席和祝主任不仅慷慨接受我的多次访谈，还在我调查打不开局面时帮忙疏通梗阻。唯恐泄露更多"天机"，还有其他许多领导和"同事"，请恕我不一一道谢了。

　　社会科学研究的另一个伦理纠结，是最后成果对调查对象的影响。我一直担心厂里的"同事"向我索要论文，或者无意间看到这篇文字，因为这就等于把他们置于"我看人看我"的处境。我无法保证自己的观点完全客观、真实，更担心自己的"胡说八道"会伤害到当事人的感情甚至利益。如若果真如此，那我的罪过就大了。为避免发生这种最坏的情况，我在保护研究对象和匿名化上做了尽可能多的技术处理，甚至到最

后 记

后连我自己都有点弄不清楚文中某个人名的真实身份。希望这点微薄努力能够让本书免于陷入上述伦理困境。万一如有纰漏,恳请各位领导和"同事"多多包涵,原谅我的粗心和莽撞。切切!

三年来,小舒与我朝夕相伴,为枯燥的博士学习生活增添了无穷的乐趣和数不尽的温馨回忆。她是人类学专业,田野工作要求更严,只身一人到杭州、安国和东北做长时间的"多点田野",遇到的困难比我更多。我们相互鼓励扶持,除各自外出做田野,大部分时间都在明德楼和图书馆一起自习,终于共同顺利完成学业。I see me through your eyes。与你在一起,让我重新认识自己,并看到一个别样的全新世界。

我的家人"像阳光一样包围着我,又给我光辉灿烂的自由",求学二十余载,一直啃老,回报他们的只有一个虚无缥缈的憧憬。不孝儿行将三十,无家无业,二老却在我找工作最困难的时候叮嘱,"不要对自己要求太高"。一句话,千里之外的所有苦闷、迷惘和压力,顷刻间消于无形。"不孝有三,读博为大"。走到现在,早已无法回头,唯有今后更加努力,才能略微弥补心中诸多不安和歉疚。每当思路枯寂,无法继续写作,小诺诺就会打来电话,奶声奶气地给"diùdiù"(舅舅)讲各种各样的故事,不用多久 diùdiù 的嘴角就挂到耳角,笑得合不拢嘴了。还有我亲爱的老姐姐和老妹妹,多年在外,相互竟有些生疏,盼毕业之后,一起回里王,寻找共同的儿时记忆。

都说博士训练培养的是一个人独立开展科学研究的能力,而我却对自己现在是否具备这种能力抱有严重的怀疑:要是没有"村"里这么多师长亲朋的帮助和关心，愚惰如此的我怎能走到今天？这不是推诿卸责之辞，文中错误纰漏及不当之处，全部由我承担，文责自负。

求学廿余载，内心依然空空如也；人大五年，希望能够从头再来。对我而言，这是学生时代的结束。三十而立，带着惶恐和憧憬，我斗胆向前。

王修晓

2010 年 5 月 25 日

初稿写于中国人民大学品园三楼宿舍

2024 年 6 月 8 日

二稿修订于北京寓所

补后记

　　这本书是基于我的博士学位论文修改而成,除第二章文献综述的部分内容外,其余章节均是首次出版。工作十余年后,再回首重读自己当年呕心沥血写下的这篇论文,心中滋味依然莫名复杂。都说 Ph. D. 是永久性脑损伤(Permanent Head Damage),修改出版论文的过程,仿佛又把我带回到当年那段黑白颠倒、绞尽脑汁的岁月。印象中有好几次,半夜不知是清醒还是梦中,好像想通了某个写作梗阻如何处理,摸黑在床头书桌找到纸笔潦草记下思想火花,唯恐第二天忘得一干二净。结果早上醒来一看昨晚涂鸦,龙飞凤舞的笔迹根本无法辨认,只能拍拍脑瓜,一笑莞尔。

　　与当年的博士学位论文相比,本书主要在以下几方面进行了修改和增补:一是重新梳理了时间线,主要是把近十年、两年前等相对时间,改为 1998—2008 年、2006 年等绝对含义时间,以免引起读者不必要的困惑和不解;二是重新制作了大部分图表和示意图,使之更清晰简明且便于印刷;三是补充 2010—2024 年的部分政策和数据,把资料更新到出版时的最新年份;四是补充 2010—2024 年文献,同时按照出版社和编辑要求，把文献格式从正文括号注全部改为页下脚注；五是重新拟定书名，使之能够更加清晰准确地刻画全书的内容；最后是对部分内容和语句表述做了调整和修订。

除了上述变动，本书尽可能完整地保留了当年博士学位论文的原貌。这并不是说这个研究没有修改必要或改进空间，而是至少有以下两层意思的考虑：一是不管水平如何，这是我九年社会学学生生涯，特别是三年博士求学的成果。锁在抽屉这么多年，现在重新拿出来出版，算是对关心我的师友及自己一个迟到的交代。以出版的方式呈现这篇论文最初的稚嫩原貌，具有某种阶段性节点的意义；二是自2007年博士入学选定"单位研究"以来，尽管我们这个时代继续飞速发展，新的研究议题和前沿趋势也层出不穷，但我一直固执坚守这个领域。我始终认为，单位体制是当代中国独特的基础性制度和底层架构，对宏观社会结构、中观组织过程和微观个体行为，均有着复杂且深远的系统性影响。近些年来，博士学位论文写作期间苦思冥想不得其解的困惑和问题，似乎有了若干逐渐清晰的线索和方向。我尝试从组织社会学角度，沿着体制内单位（党政机关、事业单位、国有企业）到体制外非公部门（私营企业、社会组织）的组织类型谱系，探索在新时代背景下国家治理体制的演变，及基层社会的凝聚机制和良性治理模式，并衍生出对财政金融、政府行为、非公党建、社会治理等一系列相关新议题的兴趣。过去几年，我转换思路把单位体制作为一个自变量，基于国家社科基金一般项目"单位体制的当代社会效应研究"，尝试较为系统地回答"单位是否还在起作用？"这个基本问题，目前已完成若干工作论文和阶段性成果。我对单位体制及其变迁问题的新思考，无论是实证发现，还是理论反思，请允许我在下一本专著中再向学界同仁及感兴趣的读者报告请教。

博士毕业参加工作以来，很多师友亲朋一如既往关心、支持我的研究。感谢李路路老师慷慨允诺给本书写推荐序。老师以无限的包容和耐心，陪伴我过去这十几年慢悠悠的职业生涯。工作之后与老师的互动，特别是非正式交流反而增加了许多。隔三岔五与老师连续少则一两个小时，多则五六个钟头天南海北不设边界地聊谈，总能让我在紧张疲惫的工作和生活之余，收获难得的精神放松和智识启发。

2010年，我有幸加入中央财经大学社会学系。工作前五年，沉重的教学任务和科研考核压力，让我陷入职业倦怠。评上副教授后，一度对学术写作和日常工作莫名提不起兴趣来。在此期间，斯坦福大学社会学系魏昂德（Andrew G. Walder）教授不辞劳烦，慷慨邀请我到该校弗里曼·斯波格利国际问题研究所下属的沃尔特·肖伦斯坦亚太研究中心（Walter H. Shorenstein Asia–Pacific Research Center of the Freeman Spogli Institute for International Studies）访问学习（2016年9月至2017年9月）。在斯坦福大农场调整和交流一年的最大收获，是让我重新找回学术研究的热情和初心。不管是旁听他的课程，一对一的office hour，还是亚太研究中心每周一次的中国社会科学研究工作坊，和Andy深入且持续的讨论都让我受益匪浅。斯坦福大学政治科学系戴慕珍（Jean C. Oi）教授总是用一连串犀利的发问和诘难引导并鼓励我跳出中国语境，把我的单位研究放到更一般的理论及文献脉络里去（重新）思考。

访学结束后，我和 Andy 和 Jean 一直保有联系，也特别荣幸能邀请他们多次到中央财经大学讲座交流。感谢斯坦福大学社会学系周雪光教授、Mark Granovetter 教授、John W. Meyers 教授、Walter W. Powell 教授慷慨允许我旁听他们的课程或参加他们组织的工作坊，让我得以近距离窥探组织社会学、经济社会学的经典思想及最新前沿。在周老师课上边品红酒边精读组织研究经典文献的美好记忆，至今还不时调出来反复回味啯摸。与同在亚太中心访问或工作的张冬博士（香港科技大学社会科学部助理教授）、王珂博士（美联储金融监管和调控研究所首席经济学家）、张宗新教授（复旦大学经济学院金融研究院）以及霍鹏博士（中国信息通信研究院政策与经济研究所副研究员）等访友的跨学科交流和友谊，极大地开拓了我的眼界和视野。感谢斯坦福大学东亚图书馆的薛昭慧老师，她的带领介绍和耐心帮助让我在报道不久的很短时间内，就很快熟悉斯坦福关于中国研究丰富且珍贵的馆藏资料。我惊讶于在远隔重洋相距万里的大洋彼岸，竟然能够找到北京一个工厂从 20 世纪 50 年代初一直到改革开放早期几乎完整的厂志和档案。感谢斯坦福国际交流中心（Stanford Bechtel International Center）访问学者家属社区支持委员会志愿者 Henry Lum 老先生的忘年友谊和无私陪伴。Henry 是我太太孙晓舒博士的英语口语练习搭档，第三代亚裔移民，退休前曾在 NASA 工作。每周一早晨，我们在 El Camino Real 大道上 Corner Bakery Cafe 喝咖啡吃早饭侃大山的时光至今难忘。

感谢国家社科基金青年项目（13CSH085）、一般项目（20BSH143），教育部人文社科基金青年项目（12YJC840043）、北京社科基金一般项目（15SHB027），以及中央财经大学中央高校基本科研业务费专项资金学术专著出版资助项目和"121人才工程"青年博士发展基金（QBJZH201011）等基金项目对本研究及衍生课题的持续支持。

中央财经大学为我提供了第一份，也是迄今为止唯——份全职工作。过去十余年的科研和教学任务，特别是发表压力总体比较繁重，但中财尤其是社会与心理学院，为我提供了一个非常宽松愉悦的工作环境，让我能够这么多年专注在"单位研究"这样一个偏冷门的基础性领域持续深耕。在学术生态越来越卷，中青年教师压力普遍与日俱增的今天，这种环境尤其弥足珍贵。

感谢我读博士期间的同学、太太孙晓舒博士。过去近二十年里，从校园相识到携手相伴，我们一路走来共同成长。种种原因，小舒遗憾没能留在学术界，从事她喜欢的人类学研究。但她始终以睿智批判的独特视角，成为我的第一位建设性读者。感谢她既有足够的耐心，又能在适当时候给我必要的督促，陪伴我走过并不十分顺利的青椒生涯。"人生无处不田野"（我们俩，主要是她运营的微信公众号名称），她的人类学视角和女性立场，总能把日常生活中的许多理所当然去熟悉化和陌生化，启发我在移情换位思考中不断获得新知。

我的父母一辈子生活在浙江宁波西郊江南水乡农村，大部分时间活动范围不超过方圆二十千米。在他们的"地方"宇宙和能够想象到的世界范围里，不知"单位"为何物。20世纪八九十年代，离土不离乡的乡镇企业雨后春笋般崛起，一边是喷薄涌动的市场经济大潮，一边是千百年延续至今的乡土中国。儿时的大部分记忆已逐渐模糊,但我依然能够清晰准确回忆起南方"双抢"(抢收早稻,抢种晚稻)季节炎炎夏日近四十度高温午后交公粮的场景。一边是烈日骄阳炙烤下等待验粮的朴实农民,豆大汗珠滚落如雨,古铜色皮肤的人流、装满粮食的人力板车和拖拉机混杂而成的队伍蜿蜒连绵,一眼望不到尽头;一边是在遮阳伞阴凉遮蔽下吃着解暑冰棍还有大功率风扇降温的粮站工作人员,身边围了一圈已经排到队的农民兄弟,谄媚地递烟搭讪说好话,乞求验粮员手中的钢针能够扎得浅一点,验收等级能够高一些。哪怕有再多的避暑降温工具,四十度高温蒸烤下难免依然汗流浃背。于是收粮员也会把裤脚挽起来,露出白皙细瘦的小腿和脚上穿着的镂空皮鞋。以我父母极为有限的"社会学想象力",那几双"白脚"大概就是他们生活中唯一能够和"单位"及"编制"建立联系的东西了。我很难想象他们拿到这本书会是什么感受,大概率应该会觉得不知所云,因为他们的世界里缺乏理解和体悟"单位体制"最基本的词汇和语言。我的父亲生于20世纪50年代,是他们那一代人中为数不多的高中生,还当过六七年小学代课老师。他对我们兄弟姐妹三人的期待,就是把书读好,以后也能当个"白脚",不用像他们这么劳碌辛苦一辈子。在宁波(乃至江浙沪)方言的很多语境里,生活和工作是同义词,"做生活"(干活)、"(有)没有(生)活可做"。我理解的意思是,只要还活着,就要工作一辈子,没有退休一说。改革开放四十余年,当下我的家乡虽然还是一个村的建制,但已在被城市吞噬的边缘,随时都有消失的可能。村里建有自己的工业园,大大小小的私营企业也有五六十家。回忆这些是要交代和说明,在

补后记

读博士之前我基本没有任何与"单位体制"相关的生活经验。在这个意义上,对于本书研究的议题——单位体制及其变迁,我是一个完全的陌生人。

庆幸的是,我的岳父母大半辈子工作在东北重工业资源型城市的典型单位制里。加上我自己长达一年多的参与式田野调查,让我完成了从陌生人到半个局内人的身份转变。20 世纪 90 年代初期,我岳母自费上大学学服装设计,毕业后被单位选拔派遣到苏联工作一年多。在 90 年代末国企改制和下岗潮来临之前,她主动放弃铁饭碗南下广东经商创业,后在大连经营服装辅料生意十余年。在她看来,有能耐的人到哪都能干出一番事业,没必要守着铁饭碗过等靠要的日子。我的岳父泰山大人是知青一代,上山下乡期间被分配到农村当电影放映员。后来通过招工回城,进入一家石油炼化企业,成为集体所有制身份的干部,大部分时间在组织政工岗位工作。他经历了几次大的国企改革,对典型单位制及厂办大集体企业的经营管理和组织运行有很多局内人的切身体会和深入思考。家有二老,如有三宝。这本书的写作很大程度上得益于与我岳父母长时间或正式或非正式的请教和讨论。我的田野点主要是京华电厂,但在寒暑假或其他时间回东北,岳父母也会介绍原来厂里的老领导和老同事接受我的访谈。他们的亲友很多都是全民或集体单位职工。虽然这些内容没有出现在这本书里,但对我这个来自遥远南方农村的人来说,这些近距离的非正式接触和互动,是建立我对"单位"这个陌生对象基本感觉经验的鲜活基础。

现在我人到中年,在中财这个事业单位工作已经十年有余,成为一个完全的局内人。抬眼望去,目之所及,退休似乎也不是一件多么遥不可期的事。我手掌间小时候在田里"做生活"磨出来的厚茧不知何时已经褪去,变成一个手无缚鸡之力的文弱书生,只有长期超负荷体力劳作留下的腰椎间盘突出与我相伴始终。在致谢扉页,我把我的这第一本专著,献给我的父母和岳父母。他们的人生经历和时代烙印构成我学术研究乃至观察世界的基本底色及参照坐标。没有他们,就没有现在呈现在读者面前的这本书。

是为补后记。

王修晓

2024 年 6 月 9 日

农历端午于北京寓所